迷子のコピーライター

日下慶太

はじめに

ぼくの人生はある時からぼくの人生ではないかのように勝手に進み、ぼくの人生でなかったからか、ぼくは病気になった。人生の速度と方向を修正せざるをえなかった。スピードはずいぶん遅くなったが、今はいい方向に進んでいる。ここ数年は確実にぼくの人生だ。

この本にはぼくのここ十数年の人生と数年のプロジェクトがまとめられている。会社員として行ったもの、プライベートで行ったもの、それぞれが雑多に詰め込まれている。それぞれのプロジェクトを簡潔に紹介し、後にそのノウハウを伝えるようなビジネス書的な体にもできた。あえてそうはしなかった。自身の身に起こった様々な事件を述べてから、自身が今のプロジェクトを行うに至った、その動機や悩みについて述べ、プロジェクトとそこにあった物語を記している。手っ取り早く吸収して、ビジネスに、普段の仕事に活用しようと思った人には期待外れかもしれない。そういった人のためにに仕事のエッセンスを凝縮した巻末の付録を用意した。ポスターなどの作品も多数収録されている。しかし、できればはじめから読んでいただきたい。みなさんに楽しんでもらえるよう、読み物として最大限工夫を重ねたつもりだ。それでもおもしろくなければ、それは自身の筆力と人生の問題である。何卒ご容赦願いたい。普通の人より奇妙で、会社員としてはかなり珍妙な、自身の立ち位置を少し知っていただけたら幸いである。

登場する人物の所属、役職名等は、作中の出来事が起こった当時のものを記載しています。

また、一部の登場人物名は、個人のプライバシー等に配慮し、仮名を使用しております。

第一章　旅に出る

◆北京の淀み

目が覚めて甲板に出ると海は黄色くなっていた。きのうまでの青い海はどこかへ行ってしまった。砂場に溜まった水のような色をしていた。『黄海』という名前の通りに黄色い海だ。中国大陸が近づいてきた。中国語の書かれた貨物船や、吹けば倒れそうな小さな木造の漁船が行き来している。黄色い水平線の向こうには黒い町が見える。ビルや鉄柱や煙突などの集合体が黒い煙を吐いていた。黄色い海に浮かぶ巨大な戦艦のようだった。天津だ。

フェリーターミナルに降りると、米粒を放り投げられたスズメのように客引きがやってきた。20人ほどがピーチクパーチクと一斉に声をかけてくる。幸いにして話している内容がわからないのでストレスはない。すぐにバスに乗り込んだ。天津飯も天津甘栗も食べることなく、北京へと移動した。30分も経たないうちに地平線が見えてきた。日本では北海道まで行ってようやく見えたのに、ここではいとも簡単に見えてしまう。

のどかな農村部が終わり、コンクリートの建物が多くなった。車が増えた。車の間を進む自転車も増えてきた。北京郊外のようだ。車の動きが止まった。渋滞に捕まった。ノロノロと車は進む。自転車に抜かれ、馬車に抜かれ、牛車に抜かれた。北京の交通手段はこんがらがっていた。天津を出発して2時間、バスは北京へ到着した。街は黄色い薄い膜に覆われているように、黄色い空気が立ち込めていた。京華飯店というドブ川の横の安ホテルにチェックインしてすぐに寝た。

飯店といいながら飯は出なかった。

せっかく北京に来たというのにビザ申請の行列に並んでばかりいた。北京のロシア大使館の前には行列ができていた。物売りが並んでいる人間を目当てにアイスや凍らせたミネラルウォーターを売っていた。北京は暑かった。盛岡と同じ緯度なので、涼しいはずであった。大阪よりはるかに暑い。みんながみんな建物の中の熱気を室外機から外に放り出しているからだろう。凍ったミネラルウォーターを買った。キャップがすでに開いている気がしたが、気のせいだろう。しばらく経つと腹がグルグルと鳴った。冷たいものを飲んだからだろうか、それともキャップが開いていたからだろうか、腹が痛い。トイレに行きたい。しかし、行列を離れるとまた後ろから並ばなくてはいけない。我慢した。腹痛の波がやってきた。下腹部に力を入れてなんとかがんばった。波は越えた。しばらくするとまた波がやってきた。なんとかこらえようとした。しかし、波は前より2メートル高かった。無理だった。列を離れた。

翌日、またロシア大使館に行った。また行列ができていた。列に並んだ。物売りがやってきた。今度は水を買わなかった。持参した水を飲んだ。

2時間待って、ようやく窓口に辿り着いた。必要書類を記入して、窓口で申請をした。無愛想な北京人の中でもさらに無愛想な事務官が書類をはねつけた。中国からロシアへ入国する交通機関のチケットがなければビザは出せないということだった。ビザをもらうのにその国に行くための交通手段を確保しておかなければならない、なんて話は聞いたことがない。ガイドブックにも書いていない。

翌日、旅行代理店でロシア行きの国際列車のチケットを購入した。ここでも行列があり半日かかった。まだ紫禁城や、天安門広場など観光名所にはどこにも行っていない。次の日、列車のチケットを持って、またロシア大使館の行列に2時間並んだ。もちろん水は持参した。書類がようやく受理された。あとはビザを待つばかり。紫禁城、天壇公園、胡同地区など、ベタな北京観光をして、4日後、ビザを受け取りにまた行列に並んだ。今度は3時間かかった。そしてようやく、ロシア語ばかりで何が書いてあるかさっぱりわからないビザを受け取った。7日間のためのトランジットビザを4日間費やしてようやく獲得した。

大学の4年間、いちばんしていたことは寝ることだった。二度寝、三度寝は日常茶飯事。52時間ずっと寝ていたこともある。体が成長していたから睡眠を欲していたのかとも思ったが、身長は1ミリも伸びていない。次にしていたことは写真だった。撮影する。展示をする。今振り返ると写真の展示のサイクルで大学生活が進んでいた。3回生の後半になって友人から伝染病を移されたように就職について考え始めた。写真を仕事にしたいと思ったものの、特に専門的な教育も受けていなかった。一般の四年制大学から、カメラマンになるほどの度胸もなかった。まだなりたいものなんてわからない、社会に出たくなんてないと、大学院入試を目指した。モラトリアムの延長をしたかったのである。そんな中途半端な気持ちは中途半端に終わるものである。結局、試験に落ちて、急遽《きゅうきょ》就職に方向転換をした。また伝染病は再発し、熱に浮かされたかのように、己とは何なのか、己は何をすべきなのか、と問い詰めたが数ヶ月でそんな答えは出るわけがなかった。結局、自分が今いちばん好きな写真を撮るということに近いこと、つまり、表現やものづくりをして食べていける仕事を探すと、広告、出版、テレビ局などがあった。受かるとは思っていなかったが運よく電通に内定がもらえた。

学生時代は残り少ない。今しかできないことをしておかなくてはと旅に出た。自身が世界の写真を撮りたかったこと、さらに、ジャック・ケルアックの『路上』を読んでからずっと旅に出たかった。お金がなかったり、レンタルビデオ屋のバイトに「社員さん」レベルまでシフトをばっちり組み込まれていたりで結局、旅には出られずにいた。大学院に行くつもりで単位は取得していたので大学に行く必要はなかった。この時期を逃すともう二度と行くことができないかもしれない。義務感と使命感からえいやと旅に出た。神戸から船で中国へ入り、ロシアのウラジオストクに抜けて、シベリア鉄道でイルクーツクまで行き、世界一の透明度のバイカル湖を見て、南下してモンゴルに入り、さらに南下して中国へ入り、チベット、ネパール、インド、パキスタン、イラン、トルコへ。往路はすべて陸路か海路のみで飛行機は使わない。そして日本に帰る。これが当初の旅の予定だった。

◆ロシアの仕打ち

国境の近くはずっと深い霧の中だった。いつロシアに入ったのか、覚えていない。パスポート

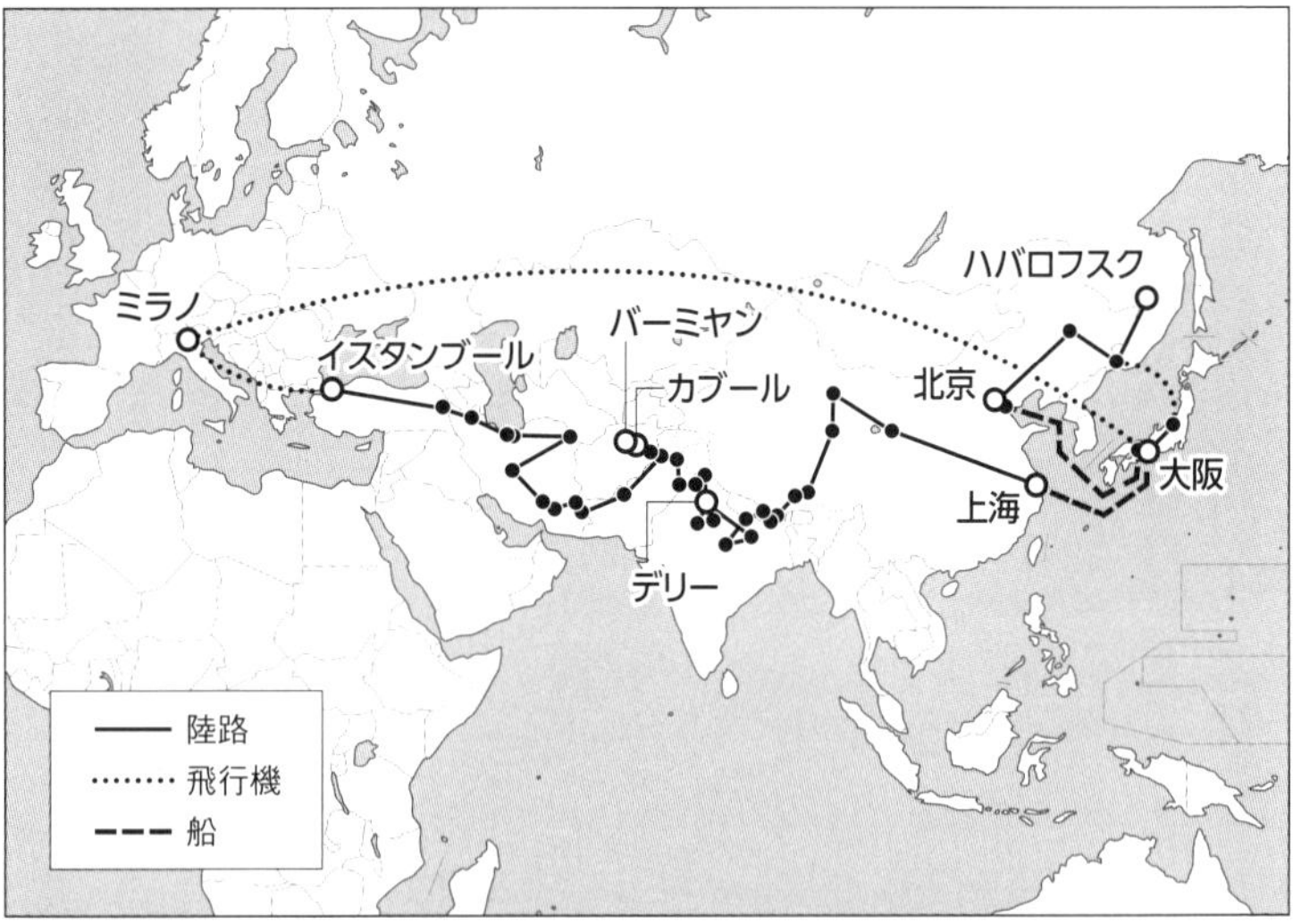

のチェックもあったような気がする。なかったかもしれない。すべては夢の中のようだった。時折、霧の中の草原にぽつんと色の抜けた木造の建物が浮かぶ。農家の建物だろう、自分たちでペンキを塗り立てたその家は、ここが東洋の国ではないことを伝えていた。

ウラジオストクは北陸の県庁所在地のような規模の街だった。小さくもなければ大きくもないが、地域の政治と経済の中心であることは確かである。街の中心部はヨーロッパ風の建物が並んでいた。郊外に出ると無機的なマンションが広がっていた。地元の千里ニュータウンの公営住宅のようだった。ニュータウン、団地という多くの労働者に計画的に住居を供給するという概念が、まさしく社会主義的であるから風景が似ているのであろうか。自身の育った街が実は社会主義的であったことに驚きつつ、周囲にリベラルが多かったのは、街が社会主義の発想から形作られていたからなのかと妙に納得する。

なかなか日が落ちずにいる明るいウラジオストクの夜をふらついていた。ペットボトルでウォッカをラッパ飲みしている地元の若者４人組に誘われて、パーティーに行った。ビーチでチープなトランスミュージックが鳴っている。スピーカーが安物だからか、音量が大きすぎて音が割れている。４人組はノリノリで踊っている。決して音楽はよくなかったが、ノリが悪いヤツと思われてもイヤなので、ぼくも適当に踊っていた。小さなステージに二人組のラッパーが登場した。体格はよく、アイスホッケーチームのユニフォームを着ている。夏なのにニットキャップで暑苦しい。客席を挑発しながらラップを重ねる。濁点が多く、言葉のメリハリがないロシア語はヒップホップとの相性はよくない。２曲ほど歌ったところで「ストックストックウラジオストック。ストックストックウラジオストック」とラッパーが歌い出した。観客も一斉に「ストックストックウラジオストック。ストックストックウラジオストック」と腕をふりあげて歌っていた。ノリが悪いヤツと思われてもイヤなので、ぼくも一緒に歌った。恥ずかしい気持ちになった。このままでは夜が台無しになると思い、若者に別れを告げてホテルに戻った。

ウラジオストク駅からシベリア鉄道に乗って、ハバロフスクへ向かった。憧れのシベリア鉄道は、各駅停車しかない地元の阪急千里線よりも遅かった。駅に着くと非常に長い間停車をした。理由はよくわからない。まるで彼らのために停車しているかのように、物売りが次々やってきた。列車の外から窓の隙間に腕をねじ込み、商品を差し出してきた。リンゴとピロシキを買った。

列車はゆっくりと動き出した。夏のシベリアの草原が広がり、見る景色のだいたいが緑の地平線だった。時折、木造の家がぽつんとあった。自分たちで塗ったであろう、あたたかなパステルカラーだった。時折、草原の中に沼を見かけた。だいたいの沼で子どもたちが泳いでいた。日本では絶対に泳がないような場所だった。シベリアの短い夏を期間限定のセールのようにここぞとばかりに楽しんでいた。

列車の座席はコンパートメントで、一部屋に二段ベッドが2台あった。ベッドとベッドの間に小さなテーブルがあった。二人はおばさんで、一人は中年の軍人であった。軍人はハムとパンとイクラとウォッカをいやというほど振る舞ってくれた。久しぶりに家に帰るということで上機嫌だった。ロシア人は冷徹なイメージがあったがその真逆で、陽気で、温かく、情に厚かった。慣れないウォッカと列車の揺れで終始気持ち悪く、すべてを吐いてようやく上の段のベッドに横になった。しかし、まだ気分はすぐれずしばらく寝付けなかった。寝返りを打つと、そこにもう床はなく、二段ベッドの上から転げ落ちた。下段のおばさんにボディアタックをする結果となってしまった。

1泊2日の列車の旅は終わり、ハバロフスクに到着した。重い荷物を背負って駅からてくてくと街を歩いた。ハバロフスクも同じく、ヨーロッパ風の建物が並ぶ中規模の街だった。

駅から数分のガイドブックに載っているホテルにチェックインをしようとした。「あなたを泊めることはできない」とつたない英語でホテルのフロントの女性が言った。ぼくが日本人だからか。貧乏そうに見えたからだろうか。宿泊拒否とはひどい扱いだ。「どうしてなのか?」と声を荒らげると、ビザのとある箇所を指差した。何が書いてあるかわからないが日付は数字なので読める。日付が今日になっていた。この日付は一体何を意味するのか、フロントに聞いたがわからない。カバンからロシア旅行のガイドブックを取り出して調べると「ビザの有効期限」と書いてある。ビザは7日間有効のはずだ、どうして3日間なのだ。よく読むと、トランジットビザは延長手続きをすれば7日間有効と書いてある。そんなこと聞いてない。知らない。「ビザが今日までならば今夜はここで泊めてくれませんか?」と先ほど声を荒らげたのを帳消しにしようと下手《したて》に丁寧にお願いをした。「チェックアウトをする明日にはビザが切れているから無理だ」と冷淡に断られた。どうしたらいいかと途方に暮れていると、「とりあえず入国管理局に行け」と言う。しかし、この日は日曜日だ。開いていない。

ホテルを出た。近くの公園のベンチに座り込み、重いバックパックを下ろした。もうどこにも泊まることができないのか。野宿をしなくてはいけないのか。見知らぬ国で野宿など危なすぎる。たとえ、無事だったとしても、翌朝にはロシアに滞在してはいけないことになる。誰を頼ればいいのか、どこに行けばいいのか。ガイドブックを隅から隅まで眺めていると、ハバロフスクの日本総領事館の連絡先が書いてあった。頼みの綱はここしかない。しかし、今日は日曜日だった。開いているのだろうか。電話をかけると繋がった。事情を話すと今すぐ総領事館に来るようにとのことだった。

歩いて10分ほどのところに瀟洒《しょうしゃ》な洋館があった。入口のチャイムを押した。「あの、先ほど電話した者ですけど」「どうぞ」と返事があった。ハバロフスクの真ん中なのに、日本語でコミュニケーションできる。どっと安心してしまった。

洋館の中にはハバロフスク総領事がいた。書斎で威風堂々と座っていた。新渡戸稲造に似ていた。慌てるぼくとは真逆でとても冷静だった。「とりあえず今日はぼくの力でホテルに泊まれるようにする。明朝、ロシアの入国管理局に行きなさい」と彼は言った。これほど日本国民でよかったと思えることはない。パスポートの冒頭に「日本国民である本旅券の所持人を通路故障なく旅行させ、かつ、同人に必要な保護扶助を与えられるよう、関係の諸官に要請する」と書いてある。まさにその通りの計らいであった。

翌日、言葉通り入国管理局に行った。ビザの延長に来た、と伝えると、たったそれだけのことなのに1時間待たされた。一般の窓口ではなく、上の階のほうへと通された。そこは誰だか偉い人の部屋だった。ロストフスキーという名前がぴったり合いそうなロストフスキーではない男が座っていた。賢く、冷たそうな官吏がぼくを尋問した。

「どうしてロシアに来たのか?」

「観光で来ました」

「何を見に来たのか?」

「シベリアの平原とアムール川を見たくて来ました」

こう言っても官吏は納得していないようだ。そんなものなんでもない風景ではないか、と思っているようだった。何か疑われている。好印象を得なくてはいけない。

「ロシア文学が好きだからです」

「誰が好きなんだ?」

「トルストイです」

「それなら、サンクトペテルブルグかモスクワへ行け。ここはドストエフスキーの町だ」

彼はシベリアのように冷たかった。

「どういうルートで来たのか？」

「北京から列車でウラジオストクに入りました」

「職業は？」

「大学生です」

それから、いくつか質問をされたのち、

「お前のような人間はロシアに来るべきじゃない」

あきれながらビザを１週間ほど延長してくれた。

「ビザが切れる前に日本に帰れ」と彼は突き放すように言った。

「え！　ぼくはこれからモンゴルに行くつもりです」

「それはできない」

「どうしてですか？」

「トランジット先に『日本』と書いてある」

何かよくわからない箇所に「Япония」と書いてある。ヤポニア、確かに日本という意味だ。トランジットビザにトランジット先など決まっているのか、そんなこと初めて聞いた。

「トランジット先は変更できますか？」

「できるわけがないだろう」

何を言っても日本に帰れの一点張りだった。ぼくのアジア横断の夢は序盤で砕け散ってしまった。ショックでうなだれていると、

「ハバロフスクにいる間、旅行代理店をしているアンナのところに行け。彼女は日本語ができる。そこで日本へのチケットを手配してくれるだろう。ロシアの観光地も案内してくれるだろう」と情けをかけてくれた。

失意のまま、宿にチェックインした。今回は問題なくチェックインできた。ぼくは言われた通りアンナの店に行った。彼女は日本語が上手だった。それだけでほっとした。アンナのところでウラジオストクから新潟への飛行機のチケットと、ハバロフスクからウラジオストクまでの列車の切符を購入した。5日後の出発だ。

「ケイタさん、あとはゆっくりこの町を楽しんでください。そして、毎日私のところに顔を出してくださいね。おもしろいところへ連れていきますから」

言葉通り毎日、アンナのところへ足を運んだ。

「ケイタさん、今日は何をしましたか？」

「町を散歩してた」

「ケイタさん、今日は何をしましたか？」

「アムール川で泳いで、そのあと川の近くで写真を撮ってた」と日々報告した。

「アムール川で釣りはできる？」と聞くと「ケイタさんは釣りが好きなんですね」と釣りのツアー

を組んでくれた。1泊2日でシベリアの川で釣りをするのだ。5月の連休にはサクラマスを目当てに日本人も来るという。ハバロフスクから、幹線道路を2時間進み、舗装されていない道をジープで2時間進み、川に到着し、ボートで30分、川を遡上した。護岸工事が一切されていない。草原に水の通り道がたまたまあっただけといった人間の手がまったく加わっていない美しい川だった。川の中州に上陸して、ロシア製の重くて太い竿を借りて釣りをした。すぐにニジマスが釣れた。一緒にいたロシア人の若者は50センチぐらいのニジマスを立て続けに2匹釣った。これだけ大自然の中だと魚影が濃い。しかし、蚊も濃い。蚊柱がぼくの顔を覆う。しかもすべて刺してくる。竿を持った手がびっしりと蚊で埋まった。肌が露出しているところはすべて蚊で埋まった。蚊取り線香もまったく効果がない。ムヒを持っていったので塗りたくったが次々噛まれるので意味がない。顔にもムヒを塗ったら目にも入ってしまってひりひりとして開けられない。ウキが見えない。まったく釣りにならなかった。同行のロシア人たちは蚊などへっちゃらのようだ。普段、森の中に住んでいる。アムールタイガーを2頭殺したことがあるという。野生にもほどがある。釣りなどやってられるわけはなかった。竿をしまい、この日の宿である近くの農家で一泊した。シベリアの農家で民泊し、釣った魚と宿主が狩ったカモシカの肉を食べる。朝は手作りのパンに庭で採れたばかりの蜂蜜をつけて食べる。類い稀なる経験であるものの、顔が痒すぎてまったく楽しめない。ずっと顔が熱を帯びていた。朝起きると、顔が腫れ上がっていた。顔の面積が20％ほど増えていた。試合後のボクサーのようだった。罰ゲームのようなツアーを終え、ハバロフスク市街へ戻った。

釣りから帰ってきた翌日がハバロフスクの最終日だった。アンナのところへ挨拶に行った。

「アンナ、今日の夕方の電車に乗って帰るよ」

「そうですか、さみしいです。ケイタさん」

「いろいろありがとう」

「今だから言います。私はあなたをスパイだと思っていました。それを見張るようにと当局に言われていました。あなた、アムール川で撮影をしていたと言っていましたね。あれは中国の国境です。しかし、あなたはスパイではありません。とてもいい人です。またロシアに釣りに来てくださいね。さようなら。また会いましょう」

◆シベリアのハスキー

アンナと別れてから列車が出るまでまだ時間があった。シベリアを離れる前にシベリアでしか撮れない写真を撮らなくてはいけない。ロシアに来てずっと撮りたかった、シベリア鉄道の車窓から見た田園風景。その風景は特別でもなく、郊外に行けばどこにでもある。バスに乗って目当ての風景があれば降りて、写真を撮りながら歩いて町まで帰ってくればいい。どんなバスに乗ってもしばらくすれば郊外に出る。適当にバスに乗った。

バスに乗ること30分、予想通り目当ての景色が現れた。バスを降りた。見渡す限りの大草原、緑の地平線の中にぽつんとパステルカラーの木造の家がある。シベリアの美しい田園風景だ。草原沿いの道を歩きながら写真を撮る。

１時間ほど歩いたところで、鉄条網に囲まれた施設を発見した。発電所か何かだろうか。カメラを向けてみる。ファインダーを覗くと今ひとつだった。フィルムがもったいないのでシャッターは押さなかった。再び歩き出した。鉄条網を左手に見ながらしばらく歩くと交差点があった。左に曲がると、軍人が数人で談笑していた。一斉にこっちを見て、数名がジープに乗り込んだ。そしてこっちへ近づいてくる。そうか、ここは基地なのか、やばい、やばいぞ、やっぱりぼくのところに来るのか、そうよ、ぼくよね、観光地でもなんでもないところに、東洋人が一人でカメラ持って歩いていたら怪しいよね。しかも、ここは中国国境の近く。そりゃ、怪しいよ、怪しすぎるよ。カメラを後ろに回しても、肩ひもに「Canon」って入ってるし、遅いよね、やっぱりやばいよ。ジープはぼくのところで止まった。

車の中からヒョードルとボブチャンチンとザンギエフのようなロシアンマッチョが３人登場した。いきなり首根っこを掴まれて、後部座席に放り込まれた。ヒョードルとボブチャンチンが両サイドに座りぼくを挟み込む。「パスポルト！　パスポルト！」とザンギエフが怒号をあげた。盗まれないようにとパスポートは腹巻き状のポシェットに入れていた。お腹に手を突っ込んでパスポートを取り出そうとすると、右手を強烈なチョップではたかれた。銃を出すと勘違いしたようだ。「俺を一流の刺客として扱ってくれてうれしいぜ」と今だから思えるが、当時はもうシャレになっていない。お腹を指差しながら「パスポート、パスポート」と大声を出してようやくこちらの意図を理解してくれた。お腹に手を突っ込むことを許され、パスポートをザンギエフに渡した。

入念にチェックをする。しかし、パスポートだけでは潔白の証明にはならなかった。そのまま基地に連行されることになった。

鉄条網に囲まれた基地に入った。中はシベリアンハスキーだらけだった。グルルルルと今にも飛びかからんとしている。これこそ本場シベリアのシベリアンハスキーだ。セレブが代々木公園で散歩させているシベリアンハスキーのような優雅さはない。狼と犬の境界のギリギリ犬側に位置している獰猛な動物だ。そんなシベリアのハスキーを兵士たちがブーツのかかとで文字通り蹴散らしながら道を開けた。庭を横切り、基地の建物内部へと連れていかれた。行き着く先は司令官室だった。ドルフ・ラングレンのような冷徹な司令官がぼくを凝視し「フィルム！　フィルム！」と声を荒らげる。怪しいものを撮っていないか確認するのか。抵抗することなくフィルムを差し出した。カタコトの英語で簡単な質疑応答を受けたあと、地下の取調室へと連れていかれた。通訳が来るまでそこで待機せよとのことだった。その間、ありとあらゆる最悪の事態を想像した。シベリア抑留で強制労働、洗脳されて共産党員、このままスパイとして教育される。殺されてアムール川に沈められる……脳の四方八方から不安が吹き出してくる。そんな不安を追い出すために、別のことを考えようとした。ドラクエの呪文を全部思い出してみようとした。ホイミ・ベホイミ・ルカナン……鍵を開ける呪文だけ思い出せなかった。そんな不安そうなぼくを見かねたのか、見張りの若い兵隊が「アイ・ビリーブ・ユー」と言いながらピロシキを差し出してくれた。映画のようだった。ピロシキがハンバーガーであったなら。

待つこと4時間、ようやく通訳がやってきた。日本語の通訳だった。名前、年齢、職業、親の名前、旅のルート、目的、そして、なぜここにいたのか、ということを尋ねられた。日本語なので、円滑にコミュニケーションがとれた。向こうもただの観光客だとわかってくれたようだ。約30分の取り調べが終わり、通訳は去っていった。これでようやく解放される。椅子から立ち上がると「まだ待て」と命じられた。「今のは軍の尋問であり、これら警察の尋問がある」「取り調べの情報は共有したらいいじゃないか」と言うと「それはできない」と一蹴された。ロシアは日本以上に官僚主義なのだろう。縦割り社会なのだろう。待つこと2時間、取り調べが始まった。やってきたのは、アジア系の顔をした男とマリオのようなヒゲの陽気な男。アジア系の男がボスで、マリオが通訳であった。ボスは角刈りで、頬には大きな切り傷のあとが残っている。明らかにカタギではない。前回の軍の尋問とはかなり雰囲気が違う。取り調べは英語で行われ、その内容は執拗だった。軍と同じ質問に加えて、いちばん仲のいい友人の名前を書け、両親以外の親族の名前をわかる範囲で書け、これから働く先の会社名とその所在地を書けと気持ち悪いほどにプライベートに踏み込んでくる。質問が次から次へと飛んでくる。しかし、ぼくには時間がなかった。ハバロフスクからウラジオストクへ戻る列車の時間が迫っていた。これに乗らないと100ドルほど損をしてしまう。「さっき取り調べしたからもういいじゃないですか。内容はさっきのとまったく変わりません。電車の時間が迫っているので帰らせてください」と言った。すると、通訳が悪い顔をして言った。

「ようしわかった。取り調べを終えてやろう。そのかわり、ロシア入国を永久に禁止にするぞ。もし200ドルを払えば許してやろう」。賄賂でカタをつけようということか。モスクワ、サンクトペテルブルグには行ってみたい。世界一の透明度のバイカル湖も見たい。でも、お金がもったいない。学生の貧乏旅行で200ドルはあまりに大きい。ここでお金を払うと旅の資金がなくなってしまう。旅はまだまだ続く。

「ロシア入国禁止でお願いします」と告げた。

「えっ、ほんとにロシアにもう来られなくていいの?」と通訳は答えた。ぼくたちの国、200ドルより魅力ないわけ、えー! もうちょっと考え直せって日本人。意外な答えにあたふたとし始めた。しかし、ぼくの気持ちは変わらなかった。「入国禁止でいいです」「わかった、わかったよ、じゃあ、車で駅まで送ってやるから車の中で話を続けよう」と言われて、軍のジープに乗り込んだ。

「写真を見る限り、お前はただの旅行客だと思う。お前はいいやつだ。ただし、もう少し尋問しなければならないかもしれない。その場合はまたロシアに戻ってきてもらうかもしれない」

「旅費がないので無理です」

「こちらから旅費を払う。だと来れるだろう」

「仕事が始まって、忙しいので無理だと思います」

「ウラジオストクの日本総領事館で尋問なら大丈夫だろう」

なぜか執拗にロシアに戻ってこさせようとする。不気味であった。

「日本に戻ったら、おれと東京にいるセルゲイに連絡しろ。これ返してやるよ」とフィルムを渡してくれた。返ってくるとは思わなかった。しかも現像までして返してくれたのだ。

結局、列車の時間に間に合わなかった。チケット代を損した。ここまで来たのにまたふりだしに戻される。気分はまったく晴れなかった。翌朝、ハバロフスクを出発した。はじめは美しいと思ったシベリアの田園風景にももう慣れてしまった。1泊2日の道中は退屈だった。

ウラジオストクに到着し、Vladivostok Airというまったく聞いたことのない航空会社のボロボロの飛行機に乗り、日本へ旅立った。上空からは入り組んだ地形のウラジオストクの港と遠くには草原が見える。この大地にぼくは永久に入れないのだろうか。さようなら、ロシア。

飛行機は2時間で新潟に到着した。時差はない。ロシアの日常の延長に新潟があった。たった2時間向こうに白人の国がある。そんなことをほとんどの人は知らない。まるで白人の国はアメリカかヨーロッパにしかないように思っている。

日本に着いてはじめに蕎麦を食った。簡単に注文できた。人とコミュニケーションできた。書いてある看板や文字がすべてわかった。ビザが切れる心配がなかった。何より安全であった。すべてのことがうれしかった。自由と安全を謳歌したいあまりに公園で野宿をした。一晩中蚊に刺されて熟睡できなかった。せっかくなので佐渡島に行った。大阪に戻った。セルゲイに電話しなかったのは言うまでもない。

◆大陸のご褒美

旅に戻らなくてはならない。大阪の家に戻り、すぐに大阪港から上海行きの客船『鑑真号』に乗り込んだ。いちばん安い雑魚寝の部屋には中国を目指すバックパッカーたちがいた。すぐに仲良くなった。船内に麻雀ルームがあった。特にすることもないので麻雀をした。ぼくが清一色を黙ってテンパイしているときに、船がぐらりと揺れて麻雀牌が崩れおちた。

上海に着いた。上海ではビザなど取る必要はなかった。たっぷりと街を満喫した。旧市街を歩き、新市街の発展に驚き、うまいものを食う。上海は北京よりも人情味があり店員一人一人の愛想がよかった。「北京は東京で上海は大阪だ」と誰かが言っていた。わからないでもなかった。

ゲストハウスで知り合った仲間たちと夕方にだらだらと集まり、みんなで夕食を食うのが日課となった。中国の店はどの店も一人で食べるようにはできていない。一皿が大きすぎる。みんなで夕食を食べると、自然、仲良くなっていく。旅先の女の子は特にかわいく見える。愛知県出身のかわいい女の子を口説こうと、滞在を延ばした。しかし結局、何もできなかった。敗走するかのように内陸のシルクロードの町、蘭州へと進んだ。

蘭州は黄河のせいか、土埃のせいか、大気汚染のせいか、街と空気が黄色かった。黄色いサングラスをずっとしているようだった。乾燥して喉がざらざらとした。みんなマスクをしていた。黄河の上流を見に行った。黄色い水の川だった。河原にはたくさんのゴミが落ちていた。黄河のロマンは裏切られた。街中には外は立派だが中はガタガタのハリボテのようなビルがたくさんあった。見るべきものも特になかった。中国の急速な発展のしわ寄せが内陸に来ていた。『蘭州拉麺』というラーメンが名物であった。牛肉のスープに、手打ちの平麺が絡む。天下一品のほうがおいしかった。麺とスープのすべてが黄色かった。

上海、蘭州と内陸に進むにつれて、わかりやすいほどに、湿気が減っていく。まばらであった植物がだんだんと見えなくなる。そして、湿気は完全になくなった。列車の車窓から砂漠が見えた。鳥取砂丘を除くと、生まれて初めての砂漠だった。砂漠は砂ではなく、岩でできていた。地理の先生が砂漠は砂砂漠だけじゃないと教えてくれたことを思い出した。砂漠には色が少なかった。地面の灰色と夕焼け間際の赤い空しかない。地平線に沈みそうな太陽が列車にあたっていた。電車の長い影が砂漠に伸び、灰色と赤の世界に黒を足していた。日本という小さな列島では形作れない風景だ。中国大陸は雄大である。「シルクロードを一人旅する男」。車窓の風景がついつい自分をロマンチックに仕立て上げる。

敦煌に着いた。観光で賑わっているのか、そこそこちゃんとした街だった。ゲストハウスにチェックインした。同じドミトリーの部屋にいた川西くんと砂漠に出かけた。鳴沙山《めいさざん》という砂漠の山に行った。一面が砂砂漠だった。踏んでも踏んでも崩れる砂山を登り、二人で砂漠に沈む夕日を見た。砂丘はエロい。女性の体のような美しい曲線を描いている。川西くんは建築家を目指していた。世界の建築を見るのがこの旅の目的だという。自分の作るものと旅とがきちんと結びついていた。いい顔をしていた。

あまりに砂漠が美しかったのでもう一度見たくなった。たった一人で夜の砂漠を見てみたかった。自転車で夜の街を抜け、30分ほど走ると砂漠に着いた。砂漠には誰もいなかった。一人で砂丘の頂上に寝転んだ。今まで見たことがないほどの星空だった。30等星ぐらいの小さな星まで見えた。天の川は夜空の端から端まで刷毛を一筋塗ったかのようにくっきりと見えた。しばらく星を見ていると時間の感覚がなくなった。時間の経過を示すものが何もなかった。何も動かなかった。何の音も鳴らなかった。時間が止まった。そこから何分経ったのか、何十分経ったのか、何時間経ったのかわからない。飛行機が視界に入った。夜空を横切っていた。まるで夜空のチャックを開けるかのようだった。中からは時間が出てきた。また時間が動き出した。

ぼくと、川西くんと、同じく宿が一緒だった藤井さんは、行き先がチベットだった。藤井さんは無造作な短髪にヒゲとメガネの繊細そうな男性であった。3年間、システムエンジニアとして働いていたが、仕事を辞めてあてのない旅に出ていた。3人でチベットへの玄関口であるゴルムドへとバスで向かった。敦煌を出たバスは、しばらく綿花畑を進み、砂漠に入った。鳴沙山のような見事な砂砂漠だ。砂の山を越え、砂の谷を抜ける。遠くに見える車は砂場のミニカーのようだった。途中、赤いラクダの群れがいた。人は誰もいなかった。野生なのだろうか。遠くには大きな水たまりのようなものが時折見えた。オアシスだろうか。それとも、蜃気楼なのだろうか。砂漠を抜けると荒地になった。草木の生えない荒地だ。町を通った。地面がすべて水色だった。鉱物のような激しく毒々しい色だった。何かの汚染だろうか。ひと気はなかった。中国は内陸に行けば行くほどに、ご褒美のようにありえない風景を見せてくれた。

　当時はまだゴルムドとチベットを結ぶ青蔵鉄道は通っていなかった。チベットへはゴルムドからバスで行くか、四川から飛行機で行くしか正規のルートはない。航空チケットは高い。しかも四川からしか出ていない。陸路で行くしかない。しかし、陸路は途中５０００メートル級の峠を越えるハードな道のりだ。空気が薄く、アップダウンが激しい。バスはよく故障する。動かなくなって車中泊をすることもよくある。バスは時間がかかる。何より、チベットへの入域許可証というものを購入しなくてはいけない。これが1万円ほどと結構高い。しかし、許可証なしでチベットへ入れる裏ルートがあると敦煌の宿で聞いた。ゴルムドの市場に王さんという男がいる。王さんは車のディーラーで、チベットに車を納品する際に一緒に人間も乗せていく。バスよりも高いお金を払わないといけないが、許可証は買わなくていいので、トータルで随分安い。しかも故障が多いバスに比べたらはるかに速い。王さんも納車のついでに金も稼げる。一石二鳥のおいしい話である。

　王さんの車でチベットのラサまで行くに越したことないが、知らない町でたった一人の人間を探すのは至難の業である。「王さんはゴルムドの市場にいる」という情報しかない。何時に行けばいいのかわからない。王さんがチベットへ出かけている可能性もある。まるでドラクエのように町でいろんな人に話しかけて「王さんはどこだ?」と聞いて回らなくてはいけないのだろうか。

　敦煌からおよそ12時間、バスはゴルムドに到着した。とりあえず王さんを探す前に、先に宿にチェックインをしようと歩いていた。突然「チベットに行くんだろ?」と声をかけられた。ヒゲ面で靴のブラシのような直毛の背が低いおっさんだった。まさかの王さんであった。

「明日の朝に出発するが乗らないか?」と王さんは言った。急だ。敦煌からの長距離移動で疲れていた。せっかくなんでもう一生来ないだろうゴルムドの町を散策したかった。しかし、藤井さんは早くチベットへ行きたがった。これを逃すと次にいつ王さんに会えるかわからない。チャンスだと主張した。確かにそうかもしれない。王さんが他の客を捕まえたならば出発は大きく遅れることとなる。バスだと何より財布に痛い。王さんの車に同乗することに決めた。

一晩だけの宿にチェックインし、荷物を置いた。『紅景天』という薬を探しに行った。紅景天を飲んでこまめに水分を取ると高山病がずいぶん楽だと、北京の宿で会ったチベット帰りの日本人が教えてくれた。王さんという人物を探し、紅景天というアイテムを揃えて、ようやく次の街へ移動できる。旅はリアルなロールプレイングゲームのようだった。

◆地の果て

明朝、王さんがホテルに迎えに来た。車はフォルクスワーゲンのセダンの新車だった。申し分ない。助手席には乳飲み子を連れた中国人の母親が座っていた。「王さんの家族なの?」と聞いたら、チベットまでの客だという。ぼくたちだけだと思っていたが、別の客がいるとは。3人でセダンなら広々としていいが、後部座席に男3人は窮屈である。しかも小さな赤子がいる。チベットへ行っても大丈夫なのだろうか。空気が薄くて身に危険はないのだろうか。ぼくと藤井さ

んと川西くんの３人が後部座席に乗り込み、車は出発した。すぐに紅景天を飲んだ。

車は大陸のまっすぐな道を進む。遠くに見えた雪山が近づいてきた。標高はどんどんと上がっていく。赤ん坊の鳴き声のボリュームもどんどんと上がってくる。まるで標高のバロメーターのようであった。高山病の予防のために多めに水分を取った。なので、小便が近い。

ひたすら山を登り続け、一つの峠を越えた。標高は５２００メートルだった。峠にモニュメントがあった。見晴らしがよかったので小休止をした。タバコを吸った。一口吸うと頭がくらくらとして吐き気がした。

峠を越えると周りは雪山だらけだった。しばらく行くと大きな平原になった。遠くに地平線が見えた。標高は４０００メートル以上。富士山より上だ。にもかかわらず地平線が見えた。地平線の向こうは積乱雲のような雲が幾重にも重なっている。その雲の中にはるか前方を走るトラックが吸い込まれていった。分厚い雲とぼくらの間には小さな雲がふわふわと浮いている。西遊記の觔斗雲《きんとうん》のようだ。人が一人か二人乗るといっぱいになりそうな小さな雲だ。雲との距離が明らかに近い。5階建てのビルぐらいの高さのところに雲がある。雲の下には花が広がっていた。雲の王国にいるようだった。街からはるかに離れた草原を一人の男が歩いている。彼は一体どこから来て、どこへ行くのだろう。

夜中、いくつかの峠を越え、遠くに見える関門を迂回し、ほとんど赤子の鳴き声で眠れぬままに朝を迎えた。街を通っては、荒野になり、また街を通り、荒野になる。この繰り返しであったが、街になる間隔が短くなってきた。人の暮らしがあった。

昼前にラサに到着した。ラサはチベット自治州の州都。ポタラ宮の周りに町が広がる。標高は3700メートル。太陽から近い分、日差しが強い。その日差しを受けているからか、チベット人たちは真っ黒に日焼けをしている。中心部にあるジョカンと呼ばれる寺の周りでは五体投地が行われていた。膝をつく。ひれ伏すように体を前に投げ出す。両手、両足、頭を地面に着けて、手を合わす。全身全霊を捧げて祈っていた。何が彼らをそうさせるのか。

宗教を見たいというのが旅に出た理由の一つだった。日本にいると宗教がよくわからない。もちろん、神社やお寺に行ったことはある。しかしながら、ぼくは信仰心を持ち合わせているわけではなかった。周りにそんな人もいなかった。宗教を感じる機会はほとんどなかった。しかし、世界は宗教で回っている。未知の宗教とその宗教が形作る文化と街と人を見たかった。キリスト教は、欧米の映画や小説で少しは知識があったが、イスラム教、ヒンズー教、チベット仏教はほぼまったく想像できない宗教だった。それがどういうものか自分の目で確かめたかった。

1週間もラサにいると高地に慣れてきた。タバコもおいしく吸えるようになってきた。ゲストハウスの屋上でポタラ宮を見ながら洗濯物を干すのは最高のひとときだった。標高が高いので日差しが強く洗濯物はすぐ乾いた。バルコルというラサの目抜き通りを散歩しながらショッピングをした。歩き疲れたらバター茶を飲んだ。チベット人が時折話しかけてきた。僧侶や市民や物乞いの子どもたち、みんな人懐っこい。チベットは裕福ではない。産業もない。農作物も多くは取れない。中国に抑圧もされている。しかし、みんないい顔をしていた。モノはないのに満ち足りた顔をしていた。瞳が澄んでいた。チベット仏教という宗教が彼らをそうさせているのだろうか。

24歳の誕生日はラサで迎えた。ゲストハウスの仲間が祝ってくれた。幼稚園の誕生日会のような紙で作った鎖を部屋に飾りつけ、日本料理を作ってくれた。彼女がいない以外は、すべてが完璧だった。ずっとラサにいたかった。

ゲストハウスのみんなで鳥葬を見に行くことになった。ランドクルーザーをチャーターした。舗装されていないオフロードを走った。丸一日かかった。人里離れた寺に到着した。葬儀は翌朝催される。その日は寺に宿泊した。早朝5時に起床して、鳥葬が行われる場所へと向かった。まだ太陽が出ていない。薄暗い道を歩く。広場に出た。そこには石を敷き詰めた直径5メートルほどの円があった。待つこと十数分、大きなずだ袋を背負った若者が歩いてきた。若者は袋の中身を無造作に円の真ん中に置いた。おばあさんの死体だった。膝を抱え込んだまま固まっていた。袋に入れやすいように手足を曲げられたのだろう。その姿勢のまま死後硬直していた。体は黄色く変色し、独特の匂いがした。おじいちゃんの葬式のときに嗅いだ臭いと似ていた。死体特有の臭いなのか。死臭をかぎつけたハゲタカがわんさか寄ってきた。１００羽はゆうに超えている。翼を広げると3メートルほど。一羽一羽がとても大きい。しびれを切らしたハゲタカが一勢に死体に飛びかかった。しかし、遺族が「まだ食うな」と言わんばかりにそれを追い払った。

僧侶が死体を石で作られた台に乗せた。大きな包丁を取り出した。死体をさばき出した。手の肉を削《そ》ぎ、ももの肉を削ぎ、おしりを削ぐ。ハゲタカが食べやすいように肉をさばいていた。まるで、魚でもさばいているかのように平然としていた。時には笑顔もこぼれていた。隣では別の僧侶がお経を読んでいた。地の底から響くようなお経をＢＧＭに死体が切り刻まれていく。死臭がする。視覚、聴覚、臭覚の三感から違和感を感じる。調理を終えた僧侶は円の真ん中に死体と肉を置いた。ハゲタカは待ってましたとばかりに、一気に死体に群がった。手、体、足とハゲタカは一斉についばんだ。ついばむたびに死体は引き摺られた。頭がゴロゴロと音をたて、死体の口がパクパクと開く。左手だけ体からちぎれた。我先にとハゲタカがついばんだ。空中で奪い合いになった。左手はずっと宙にあり、地上に落ちてくる間もなかった。

おばあちゃんは10分ほどで白骨になった。手のひらと足の裏の肉だけ残った。農作業で硬くなった皮膚までハゲタカは食いちぎれなかったのだろう。その時、白骨の奥の山の稜線から太陽が昇ってきた。朝日が白骨を照らした。僧侶が白骨を調理台へと運んだ。今度は、ハンマーで骨を砕き始めた。骨は残った肉と混ざり合ってミンチ状のものになった。最後に残っていた頭蓋骨も容赦なく砕いた。肉片があたりに飛び散り、誰かの服に付着した。ミンチは再び石の円の中心へと置かれた。またハゲタカがやってきた。5分も経たないうちに、何もなくなった。さっきまでいた黄色い人間がどこかにいなくなった。ただ体液の跡があるだけだった。

食べ終えたハゲタカたちが一斉に両翼を広げた。まるでごちそうさまと言わんばかりに。太陽に向けて羽を広げることで体を温めているのだろう。ぼくはがっくりと膝を落とした。しばらく動けなかった。気持ちが悪いわけではなかった。目の前の事実が重すぎて受け止め切れなかった。神聖な気持ちだった。ぼくも死んだら鳥に食べてほしかった。自然に戻れるような気がした。

ぼくの持ち時間は減っていった。そろそろ次の場所に行かなくてはならない。敦煌から一緒の川西くん、ゲストハウスで一緒になったマヤくんとヒデくんとの4人でネパールを目指した。マヤくんとヒデくんは雲南からチベット人の扮装をして、ヒッチハイクでラサに乗り込んできた強者である。車を1台チャーターした。チャーターするというのが大層豪華に思えたが、チャーターするしか移動手段がない。その車はランドクルーザーかパジェロしかない。四駆でなければ走れない険しい道が多々あるからだ。

ラサからチベット第2の都市、シガツェを抜けて、植物も何も生えない荒野を走り、エベレストが遠くに見える小さな街で1泊した。ラサよりはるかに寒く、寝つけなかった。紅茶でも飲んで体を温めようと思ったが、電気もガスもなかった。結局、少しうとうととしただけで、すぐに起きて出発した。高度5000メートルほどの地の果てのような場所から急激に降下し1時間ほどで2000メートルのネパールの国境の町、ダムへと下っていった。バナナの木が現れ、湿気がじめじめとぼくらを包む。低山病みたいなことがあるのだろうか、4人が全員体調を崩した。満身創痍で国境を越え、なんとかネパールに辿り着いた。

カトマンズにはおいしいピザがあった。パスタがあった。ステーキがあった。かわいい女の子がたくさんいた。夜はネオンがともり、白人のカップルが路上で激しくいちゃついていた。街はキラキラと眩しく、山の裏側のチベットとは大きく違った。とても快適だった。快適すぎて居心地が悪かった。すぐにインドへと移動した。

◆洗礼

ネパールとインドの国境の町、スノウリに着いた。バスターミナルにいた客引きに紹介されるがままにゲストハウスへ行った。そこは掘っ建て小屋にただ藁を載せただけといった粗末な造りだった。屋根と壁の間にはぽっかり穴が空いている。案の定、蚊がたくさん入ってきた。蚊取り線香、インド風に言うとモスキートコイルをつけて寝る。しかし蚊はブ〜ンといやな音をたててやってくる。南国サイズなのか大きい。叩いても叩いても蚊は消えない。眠れない。目を開けるとぼくの真横の壁に大きなヤモリがいた。蚊を狙っていた。その後ろには、ヤモリを狙うネズミがいた。突然、屋根にどすんと何かが乗った。壁の隙間からネコが入ってきた。ネズミを狙っていた。食物連鎖が起きていた。

眠れないままに、カジュラホへと移動した。カジュラホにはヒンズー寺院があった。寺院の壁面にはミトゥナ像という、男女が絡み合うエロティックな彫刻がたくさんあった。「そこに来る女はみんなエロくなってるから、すぐにできるぜ、行ってこい！」とネパールで会ったインド人が言っていた。彫刻としては大いに見応えがあったが、そんな女性はまったくいなかった。

ヴァラナシに移動した。バスを降りると、リキシャの運転手に囲まれて「ホテルはどこだ？決まっているか？」と囲まれた。特に予約はしていなかったが予約をしているふりをして「シヴァゲストハウスに行ってくれ」とお願いする。運転手はリキシャを走らせ、ホテルに着いた。そこはシヴァゲストハウスではなかった。「シヴァゲストハウスまでの道が工事中なんだよ、だから今日はここにしておきな」と言われた。場所はヴァラナシの中心から離れていたが価格は同じぐらいであった。もうすぐ日も暮れるのでここにした。翌日にシヴァゲストハウスへ移動した。工事中の道などどこにもなかった。運転手とホテルがグルで、客を連れてきた場合いくらか手数料をホテルからもらうのだ。毎日がぼったくりの連続だった。タクシーやリキシャは行きたいところに素直には行ってくれない。コーラ１本買うのにも値段交渉が必要だった。20ルピーのものを１００ルピー札で買うと30ルピーしかお釣りが返ってこない。「おれ、50ルピー札出したっけ？」と思いきや、違う違うと思い出す。返してくれと言うと「バレたー？」とお茶目に舌を出す。なんだか憎めなかった。リキシャが寄ってきて「どこかにいかないか？」と誘ってくると「日本まで」と答える。「アチャー」とお前なかなかおもしろいやつじゃねえかと笑いながら首を横に振る。

客引きたちは本気で観光客を乗せようとしているのではなく、ヒマだからただ話したいだけなのかもしれない。

ヴァラナシはガンジス川沿いにあるヒンズー教の聖地である。ガンジス川の対岸から昇る日の出を見て、火葬場に行って燃やされる死体を見て、チャイを飲んで、日が暮れた。見たこともない大きな日の出と、死体を燃やす炎と、流れる川を見ていると、いやが応でも、死や自然について考えてしまう。考えるのが気持ちいいのだ。数週間いたが、数ヶ月いたようであり、数年いたようであった。

夜、旅が長そうなゲストハウスの客たちがジャンベとディジュリドゥを鳴らしてセッションをする。一つのヒッピーのフォーマットだ。ネパール、インドと、よりヒッピー風の旅人が増えた。自由を標榜するヒッピー自体が自由の型式にはまっていた。

ヴァラナシから、デリーへ。デリーはニューデリーとオールドデリーという名が存在する通り、古いものと新しいものが混ざり合っていた。無機的な高層ビルの下で、数百年前から生きているような老人が喜捨をせがんでいた。早朝にオールドデリーで飲むチャイは最高においしかった。

デリーから、アグラへ移動した。タージマハルを見た。みんなが裸足で宮殿内を歩き回っていた。終始、足のにおいがした。インド人の足はなかなか臭い。

アグラからジャイプルへ。移動の疲れから風邪をひいた。ホテルに引きこもってヴァラナシで出会った旅人と交換した三島由紀夫の『金閣寺』を読んでいた。内省的で繊細で、心のひだを丁寧に描いたこの作品は、細かいことを気にしていられないインドにはまったく合わなかった。風

邪のせいもあり、ジャイプルは中途半端な観光に終わった。デリーに一旦戻った。1週間ほどしか離れていなかったのに懐かしかった。この街が大好きになっていた。

ダラムシャーラーへとバスで向かった。ダラムシャーラーはチベットの亡命政府がある。ダライ・ラマをはじめ、チベットから亡命してきた人間が多くいた。亡命した青年がゲストハウスで働いていた。彼は数年前にヒマラヤ山脈を越えてやってきた。当時はまだ10歳だった。大人と一緒にいると見つかりやすいので、子どもだけで数千メートル級の山を歩いて越え、インドにやってきた。ここまで来れたのはたった一人、自分だけだった。ぼくと同じ時を生きているのに、別の場所ではるか昔のような、法と善意のない世界が存在し、そこで時間が進んでいる。

ダラムシャーラーに惹かれたのは、ダライ・ラマに会えるかもしれないからだった。ダライ・ラマに謁見して、握手までしてもらえるとのことだった。チベットの優しさに打たれたので、ぜひとも会ってみたかった。しかしながらぼくが行ったときは、ダライ・ラマは不在だった。総本山のお寺で瞑想をすると、ダライ・ラマの写真が飾られていた。その大阪の中小企業の社長のような、陽気な顔を見ていて、一つの悟りに到達した。「明るく優しく」。それしかない気がした。

ダラムシャーラーから、シーク教徒の聖地であるアムリトサルへ。チベット仏教の本山からシーク教の本山へ、めまぐるしく宗教が変わっていく。アムリトサルの黄金寺院は、名前の通り黄金に輝く寺院だった。堀に囲まれている。そして、建物はすべて白い大理石で造られている。中に入ると、スピーカーから美しい歌が流れていた。シーク教徒の賛美歌か何かだろうか。まるで水面を叩いているかのような優しいタブラに、人生を美しく諦めたかのような声がのっている。

ぐるりと参道を回り、建物の中に入ると、聞こえていた音楽が実際に演奏されていた。青い絨毯の上には信徒それぞれが祈ったり、物思いに耽《ふけ》っていた。天国の宮殿のようであった。

天国はかつて地獄だった。１９８４年、シーク教徒の独立を求めて戦った男が黄金寺院に立て籠もった。そこにインディラ・ガンディー率いるインド軍が乗り込み、数千人の人が亡くなった。宗教的聖地で虐殺を行ったショックは大きく、シーク教徒は公職を次々と辞めていった。そして、インディラ・ガンディーの警備員であったシーク教徒が彼女を暗殺した。

高校の時に書いたレポートが頭を過《よ》ぎった。社会科の宿題だった。新聞の記事をくり抜いてきて、そこに自分が感想を書いて提出しなくてはいけなかった。朝日新聞の国際面にあった記事を選んだ。スリランカでの仏教徒とヒンズー教徒の争いで二十数名が亡くなったという小さな記事だった。「宗教の違いで人を殺すことは自身の宗教の教えに背いているのではないだろうか」と書いて、先生に褒められたことを思い出した。どうして、人を生かすためのシステムに則って、人を殺めるのだろうか。チベット仏教、ヒンズー教、シーク教の聖地にそれぞれ赴いたが、まだ理解はできていない。

◆修羅の国

インドからパキスタンへ。対立する二つの国の国境は一跨《ひとまた》ぎの線ではなく数キロにわたる太い線だった。緩衝地帯が設けられていて、両側にはたくさんの兵士が並んでいた。戦争という運動前にストレッチでもするかのように、両軍は軍事訓練をしていた。いつでも戦う準備はOKだといわんばかりに。国境を越え、入国手続きを済ませ、ラホールに入った。何かを買おうとすると、どこでも思っているよりも安い値段を言われる。そこで気づいた。パキスタン人はぼったくらないのだ。リキシャもタクシーもきっちりと自分の行きたい場所に連れていってくれる。すべてのことがインドの2割ほどスムーズだ。人が寄ってきては写真を撮ってくれと声をかけてくる。道に迷っているとすぐに助けてくれる。ご飯を食べに来いと誘ってくれる。そこには、イスラムの「旅人はきちんともてなさなくてはいけない」という教えがあったからかもしれない。そう、ここはイスラムの国だ。日の出とともに爆音のアザーンが町中に流れ、夕方にも爆音でアザーンが流れる。その歌声は音の割れたスピーカーから流れていても美しかった。今まで聞いてきた歌声とは明らかに違う種類のものだった。使っている声帯が異なるようだ。のびやかで、激しくて、哀しい。まるで砂漠の真ん中で夕日を見ながら生きていることを哀しみ、嗚咽《おえつ》しているようだった。

イスラム教がすぐに好きになった。イスラム教を知りたかった。日本語訳のコーランも少し読んでみたが、よくわからずに挫折した。イスラム教がまったく想像できなかった。世界四大宗教、仏教はもちろんわかる。キリスト教もわかる。ヒンズー教は仏教がヒンズー教から生まれたので、きっと仏教みたいなものだろうと思っていた。それはあながち間違いではなかった。しかし、イスラム教はまったくよくわからなかった。中東など紛争地域のよくわからない好戦的な宗教かと恐れてもいた。それは誤解だった。人々は優しく、素朴で、人懐っこく、力強い。我々東アジア人にはない、乾いた空気のようなものを誰もがまとっていた。それは、パキスタンという土地がそうさせていたのかもしれない。乾燥とイスラム教は相性がいい。

ラホールのゲストハウスで、ヴァラナシで別れたマヤくんとばったりと再会した。彼も西を目指していた。広い世界の数ある町の数あるゲストハウスの一つで彼とまた会うとは偶然にもほどがある。旅人との出会いはかくも運命的である。敦煌で会った藤井さんとは帰国後京都の祇園祭の人混みの中で会ったこともあった。こんなことならもう二人で旅をしようと、マヤくんとペシャワールへと移動した。

ペシャワールはアフガニスタンとの国境の町だ。アフガニスタンの難民が流れてきて、郊外には難民キャンプがあった。町は混沌としていた。警察と兵士の数がやけに多い。持っている銃も大きい。町全体がヒリヒリとしていた。ペシャワールのゲストハウス、Tourist Inn Motelには旅の強者が集まっていた。わかりやすいヒッピーのような旅人はいなかった。みんな数々の修羅場をくぐってきていた。カナダ人の男は内戦中のアフガニスタンを自転車で回ってきた。彼は何度も鞭《むち》でタリバンに打たれたそうだ。クレイジーすぎる。他にも数名、アフガニスタンに行って戻ってきた日本人がいた。彼の国に行けるとは思ってもみなかった。その事実はとても興味をそそられた。アフガニスタンは内戦中だが、カブール、バーミヤン、マザーリシャリーフまではタリバンが平定をしていて、比較的安全で足を延ばすことができる。ただ、アフガニスタンからイランに抜けることは不可能だった。カンダハル、ヘラートは特に危なかった。行った人間が行方不明になったり、レイプされたという話を何件か聞いた。ぼくの行き先はイランだった。アフガニスタンを経由できたら無駄は少なかったが、カンダハルとヘラートを通るのであまりに危ない。荷物をペシャワールに置いておき、アフガニスタンに行ってまた戻ってくるのが現実的だった。

現実的ではあるが非現実的な旅である。内戦をしていて、地雷がたくさん埋まっている国にわざわざ行くわけである。行った人間はホテルや交通機関などの基礎情報は教えてくれたが、アフガニスタンの感想については多くを語ろうとしなかった。戻ってきた一人は、真っ白なノートに言葉を殴り書き、時々叫んだ。そして、紅茶の茶葉を握りしめ、叫びながらゲストハウスの壁に何かを書いていた。

ペシャワール近郊にはダルラという町があった。そこでは銃を作っている。旅行者は立ち入り禁止だが警察に賄賂を払えば見学ができた。マヤくんと一緒に行ってみた。ローカルのバスに乗ること数十分、ダルラに着いた。乾いた土がむき出しの山に挟まれた谷だ。幹線道路沿いに小さな町がある。おそるおそる町を歩いていると、警官がどこからともなくやってきた。「旅行客はここへ来てはいけない」と話しかけてきた。そして、「わかってるだろ」とウインクをした。賄賂を払った。契約成立。彼は警察官からガイドになった。武器の製造場所へ案内された。東大阪の小さな町工場のようなところで、ベレッタ、カラシニコフなどの銃が手作りで製造されていた。おじいさんが、真っ赤になった熱い鉄をハンマーで叩いていた。「これを持ってみろよ」と、ベレッタを手渡された。それは思ったよりも重かった。人の命を奪えるほどの重みはこれぐらいなのだろうか。

「銃の試し打ちをしないか」と、警察官はぼくらを町外れに連れていった。荒野に向かってカラシニコフを１マガジン分、撃った。山肌にカンカンと弾丸があたった。あっという間だった。人差し指を少し動かすだけで簡単に人を殺すことができると理解した。

お土産にpen gunというものを買った。それは名前の通りペンの形をした銃だ。ノックする部分を引っ張り、銃弾を込めて、クリップ部分を押すと弾が飛ぶ。ペンにはMADE IN FRANCEとMADE IN JAPANとプリントしてある2種類があった。MADE IN FRANCEを買った。銃弾込みで２００円ほどだった。もちろん、ともに、MADE IN PAKISTANである。マヤくんと試し打ちをしようということになった。誰もいないペシャワールの郊外まで行き、トイレットペーパーに向けて撃ってみた。おもちゃみたいなものだろうと思っていたら弾はトイレットペーパーを貫通して、石の壁に深くめりこんだ。人に向かって撃てば死んでしまう代物だ。ペシャワールにいると、危険の感覚が麻痺してくる。ぎらりと光る銃を見るのも慣れ、小さな銃を持った警官はとても弱そうに見えた。なんだかもっと危険なことをしたくなった。アフガニスタンに行こうと思った。スリルと冒険を求めていた。戦争というものも感じたかった。

現地人の格好をしたほうが安全だというアドバイスをもらい、シャルワールカミースという民族衣装をペシャワールで仕立てた。ターバンを巻いて、マヤくんと二人でゲストハウスを発った。国境までの交通機関はない。タクシーをチャーターした。迎えに来たタクシーには銃を持った兵士が一人同乗していた。ペシャワールから国境までは「トライバルエリア」という民族が自治をしている治外法権エリアを通らなくてはならない。幹線道路から5メートル以上離れたところで起こった事件にパキスタン政府は一切関与しない。そういう危険な場所だから護衛のために兵士が同乗したのか。それとも、ただ行く方向が一緒だったからかは最後までわからなかった。乾いて荒れ果てた大地を車は行く。自分の頭の中でなぜか『与作』がリフレインしていた。

国境のハイバル峠に着いた。国境の入口に「WELCOME TO THIS SACRIFICED COUNTRY. YOU MAY DECIDE BIG DECISION TO COME HERE.」(ようこそ、この犠牲の国へ。君はここに来るために大いなる決断をしたのだろう)と書いてある。確かに決断はした。しかし、歓迎の看板としてまったく気が利いていない。一体、どんなことが起こるのか。不安な気持ちで入国をした。国境付近にぼうっとしていると見落としそうな小さな白い建物があった。ここが入国管理所だ。中には全身が真っ白で、真っ黒な長いヒゲを蓄えたタリバンが座っていた。パスポート

を渡した。簡単な入国審査があった。自身の素性と旅の目的を尋ねられる。ここがポイントだと聞いていた。入国が「観光」だと怪しまれる。戦争中の国に観光で来るわけがない。「仕事」だとジャーナリストと思われてさらに怪しまれる。先にアフガニスタンに行った旅人に聞いた模範解答を答えた。「我々は仏教徒であり、仏教の聖地であるバーミヤンに巡礼に行く」。宗教は違えど、宗教に対する熱心さは評価されるのだ。無宗教がいちばん軽蔑される。それがチベット以降の国でずっと感じていたルールだ。

係員はパスポートをそのままどこかに持っていった。しばらく帰ってこなかった。あまりに遅すぎる。パスポートを持って逃げたのだろうか。どこかに売りに行ったのだろうか。部屋には机が一つしかない。粗末な窓が一つだけ。小さなコンクリートの部屋だ。入国審査の場所とはとても思えない。ぼくたちは黙って待っていた。

係員は戻ってきた。パスポートを渡し、「行け」と首で合図をした。荷物を念入りにチェックされると聞いていたが、チェックはなかった。こんなことだったらカメラを持ってくればよかった。アフガニスタンでは写真撮影が禁止されていた。カメラは取り上げられると聞いていた。旅はまだ続くので取り上げられるとどうしようもない。没収されてもいいように使い捨てカメラだけは持ってきていた。

いよいよ、アフガニスタンだ。この国の交通システムがよくわからないまま、「カブール」と大声を出しているハイエースに乗り込んだ。10人ほどがぎゅうぎゅう詰めで車に乗る。乗客は全員現地人だ。ぼくは運転手に「来い来い」と手招きされて助手席に乗り込んだ。座席は広く、前方の景色が見える一等席だ。片側一車線の道を行く。幹線道路であるにもかかわらず、ほとんどが未舗装だ。もしくは舗装されていても、がたがたで土とアスファルトの境目がわからなくなっている。子どもたちが道をきれいにしようと箒《ほうき》で道を掃いている。車が通ると子どもたちは手をあげて、金をくれと要求する。清掃協力金ということだろうか。しかし、運転手たちは無視して子どもたちのすぐ横を猛スピードで通過する。土埃が舞い、子どもたちは見えなくなる。子どもたちは何事もなかったかのようにまた掃除を続ける。町を行くとほとんどに爆撃された跡がある。ところどころに戦車が転がっている。今まで来た国とは違った。

遠くに検問所が見えた。それまで陽気な音楽をかけていた運転手が、カセットテープを取り替えた。コーランのような重厚で宗教的な音楽に変わった。ぼくに目配せをした。検問所には10

メートルほどある木の棒に無数のカセットテープが突き刺さっていた。カセットテープ本体からはみ出たテープが風になびいていた。黒いテープがキラキラと光の反射を受けていた。まるで現代アートの作品のようだった。タリバンはコーランとタリバンを讃える歌（コーランのような）以外の音楽を禁止していた。ドライバーから取り上げたカセットテープが串刺しにされていたのだ。運転手のカセットテープは取り上げられることなく、検問所を後にした。しばらくしてから、運転手はカセットを取り出してまた陽気なアフガンポップをかけた。「これは遊牧のために遠くに出た羊飼いが遠く離れた恋人を想う曲なんだよ」と、遠くを見ながら言った。タリバンが統治するイスラム原理主義国家の中で、法の目をたくましくかいくぐり、恋の話をする運転手にほっとした。

首都のカブールに到着した。建物のほとんどは大なり小なり破壊されており、無傷のものはない。インフラは破壊されており汚水を流す小川がむき出しのまま何本か流れている。人は増えたが物乞いも増えた。車が止まると物乞いが周りを囲む。物乞いが他の物乞いを押しのけ窓の間から手を強引に入れてくる。無視していると腕を摑んでくる。その力はとても強い。物乞いの押しの強さが今までのどの国よりも違う。ホテルにチェックインして窓からカブールの町を眺めた。遠くに山が見えた。褐色の山の向こうには紫色の山、その向こうには、緑色の山、その奥には雪山が見えた。戦争がなければ美しい街であったに違いない。

近くで冷めたカレーと、冷えて硬くなったナンの食事を済ませた。シャワーも何もなかった。そろそろ寝ようとしていた頃、ノックがあった。時間は夜の11時だ。怖いので無視していた。しかし、ノックは続く。だんだんとノックの音が大きくなってきた。今にもドアを蹴やぶらんかの勢いだった。もう無視できなかった。おそるおそるドアを開けた。5人の男が廊下に並んでいた。真ん中には恰幅がいい男。その両脇に長身で体つきのよい寡黙な男が腕を組んでいる。両端にはやせて背の高い男とチビでデブの男がケタケタと笑っている。まるで、アニメの悪の一味だ。ギニュー特戦隊のようだ。真ん中の隊長がぼくに声をかけた。

「ユー・ドゥー・ノット・ステイ・ディス・ホテル」

つまり、このホテルに泊まるなということだ。ここは地元民用のホテルであり、外国人客は外国人用のホテルに泊まらなくてはいけないとのことだった。そんなことは知らなかった。何より1泊8000円ほどする。「ぼくたちは、明日ここを発ちバーミヤンに行く。時間も遅いので今日だけは勘弁してほしい」と訴えた。「わかった、それならば、今から事務所に来て外国人登録しろ」と言われた。なぜ、こういう手続きをしなくてはならないのか。理由はよくわからない。しかし、行かないわけにはいかない。二人とも登録に行ってしまうと部屋に残った荷物が危ない。結局、英語が話せるぼくのほうが登録に行き、マヤくんがここに残ることにした。

ボスと二人でホテルの階段を降りて外へ出た。ボスが自転車の後ろを指差している。ここに乗っていくということか。後ろの座席の幅は荷物を乗せるためか、少し幅が広かった。跨いで乗ると太ももの内側が痛い。ぼくはためらいながら彼氏の後ろに座る女子高生のように、体を横に向けてボスの腰に手を添えた。自転車に二人乗りで夜のカブールを走った。外は少しだけ街灯があった。粗末な電球が崩れた建物をオレンジ色に照らしていた。町の中心部だが人が誰も歩いていない。戒厳令が出ていた。夜は誰も出歩いてはいけなかった。５分ほど自転車に乗って事務所に着いた。入口の門番がぼくを今にも殺さんとばかりに目線で殴りつけてきた。右手には銃を持っている。三国志の関羽の面のように赤い顔、吊り上がった目は真っ赤に充血している。ヤンキーのガンを飛ばす目線はこれに比べたら子どもの遊びのようだ。今まで見たどんな顔よりも怖い顔だった。実際に人を殺した顔というのはこういう顔なのだろうか。人を殺したそのテンションが高揚したまま固まってしまったようである。ファイナルファンタジーの魔法「バーサク」をかけられたよう。狂戦士だ。ぼくなんかいとも簡単に殺されてしまうのだろう。ボスが手をあげるとピタリと直立不動になった。狂戦士にもまだ意識はあったようだ。そのまま事務所に連れて行かれた。玄関のところで待っていろと言ってボスはカーテンの向こうの部屋に行った。そこはコンクリートの真新しい味気ない事務所だった。ただただ冷気が染みてくる。バッとカーテンが開いた。部屋は学校の教室ぐらい。部屋の壁すべてに銃が立てかけてあった。その銃は普通の銃ではない。大きくて一人で持つことはできない、三脚を立てて撃つ重機関銃だ。銃の横には大きなガンベルトがある。唖然として部屋を見回しているとボスが手を広げて「Welcome to Afghanistan!」と声を張り上げた。何かのショーが始まりそうだった。ぼくのリアクションによってはただでは済まされない気がした。驚きもせず、笑いもせず、かといって、無視もせず、微妙にただ頷いた。ボスはずっと笑っていた。この書類に記入しろと言われた。記入すべき用紙には何語で何を書いてあるかわからないが、自分とマヤくんの名前と日付を書いた。お茶でも飲むかと言われたが、怖くて早く帰りたいので遠慮した。また、二人乗りでホテルに戻った。マヤくんも荷物も無事だった。

翌朝早く、バスターミナルに行った。早くカブールから出たかった。バーミヤン行きの乗り合いのバンに乗った。道はより未舗装になっていく。だんだんと山が多くなる。土しかない褐色の風景の中、一筋の川が流れている。それはエメラルドグリーンと言えばいいのだろうか。もしエメラルドがこんなグリーンだったらぼくはエメラルドが好きになるに違いない。

すれ違ったトラックの荷台に20人ほどのタリバンが乗っていた。全員が立ったまま乗っている。真っ黒なシャルワールカミースを着て、真っ黒なターバンを巻いている。肩にはカラシニコフをかけている。みんな長髪でヒゲを生やしている。様々な血が混ざっているからか、目の色がそれぞれに違う。黒、茶色、青、緑。まるで若き頃のブラッド・ピットのような男もいる、それぞれが遠くを見ていた。今から戦場に向かうのだろうか。戦地に運ばれているのだろうか。戦う男とはかくもかっこいいものなのか。戦争の愚かさに辟易としながらも、戦争なんて馬鹿げたことだと思っていても、戦士に憧れている自分がいる。

山道の角度はより急になった。積もった雪がちらほらと見え始め、すべてが真っ白になった。雪道を車は走る。道は未舗装でガードレールも何もない。谷底には大きなトラックやバスが数台転がり落ちていた。吹雪の中、ロバの一団が車のすぐ真横を走っていた。

夜中、雪山の中で車が急に止まった。運転手に「お前ら降りろ」と言われた。「こっちへ来い」と岩陰のほうに連れていかれた。「お前らをここで下ろす。いやなら、金を払え」と言われた。声を荒らげても涼しい顔だった。こんなところで置いていかれてはどうしようもない。悔しいが、払うしかなかった。戦争をしているからだろうか、この国の人間は荒《すさ》んでいた。隙あらば金を掠《かす》め取ろうとする。インドのような可愛げはなかった。

◆悲しい仏陀

雪で真っ白な平原を茶褐色の岩山が取り囲んでいる。車はバーミヤンに着いた。ここはかつて天竺と言われた場所。『西遊記』の三蔵法師が苦労の果てに到着したところである。あたりは一面の銀世界だった。バスから降りた。途端に子どもが絡んできた。「カメラ持ってるだろ、おれたちを撮ってくれよ」とでも言っているのだろう、シャッターを切るポーズをしてくる。カメラは置いてきた。使い捨てカメラはあるがフィルムに限りがあるので無駄打ちはしたくはない。何よりカメラを持っていることがタリバンにバレるとやっかいだ。告げ口をする可能性もある。「おれたちはカメラを持ってない」と何度も言って子どもたちを追い返した。子どもたちは話のわからない大人だと言わんばかりに雪玉を投げてきた。子どもたちと雪合戦も悪くない。ぼくたちも雪玉を作って応酬した。楽しくじゃれていたつもりだったが、太ももに激痛が走った。子どもが投げた雪玉の中に石が入っていた。石の雪玉をどんどん投げてくる。ぼくたちは白旗をあげた。戦争をしている国の子どもたちは戦い方をわかっている。

旅の目的はきちんと果たさなくてはいけない。バーミヤンの大仏を拝みに行った。町の外れにある、木も何も生えていないむき出しの岩山まで歩いていった。山肌が掘られていて洞窟のような大きな穴がある。その中に大仏があった。25メートル以上はあるだろうか。大きいのが2体、小さいのが数体あった。当時のものだろうか、くり抜かれた穴の天井部分に、曼荼羅のようなうっすらと青い壁画が残っていた。大仏の前には誰もいなかった。そのかわりに、大仏の前には数多くの銃の薬莢《やっきょう》、ロケットランチャーの不発弾、使用済みの注射針が転がっていた。仏像の傷は経年劣化のものもあれば銃弾が撃ち込まれて傷ついたものもあった。大仏には顔がなかった。顔だけ削られていた。イスラム教は偶像崇拝を禁じている。だから顔は剝ぎ取られた。まるで大仏は醜い人間たちを見たくないがために、自らの手で顔を削ったようであった。アフガニスタンが平和であれば、これは世界遺産となり、多くの観光客を呼んだだろう。ぼくたちが帰国してすぐに、仏像はタリバンの手によって完全に爆破された。

外は氷点下でかなり冷えた。宿に帰るなり、チャイはあるかと言った。オーナーは呆れた。牛乳なんてあると思うなと怒られた。バーミヤンまでやってきた。天竺に何かあるかと思っていたら何もなかった。寒さで少し頭がおかしくなってきた。

何もないバーミヤンの町を散歩していると、街の中心で全身真っ黒のタリバンに声をかけられた。一緒に夕食でも食べようということになった。タリバンの事務所に連れていかれた。中には恰幅のよい男たちが3人いた。3人ともこの土地の有力者といった風情だった。「おれはテコンドーをしているが、お前らもテコンドーできるか？　やるか？」とケンカをけしかけてきた。「まあ、落ち着け」と他の二人がなだめていた。その穏健派の二人の眼光も鋭かった。終始ぼくたち

は試されているようだった。硬く冷めたナンをごちそうになっているとノックの音がした。宿のオーナーが部屋に入ってくるなり、すぐにぼくの腕を引っ張って「帰るぞ」と連れていった。UNと大きく書かれた国連の白いジープに乗って宿へ帰った。「お前たち、どういうつもりだ、夜出歩くなんて！　おれたちはあちこち探し回ったんだぞ！　ここはアフガニスタンだ。わかっているのか！」助手席にいた国連のフランス人医師は呆れていた。ぼくたちは確実に場違いだった。フランス人は「もうすぐここが戦場になるかもしれないから、帰ったほうがいい」と言った。彼は翌朝すぐにバーミヤンを発った。医師の行動の速さに驚いた。急いだほうがいい。ぼくたちも翌日にバーミヤンを去った。

カブールに戻った。バーミヤンの宿の主人から「現地人の格好は本当に現地人と思われて危ないから、旅行者の格好をしておけ」と言われた。早速、カブールで服を物色した。救護物資を売っている古着屋で、たぶん救護物資の皮ジャンを買った。それにジーンズという格好で町を歩いた。観光客が珍しかったのだろう。ぼくはスターのようだった。ぞろぞろと人がついてきた。その行列は50人ほどに膨れ上がった。ぼくはコーラを探していた。バーミヤンにいたときから無性にコーラが欲しかったのだ。カブールの街中を歩くこと2時間、市場にあった食料品店でついに見つけた。ボコボコに凹んだペプシの缶だった。

寒さと緊張とで体が疲弊してきた。しかし、食事を満足に摂れないから疲れが回復しない。そろそろ帰るべきだった。カブールからまたパキスタンへ戻った。戦車が転がり、爆撃された家が並び、子どもが箒で掃いてはお金を要求する道を戻った。出国手続きを済ませ、無事アフガニスタンを出た。ぼくらの後ろではアフガニスタンの子どもたちがパキスタン側へ出ようと全力で走っていた。警官が子どもたちを鞭で打って止めていた。それでもまた走り出した。数十人の子どもたちが走っては鞭で打たれていた。子どもの中をかき分けて羊を1匹連れた男が悠々と国境を越えた。そして、パキスタン側にあった肉屋に羊を届けた。肉屋の軒先にはたくさんの肉がぶら下がっていた。羊が聞いたことのないような高い声を出して必死に抵抗していた。

アフガニスタンでは生きるかどうかで毎日が大変なのに、どうしてぼくはこれから会社で働くことに悩んでいるのか。少しぐらい忙しいのがなんなのだ。自分を曲げるのがなんなのだ。働けるだけ幸せだ。今後、もう一切悩むことはないだろう。ぼくは鞭打たれる子どもたちとアフガンの荒野を振り返ってそう結論づけた。

カブールからペシャワールに戻った。2週間ぶりにシャワーに入った。お湯が本当にありがたかった。骨の髄まで冷えていたのを温めてくれた。洗っても洗ってもアフガニスタンの土埃が落ちる気がしなかった。すべてをきれいにしたくて、ずっと蓄えていたヒゲを剃った。

アフガニスタンの人間は特殊な人間だと思っていた。戦争の国の戦争をする人間だ。だから考え方も何もかも違うと。しかし、男はみんな女に恋し、下ネタが好きで、おいしいものが食べたくて、ユーモアを愛した。普通の人間だった。ぼくは「戦争の国」というレッテルを貼り、彼らを見つめていた。とても失礼なことだった。戦地を旅するというヒロイズムに酔っていた。自分にヘドが出た。

旅が惰性になっていった。アフガンのショックを整理できぬまま、パキスタンを西へと横断し、クエッタでラマダン明けを迎え、イランに入り、トルコを突き抜け、イスタンブールから日本へと帰国した。

第二章　社会に出る

◆東京

旅から帰ってすぐに電通に入社した。はじめの2ヶ月は全新入社員が東京に集められて研修がある。まずは調布にある社員寮に入った。6畳ぐらいの小さな部屋。朝起きて共同の洗面台で顔を洗っていると「おお、ブサイクやなあ」「お前もなあ」と爽やかではない朝が始まる。旅で伸ばしっぱなしだった髪はバッサリと切り、イスラム教徒にバカにされないようにと長く伸ばしていたヒゲもさっぱり剃った。新人らしく爽やかに、安物のスーツに着替える。ネクタイを結ぶのに慣れておらず、何度か結び直して寮を出る。京王線の満員電車に揺られて新宿駅に到着する。迷宮のような新宿駅に圧倒され、集団のスピードを乱さぬようにと早足で移動し、会社に到着する。140人の同期がいた。とても賢いやつか、すごいアスリートだったやつか、すごくおもしろいやつばかり。昼間は研修を受け、夜は飲み会。銀座だったり、渋谷だったり、新宿だったり、東京という狂騒の街と普通につきあっている同期たち。ぼくはついていくことができなかった。会話がままならなかった。同期たちと話そうにも、旅先で日本語をあまり話していなかったからか、何か話したいことが頭に思い浮かぶと、その2周遅れで言葉がやってきた。去年の春、内定をもらって集まったときは同じレベルで会話をして、それなりに笑いもとっていた。ぼくも、おもしろいやつのうちの一人だった。しかし、今は、なぜこの電通に入ったのかよくわからない、ややこしいやつと映っていた。アフガニスタンの話をしてみたが、生半可なリアクションしかない。誰も興味を持たなかった。彼らとの間に大きな断崖ができていた。ぼくが旅に出て変わってしまったのだろうか。それとも、彼らがおかしいのであろうか。初めての東京生活、初めての一人暮らし、初めての会社員生活、アジアを1年近く旅した直後にはハードだった。環境の変化についていけない。ネクタイは息苦しく、シャツは白すぎて、スーツは窮屈で、革靴は歩くには硬かった。心と体がうまくフィットしない。

考えすぎて寝付けない日々や、誰とも会いたくない日があるのに毎日会社に行かなくてはならない。それが大学と違うところである。やけと気合いでテンションを上げて、なんとか研修の日々は過ぎていった。次第に新宿駅でも迷わなくなった。渋谷と新宿の間に原宿があることを理解した。一つの会話を掘り下げるよりもテンポよく次の会話に移行し、それぞれの会話にオチをつけなくていいことに気づいた。自虐ネタをすると本当に心配されるので控えたほうがよいことを学んだ。少しずつ東京に慣れてきた。

2ヶ月の研修も終わりに近づいた。各自が行きたい部署と配属場所(東京、大阪、名古屋)の志望を出さなくてはいけない。入社した時点ではまだ部署も勤務地も決定していない。研修の間に適正を判断され、本人の希望とすり合わせ、部署は決定される。部署については採用試験の頃から変わらず明確に「クリエーティブ局」を志望していた。広告制作をしたくてこの会社を志望した。それ以外は望むところではなかった。勤務地については、入社前はどこでもいいと思っていた。しかし、今は東京にいるのがつらかった。大阪に戻ろうと思った。

大阪を希望する新入社員は多くはなかった。志望通り関西支社に配属された。部署も希望通りクリエーティブ局だった。まずは東京でクリエーティブ局に配属になった者だけで研修があった。第一線で活躍する先輩クリエーターが自身の広告論、企画の方法などを教えてくれた。内容はもう全般的なものではなく広告制作に限定するものだった。好きな教科だけを勉強できる気分である。全員が一斉に課題を出され、企画案を提出する。誰の案がおもしろいかおもしろくないかがはっきりとわかる。特によかったものは講師に褒められる。クリエーティブのレースの始まりだ。ぼくは中の下ぐらいだろうか、めったに褒められることはなかった。クリエーティブ局配属の人間は、ガツガツとしておらず、草食系の内向的な人間が多かった。きっと大学が一緒だったら同じグループにいただろう人間たちでほっとした。ここにきてようやく心が落ち着き、心と体が一致したように思える。

新宿、渋谷、銀座しかわからなかったぼくが、上野、浅草、代官山、中目黒、自由が丘、二子玉川がわかってきた頃に、大阪へ配属されることとなった。同期たちが東京駅まで見送りに来てくれた。さよなら同期、さよなら東京。新幹線は横浜を過ぎ、熱海を過ぎる。富士山に別れの挨拶をしようと思ったが、曇っていて何も見えなかった。新大阪に着き、そこから在来線に乗り換えると電車からペチャクチャと関西弁の会話が聞こえてくる。そういえば、東京では電車の中で話している人はほとんどいなかった。大阪のまずくて湿った空気は落ち着いた。

今度は大阪で研修があった。関西クリエーティブ局に配属された7名だけでの研修だ。関西で活躍する先輩クリエーターが自身の広告論、企画の方法などを教授する。講師の何人かはぼくが子どもの頃好きだったCMを作っていた人だった。憧れの人たちの教えは鮮烈だった。

・広告は永遠の邪魔者。誰も見たくはない。
・すべての企画はシンプルに。ワンビジュアル&ワンコピー。
・難しい顔をしていても企画は浮かばん。楽しくやれ。
・商品の自慢をするな。
・理屈はあかん。感性で考えろ。
・新しいものは誰もわからん。珍しいことをやれ。
・正しいものはつまらん。
・不真面目なことを真面目にやれ。

東京で受けた研修とは180度まではいかないが120度ほど違った。真面目なこと、賢いことを言っていると「つまらないやつ」と思われた。ぼくはよかれと思って、正しい新入社員を演じていた。しかし関西では「つまらん新入社員やなあ」と判断されてしまうのである。

研修が終わった。真面目そうでつまらない新入社員に映っていたに違いない自分は、真面目そうなチームに配属されて、真面目そうな仕事をすることになった。永松さんという5つほど年次が上の先輩の下につくことになった。永松さんに金魚のフンのようにくっついて仕事を学ぶこととなった。永松さんは自身を「体育会系的文化系」と称していた。コピーライターであり、東大卒で非常に頭脳明晰ながらも、上下関係には厳しい体育会系なところがあった。仕事上での上下関係はきちんとわきまえながらも、案における上下関係はなかった。会議では先輩も新入社員でも関係なくおもしろいものが採用された。

いちばんはじめの仕事は、新聞広告の原稿を作ることだった。とある製品の引き出しが以前のモデルより7センチだけ大きくなった。その少しのバージョンアップを伝える新聞広告だ。7センチの差異を大人が7人ほど集まって、案を持ち寄る。ぼくは新入社員なのでたくさん案を持っていかなくてはならない。3～4時間ああでもない、こうでもないと、打ち合わせをする。永松さんはぼくの案をおもしろがってくれて、ぼくの案もいくつか含み、クライアントに提案した。修正が返ってくる。修正の内容は普通の人はまったく気にしないようなどうでもよいものだった。それに応じてどうでもいい修正をする。また修正が返ってくる。また案を出す。そのサイクルが4回ぐらい続いてようやくその作業は終わった。そんな仕事だった。つまらないこと、一人でできるようなことに大人たちがよってたかって取り組んでいた。牛乳さえ満足にない国があるのに、ほんの少しの商品の差異についていい大人たちが四苦八苦していた。アフガニスタンを思い出すたびにこんな気持ちが過ぎった。結局、ぼくのアイデアも部分的に採用され、これが広告初デビュー作となった。もっと華やかなデビュー作を想像したが誰も顧みないような地味なものだった。今もその原稿は捨てられずに置いている。

永松さんが「会っておかなければならない先輩がいる」と大阪の福島の高架下のバーに連れて

いってくれた。そこには田中ヒロノブさんと遠山さんがいた。二人はぼくより年次が10ほど上だ。ずいぶん上だ。緊張していた。二人は新入社員であるぼくに仕事のことを話したり、仕事のアドバイスなど一切しない。話すことは、会社の先輩森川さんの身長がいかに高いかということについてだけだった。森川さんは身長が１９０センチを超えていて、確かに高い。

「森川さんは日本最高のアートディレクターや（つまり、日本でいちばん背が高いアートディレクターという意味である）。挨拶しとけよ」「森川さんの家はマリアナ海溝や」「そこしか全身が入る場所があれへんのや」「森川さんが入社してから会社のビル大きくしたからな」「時々、急にしゃがむやろ。あれ飛行機避けてるんや」「宇宙最初の有人飛行は森川さんや」「ちょっとジャンプしたら宇宙に顔出るからな」「東京出張は歩いて行ってるねん」「ある時、富士山につまずいてこけたんや。ほんで手をついたところが富士五湖になったんや」「そこに目をつけたのが西武鉄道」と二人はずっと話している。互いにツッコむことはない。話がオチない。だから、話がずっと続いていく。１時間ぐらい経って、ようやく終わった。次は長尾さんの話になった。口癖は「あれは、おれが作った」。ヒロノブさんと遠山さんによると、世界のだいたいは長尾さんが作ったらしい。その中でも特に作ったお気に入りは「さいたま市」という市のネーミングだそうだ。まるっきり嘘である。また1時間ほど長尾さんの話をしていた。二人の会話に入る隙など一切なかった。ボケを重ねることなどできなかった。ぼくはただ笑っているだけだった。芸人ではなく素人でこのレベルなのか。すごい会社に入ってしまった。

はじめは少しだった仕事は、新人の馴らし期間も終了ということで秋には次第に増えていった。仕事が次から次へとやってきた。仕事の激流に呑まれ、溺れぬようにもがくのが精一杯だった。疑問を抱いている暇もなかった。仕事はできないことだらけ。FAXもきちんと送れなかった。FAXははじめに「0」を押さなくてはならない。自身の企画はまったく通らず、自信を喪失していった。

今までは周りの友達を笑かせばそれでよかった。しかし、広告は世間一般を笑かさなくてはいけない仕事だった。「おもしろい」という感覚が世代ごとで大きく異なる。育った環境や見てきたものが違うから、感性が違う。まず自分の企画を、年齢が10ほど離れた先輩に「おもしろい」と認めてもらわなければならない。さらには30ほど離れた部長に「おもしろい」と認めてもらわなくてはならない。無事社内の関門をクリアしたところで、今度は広告主に認めてもらわなくてはならない。広告主もまた世代や感性がバラバラである。その全員の心を一斉に掴むには大きなアイデアが必要となる。ただおもしろいものを出すのではない。全員のおもしろさと商品の魅力の最大公約数のようなものが必要とされた。

◆焦燥と逃走

ようやく1年目が終わりにさしかかろうとするとき、ラジオCM研修というのがあった。石井達矢さんというクリエーティブ・ディレクターが監修である。石井さんは生ける伝説のような人であった。「亭主元気で留守がいい」というキャッチコピーで流行語大賞を獲った人だ。ピップの「ダダン」はぼくが子どもの頃大好きだったCMだった。石井さんこそが最も憧れる広告界のクリエーターであった。そんな石井さんの指導の下、自身が1本のラジオCMを作ってみるのである。石井さんに出した企画はほとんど「おもろない」と一蹴された。理由はよくわからない。最も憧れる人にそう言われるわけであるから凹むこと甚だしい。しかし、その研修の狙いはおもしろいものを作ることにはなかった。「自分がおもしろくない」ということを知るということにあった。そして、狙い通り「自分はおもしろくない」という事実を明確に突きつけられた。非常につらかったが、とてもいい経験だった。電通に入れた自分、その中でさらにクリエーティブ局に配属された自分は人より「おもしろい」と思っていたわけである。その矜持《きょうじ》が砂山のように崩れ、すべて砂になる。自分はおもしろくない人間だ。だから、おもしろくならなくてはならない。また一から砂山を作っていく。おもしろくない人間がおもしろいものを作れるようになるための努力は、この研修から始まった。

1年目の冬、新人は誰もが挑戦する「朝日広告賞」という朝日新聞の主宰する公募の広告賞に応募した。いくつかあるテーマから角川文庫を選び、広告を作った。父の本棚から本を取って読んだときの思い出を1枚のポスターにした。誰がどう思うかなどは気にせずに、無我夢中に作っていた。それが入選した。まさか賞を獲るとは思っていなかった。新人で受賞するのはなかなかないことであった。先輩や上司など周囲にも認められ、コピーライターとしてなんとかやっていけるのかもしれないという、うっすらとした自信を得た。しかし、賞を獲ったものの日々の仕事

父はなぜ線を引いたのだろう。
父の本棚から
角川文庫

は変わらなかった。相変わらず、永松さんの後ろに金魚のフンのようにくっついていた。

2年目になると、永松さんが異動になった。ぼくは飛ぶ訓練もないままに巣からごろっと転げ落ちて、独り立ちすることになった。やってきた仕事は、誰でも作れそうな観光プロモーション映像の撮影立ち会い、文字だらけのチラシのようなポスターの制作でほとんどを占めた。ポスターの文字の大小の調整と見積もり制作で日々が終わっていった。クリエーティブなことなどほとんどできなかった。このままではいけないと2年目の終わり頃、また朝日広告賞に応募した。入賞した。2年連続はなかなかない。しかも自身が撮影した写真での入賞だった。

しかし、仕事は変わらなかった。相変わらずチラシのようなポスターの制作ばかりだった。クリエーティブでジャンプしようにも、数センチ跳べば頭がガツンとあたった。天井の低い狭い部屋で思い切り遊べと言われているようなものだった。

3年目になった。ぼくは腐っていった。仕事に慣れてきて手の抜きどころがわかってきた。仕事なんて適当にしとけばいい。どうせおもしろいものなどできない。冷めた態度で仕事をこなした。

写真に逃げ込んだ。おもしろいものが作れないもどかしさを写真で晴らそうとした。年末年始、大型連休、小型連休、夏休みなど隙さえあれば旅に出た。有給をしっかり取って、写真を撮りに行った。ペルー、ベトナム、タイ、ラオス、イエメン、ミャンマー、メキシコ、グアテマラと、カメラをぶら下げて町をぶらぶらとした。天国にいるようだった。でも、それはたった10日ほどの天国だった。日本でそんな写真を撮れなかった。

はじめから逃げずに広告に取り組んでいた同期たちは、毎日が楽しそうだった。順調に伸びていった。ぼくは手を抜いていたから伸び悩んでいた。会社に来るのが億劫だった。いつも辞めたいと思っていた。おもしろいものなど作れる気がしなかった。自分がとてもつまらない人間に思えた。その結果を、少し自分のせいにして、かなり環境のせいにした。30になったら辞める。そう同期にも宣言したりもした。このままではおもしろくない人間になってしまう。週末に写真の専門学校にも通った。数回で行くのをやめてしまった。ぼくは迷っていた。ぼくの人生の主人公がぼくではなかった。主人公は誰もいなかった。

いつものケータイが北京でも使える。
GLOBAL PASSPORT
au

いつものケータイがNYでも使える。
GLOBAL PASSPORT
au

圏外
ただいまエリア拡大中。
GLOBAL PASSPORT
au

いつものケータイがハワイでも使える。
GLOBAL PASSPORT
au

◆本当のクリエーティブって

会社にリョージさんという先輩がいた。仲が良すぎてタメ口で話してしまう仲だ。リョージさんはＤＪをしていた。ぼくが音楽好きであることも知っていて、ある日「日下もおいでよ」とリョージさんがＤＪをするイベントに誘ってくれた。今までクラブに何回か行ったことがあったが、オシャレすぎるのと、チャラいのと、その場の立ち居振る舞い方がわからないのとで、気後れして楽しめなかった。今回は仲のいい先輩がやることだからと行ってみた。会場は大阪のミナミの少し外れにある、千日前の味園ビルという、１９５０年代に建てられたレジャービルの地下にあった。ビル自体がただならぬオーラを発していた。ミナミの空を明るくしている大きな要因となっているだろうド派手な看板。丸みを帯びた赤茶色の外壁。1階には大型キャバレーがあり、上は宴会場とサウナとホテルになっている。人間の三大欲求の発散がすべてこのビルで完結する。人間の欲望を吸いすぎたビルからは瘴気が出ていた。

そのビルの地下が会場であった。暗いフロアの隅や天井に、どこか違う惑星のサンゴのようなものがこびりついている。壁にはカラフルで奇妙な夢のような映像が映されている。音楽がドンドンと響き渡り、ゆらゆらと踊っている、健全にドロップアウトした、汚い服の、きれいな目をした若者たち。ほとんどが同世代だった。黒服やナンパ目的のチャラいやつなどいなかった。鳴っている音楽も最高だった。流れる音楽はハウス、エレクトロ、ジャズ、ソウル、ワールド、ロックと縦横無尽にジャンルを行き来した。みんなが純粋に音楽を楽しんでいた。音楽を楽しむためこそに集まっていた。周りの目を気にせず好き勝手に自由に踊っていた。仕事帰りのホステスのおばさんや、タクシー運転手のおっちゃんも踊っていた。再入場し放題だった。明け方にはみんながコンビニで買ったドリンクを勝手に持ち込んでいた。こんなクラブは来たことがなかった。チープな極楽浄土のようであった。MACAOという名前のクラブだった。アジアの怪しい都市の名前は、このクラブのいかがわしさにぴったりだった。

リョージさんはこの場所を一から作るところから関わっていた。ＤＪやＶＪや音楽好きの仲間とともに味園ビルの地下の使われていないスペースを自分たちで改装し、クラブに仕立て上げた。お金をかけず、廃材などを使ってどこにもないデコレーションを作り、音楽に集中できる環境を作っていた。既存のクラブとははるかに違う空間と音楽だった。『FLOWER OF LIFE』というパーティーだった。彼らは自分たちで自分のクラブを作ったから、他にイベントがない。だから、次の1ヶ月後のイベントに向けて1ヶ月かけて準備をする。その1ヶ月でできた花をぼくは見に行く。踊りに行く。極彩色で自由で平等な花だった。

ここでは、年齢、性別、年収、職業、出自などにこだわっていることがダサかった、敬語を話すことが場違いだった。心を閉じていることがダサかった。誰とでもすぐに心を開いて、打ち解けること。打ち解けられなくても、打ち解けようとすること。人生のポジティブな面を見ること。これが、命の花。ここが教えてくれたことは、後々、大きく役に立った。

オーガナイザーでＶＪのBetaLandこと、コロちゃんとヒラノくん。いつもすんごいフライヤーをデザインしていたイッピくん。世界中を旅しまくって生きていたナッチ……大阪の真ん中でこんなにクリエーティブな環境を同世代が作っていた。自分たちの場所を持っている。ショックだった。羨ましかった。ぼくは大きな企業に入っているだけでまだ何も為《な》しえていなかった。クリエーティブ局とは名ばかり。誰も見向きもしないようなものを作り、年に一度ぐらいはやってくるおもしろそうな仕事も力んで結果が出せなかった。何も為していなかった。

広告にだんだん心が動かなくなっていった。賞を獲ったもの、世の中で話題になっているもの、いろんなものを見ても何も感動しなかった。おもしろいものは広告以外にたくさんあった。おもしろい広告を作ったといって何になるのだろう。すばらしいクリエーティビティを発揮したとしても、広告の究極の目的は、その企業の売り上げを伸ばすことである。消費を煽ることである。そのものづくりは消費のためである。ミルクさえ満足にない国があるのに、ぼくはどうでもいい消費を煽るためのものづくりをしている。旅をしてから生じた疑問は年々大きくなっていった。

うだつのあがらぬぼくを見かねたのだろう、上司が東京に行かないか？　と言ってくれた。特に東京への異動を希望していたわけではなかったが、気分を一新するチャンスだった。6年過ごした関西支社を離れ、彼女を連れて東京へ行った。

◆東京アゲイン

6年ぶりにまた東京に住むことになった。一度、コテンパンに打ちのめされた東京に。しかし、ぼくはあの頃のぼくではない。社会人生活に慣れていた。日本語がきちんと話せるようになっていた。東京に仕事で何度も来ていた。恵比寿と広尾が隣り合っているぐらいに東京がわかっていた。新入社員のときに住んでいた調布よりはるかに会社に近い五反田に居を構えた。同居している彼女がいた。そんなこんなで今回はうまく立ち回れた。

東京で配属されたのは佐藤義浩《ヨシヒロ》さんのチームだった。第3クリエーティブディレクション局のスターチームだ。ヨシヒロさんはじめ、篠原さん、東畑さん。大阪にいるときから知っていた、いい作品を作っている人ばかりだった。ぼくはそのチームに見合う実力はないものの「大阪から来たお客さん」という扱いでそこに配属されることとなった。先輩たちの背中は大きかった。自身の非力を痛感した。しかし、チャンスだった。広告への疑問をとりあえずは封印しておこうと決めた。その目的が何であれ、よいものを作る。そこに集中しようと。

名古屋から大阪に異動でやってきて、大阪でバリバリと活躍していた中尾さんに「ええか、日下、ヤンキーの転校とクリエーターの転勤ははじめが肝心や、はじめにガツンといかなあかん」と言って、大阪から送り出された。1発目のパンチで何をお見舞いするか。それによって今後の数年間が決まってしまう。いちばんはじめに来たのはライオンのラジオCMの仕事だった。賞を獲るようなものを作ってほしいという、願ってもないオーダーだった。全身全霊を捧げた。四六時中、企画をし続けた。『世界不潔遺産』というものを制作した。セリフを浮かべながらずっと自分で笑っていた。周囲の評判も悪くなかった。

ライオンルック きれいのミスト 玄関・靴用
「山田家の玄関」篇　120秒

♪～壮大なオーケストラ

NA）
今日の世界不潔遺産は「山田家の玄関」を
お送りします。

山田家の玄関、そこは雑菌の楽園。
営業で外回りの多い夫の蒸れた革靴、
サッカー部に所属する長男の泥だらけのスパイクが
美しい弧を描いて立ち並ぶ。

玄関の西に位置する下駄箱。この木造の建造物の内側には、
山田家の歴史がある靴たちが静かに眠っている。

扉を開けると、そこは、そこは異次元。ゴムの匂いと
足の匂いが混ざり合った太古の香りが家中に行き渡る。

その悪臭は我々現代人に、玄関は雑菌だらけである、
というメッセージを伝えているのかもしれない。

山田家の玄関、この類稀なる不潔さは、
2007年世界不潔遺産に認定されました。

ライオンはこの世界不潔遺産を跡形もなく破壊するため
に、「ルック きれいのミスト玄関・靴用」を提供しています。

ある時、デスクでだらだらと仕事をしていると、ヨシヒロさんが「日下、おめでとう」と声をかけてきた。「え、なんですか？」とぼくは言った。「知らないのか、じゃあいいや」とヨシヒロさんは教えてくれなかった。それからすぐに知らない番号から電話がかかってきた。とある有名クリエーターからの電話だった。「おお、日下か、お前、TCCの最高新人賞獲ったぞ、おめでとう」。ええええええ！　ぼくにはそれが信じられなかった。TCCの審査員からの言葉だった。だから、確かな情報のはず。ヨシヒロさんが言っていたのはこのことか。ヨシヒロさんに聞いてみた。「さっきのって最高新人賞のことでしょうか？」「うん、そうだよ」2方向からの情報だ。もう信じていい。うれしさがこみ上げてきた。

TCCとは東京コピーライターズクラブの略である。TCCの新人賞はコピーライターなら誰もが目指す賞である。これを獲ってようやく一人前のコピーライターと認められるようなもの。コピーライターの免許のようなものだ。7年目にしてようやく獲ることができた。しかも、最高新人賞である。コピーライターのM－1グランプリ優勝みたいなものだ。もう幸せすぎて賞を獲ったことをおかずに、三日間、白米を食べることができた。

賞は獲得したものの、仕事は変わらなかった。ただ、賞を獲っても変わらないことには慣れていた。ぼく自身、賞はまぐれ当たりだと思っていた。たまたま、超得意なコースが来て、目をつぶって全力でバットを振ったらそれがホームランになった。コースが少しでも違うと空振りばかり。最高新人賞に値するほどのコピーライティングの能力をぼくは持ってはいなかった。技術を磨かねばならなかった。しかしながら、賞は精神安定剤となった。賞を獲ったことでリラックスができた。今までは賞を獲りたくて仕方なかった。自分をおもしろい人間と認めてほしかった。自分で自分はおもしろい人間だと認識したかった。だから、いつもガチガチだった。来た仕事に全力で向かうけれども力みすぎていた。うまく来た球を返せなかった。無理におもしろいものにしようと流れに逆らって泳いでいた。しかし、賞を獲ってリラックスすることによって、自然と流れに乗って仕事ができた。

よき先輩との出会いもあった。まずは上司のヨシヒロさんだ。ヨシヒロさんはいつも愛想がいいのに、企画を見せると途端に愛想がなくなる。「ふーん」と言っていいも悪いもまったく言ってくれない。そういうときは悪いときだ。いいときだけ「お、いいね」と言ってくれる。非常に厳しい人であったが、褒めてくれたときのうれしさは格別だ。ヨシヒロさんには「自分で自分の首を絞めてどうするんだ。広告はもっとラクに考えていいんだよ」と凝り固まっていた頭を解きほぐしてもらったように思う。

隣と向かいの席の篠原さん、東畑さんの存在も大きかった。二人は飛び抜けていた。おもしろい作品をよく作っていた。先輩たちと仕事をしたらいい仕事にありつけるに違いないと「仕事入れてくださいよ」とお願いをしたが混ぜてはくれなかった。ぼくが先輩の意見を素直に聞かないややこしい後輩であることが大きな理由であるだろうが、今になるとわかる。先輩たちも前線で戦っていて、後輩の面倒を見ている余裕などなかったのだ。何かいいものを作ろうと必死でもがいていた。「先輩に頼ってる場合じゃないぞ、自分でなんとかしろよ」とその背中は語っていた。あの人たちがあれだけやってたのに、ぼくはどれだけできているのか、というのは今でも指標の一つとなっている。篠原さんと東畑さんは、今や二人とも広告界を代表するCMプランナーだ。

並河さんというぼくより5つほど上の先輩がいた。並河さんは変わっていた。何かと「愛」という言葉を口にした。クライアント愛、商品への愛、社会への愛、世界への愛、スタッフへの愛、自分自身への愛。並河さんはすべてを愛していた。はじめは気持ち悪かったが、本気で言ってることがわかってきた。愛の総量が人より多かった。ぼくも愛されていた。

並河さんはある企業のプレゼンで、企画書も何も作らず、ただ1冊のスケッチブックだけを持っていった。1ページに大きく「愛」という文字が書かれていた。静かに「愛」とつぶやく。ページをめくる。次のページには「爆発」と書いてある。大きな声で「爆発」と叫ぶ。ページをめくる。何も書いていない。またページをめくる。何も書いていない。最後は白紙がずっと続いた。爆発の余韻ということだろうか。アングラのポエトリーリーディングのようなプレゼンに、クライアントは引くこともなく、にこやかに聞いていた。そんなプレゼンの後に、ぼくはCMの案を説明しなくてはならなかった。やりにくかった。

並河さんは今、ソーシャルプロジェクトの第一人者だ。広告の力でより社会や世界をよくしようと毎日企んでいる。並河さんの愛は今や人類愛にまで広がっている。並河さんは愛さえあれば、広告で何をしてもいいということを教えてくれた。送別の品にもらったプレゼンの白紙のスケッチブックは未だ捨てられずにいる。

東京に溶け込み、順調に仕事をしていたが、また封印していたはずの広告への疑問が立ち上がってきた。「広告はおもしろいのか？」という疑問である。広告の中心の近くにいるからこそ、冷静に広告が見えてきた。ＴＣＣ最高新人賞は本当にうれしい賞だった。しかし、誰もこの賞を知らなかった。広告業界以外の人間は誰も。井の中の蛙《かわず》は大海を知ってしまった。広告は賞が多い。だから、賞を獲ると自分が優れたクリエーターだとついつい勘違いしてしまいがちだ。しかし、広告の賞など世間一般の人は何も知らない。広告業界の中だけでチヤホヤされるものを作っていても仕方がない。広告は潤沢な制作費とタレントに頼りがちである。たくさんの人数で一つのものを作る。もし、広告クリエーターが何にも頼らず一人でものづくりをした場合、よいものができるのだろうか。すべての条件が同じ舞台で戦ったとき、広告クリエーターはどこまで戦えるのか。テレビ、映画、アート、文学など他のフィールドのクリエーターに勝てるのだろうか。仮に広告制作者が業界を抜け出してフラットな場所で周りと表現を戦わせるならば、業界内で有名な人すら負けてしまうのかもしれない。自分でおもしろい表現を追い求めていかないと頭が腐っていく。そんな危機感に駆られていた。

誰にも干渉されずに、自身の手だけでものづくりをする。自分が納得できるものを作る。毎日書く癖をつけようとブログを始めた。写真のほうも旅行に行ったときしか撮らないのはよくないと思っていた。毎日写真を撮る癖をつけなくてはと、日常の生活の中で写真を撮り始めた。その二つが一つになって写真ブログが始まった。はじめは『Photoday』というどうでもよいタイトルで始まった。人に見せることよりも、自分の技術を磨くことが第一だった。そうして、日々気になった風景の写真に文章をつけていった。撮っているうちに、公園や電車で寝ている人、酔っ払い、なんか変な人、そんなものばかりが気になるようになった。そこで『隙ある風景』とタイトルを改め、ブログを書き続けた。

最高新人賞の効果と、書き続けることによる文章力と表現力の向上もあって、仕事でコンスタントに結果を残せるようになってきた。少しずつおもしろい仕事が来て、その中で少しずつよいものができるようになってきた。社内で有名な先輩から声をかけられて、チームに加えてもらった。ＴＣＣの生きる伝説のようなコピーライターの人にも名前を覚えてもらえた。みんながうらやむクライアントの仕事をもらった。仕事がいい感じで回ってきた。広告の追い風が吹いている。スタークリエーターへの階段の入口にぼくは立っていた。

第三章　人生がフリーズする

◆停止

忙しかったからか、年齢からだろうか、疲れがなかなかとれない日々が続いた。いつも体が重かった。タバコのせいかと思って、必死になってタバコをやめた。しかし、疲れは一向にとれない。次第に体がむくんできた。まるで長時間飛行機に乗っていたかのように、夕方になると足がむくんだ。今度は、太ももまでむくむようになってきた。さらにしばらくすると、顔がむくんできた。朝起きると特にひどい。顔がパンパンになっている。起き上がると元に戻った。ついに朝起きると目が開けられないほど顔がむくんできた。顔の肌がはち切れんばかりで皮膚がひりひりと痛む。これはあまりにもひどい。リンパの流れが悪いのだろうか。マッサージに行ってみた。フェイシャルマッサージで顔のむくみを取ってもらおうとした。マッサージされているときはすっきりしたように思えたが、施術後すぐに元に戻った。体によからぬものが溜まっているのかもしれないとサントリーのDAKARAをたくさん飲んで排出しようと試みた。しかし、身体の状態は変わらなかった。

ある朝、目が覚めると顔が試合の後のボクサーのように腫れ上がっていた。呼吸するのも苦しく、起き上がることができなくなった。さすがにこれはおかしい。病院に行ったほうがいい。徒歩5分の距離ながらタクシーを使用せざるを得なかった。しばらく待たされた。座っているのがつらいので、待合室のソファーで横になっていた。医者に呼ばれた。診断結果が怖かった。おどおどしていると医者が得意げに口を開いた。

「あんた、ネフローゼっていう腎臓の病気だね」

ネフローゼ、どこかで聞いたことがある名前だった。

「２ヶ月ぐらい入院しないとだめだね」

と医者は言い捨てた。３、４日ほどだと思っていたがこの程度の症状で２ヶ月も休まなくてはならないのか。状況を把握できぬまま、ポカンとしていた。２週間後の競合プレゼンは大丈夫なのだろうか。いや、そういって１週間ぐらいで退院できるだろう。ショックを受けている自分を見かねて優しく医者は言った。

「ここでは検査ができないから、別の大きな病院へ行きなさい。紹介状を書いてあげるから」

あまりにしんどいのでロビーのソファに横になり、料金の清算と紹介状ができあがるのを待った。ネフローゼ、ネフローゼ、どこかで聞いたことがある。唾液に入っている成分、それは「アミラーゼ」だ。そういえば友人がネフローゼになっていた。とんこつラーメンを食べすぎて金玉が大きくなりすぎて、下宿先からみんなにリアカーで運ばれて入院した。確かにとんこつラーメンはよく食べている。しかし、金玉はいたって普通だった。

紹介状を受け取った。まずは大きな病院で検査をしなくてはならない。しかし、今日は検査の空きがない。数日後には検査できる。それまでに入院の準備をするようにとのことだった。検査のために１週間ほどの入院となる。何もなければそのまま退院できるが、ネフローゼと診断されたら２ヶ月の入院となる。そして、おそらく入院することになると告げられた。

検査入院まで家で待機した。病状は一向によくならない。起き上がるのも大変だ。かといって寝ているると顔がむくんでつらい。全身の皮膚が伸びているのがわかる。やはりネフローゼなのだろうか。心と体に不安を抱えて数日待った。ぼくは動けなかったので妊娠3ヶ月の妻がほとんどの入院準備をしてくれた。

待ち焦がれていた入院日がやってきた。入院がこのすべての苦しみを解決してくれる、そんな思いだった。手続きを済ませ、病室に移動し、あてがわれたベッドで横になった。すぐに医師に呼ばれた。入院して1時間も経たずに検査が始まった。腎生検という検査だった。背中から針を刺して、腎臓の組織の一部を採取する。若い医師が大きなホッチキスのようなものをぼくの腰にあて、グリップをギュッと握る。パチンという音がして、ブスッと腎臓部分に針が突き刺さる。麻酔が効いていたので痛くはなかった。3、4回、針が打ち込まれて腎生検は終わった。あっという間だった。採取が終われば腎臓から出血するのを抑えるために24時間仰向けで寝ていなくてはならない。寝返りは決して打ってはいけない。

はじめは寝ているだけで平気だった。しかし、12時間を過ぎた頃に腰が重くなってきた。次第に腰に鈍い痛みが出てきた。寝返りを打って腰を浮かせたら楽になるだろうが、それはできなかった。痛みがしばらく続く。寝てしまえばいいのだが、痛くて眠ることができない。あまりに我慢できないので鎮痛剤をもらった。痛みが消え、腰が軽くなった。すぐに眠りに落ちた。

鎮痛剤が切れると目が覚めた。部屋は真っ暗だった。何時かわからない。枕元にあったカメラで真っ暗な病室の天井を撮った。フラッシュがピカッと光った。しまった、誰か起きてしまう。撮った画像を確認した。撮影時刻は2時16分。あと7時間も寝返りが打てないのか。腰が重い。肉と背骨の間に鉄板を入れられたかのように腰が重い。時々、鉄板が金槌で叩かれたかのように痛みが響いた。寝返りが打てないことがこんな結果になるとは思いもよらなかった。つらい、もう限界だ。枕元をまさぐり、ナースコールのボタンを押した。暗闇の中でヒカリゴケのように青白く光る看護婦がやってきた。

「鎮痛剤、ください」

「さっき飲んだでしょ。しばらく間を置かないとダメなの。睡眠薬ならあげるけど」

「じゃあ、睡眠薬お願いします」

すぐに睡眠薬を飲んだ。静かに眠気がやってきた。眠気が腰の痛みを追い出して、痛みにとって代わろうとする。よし、いなくなったと思っていると、痛みはひょっこり戻ってくる。それに気づいた眠気がまた痛みを追い出す。また痛みは戻ってくる。痛みと眠気の追いかけっこはしばらく続いたが、ついに眠気が痛みを駆逐した。ぼくは眠りについた。

「ゴゴゴゴゴ、ゴゴゴゴゴゴ」

地鳴りのような轟音が聞こえてきた。目が覚めた。しかし、眠気はまだ残っている。眠気よ、行かないでおくれと、ぼくは眠気にすがりつき、なんとか眠ろうとする。体は音に気づいていない。大きく息を吐いたり、吸ったりと、まだ眠っている状態のままだ。大丈夫だ。このまま音をやり過ごそう。

「キュ、ゴゴゴゴゴゴ、キュ、ゴゴゴゴゴゴ」

音のリズムが変わった。「キュ」が気になる。無視しようとしたが「キュ」が気になる。だめだ、眠気がどこかに行ってしまう。目が覚めてしまった。音の正体は隣のベッドの男のいびきだった。鼻の穴に痰状の鼻水がぎっしり詰まっているのだろう、この上なく不快ないびきだった。痛みがまたやってきた。天井の写真を撮った。撮影時刻は3時32分、さっきから1時間しか経っていなかった。怒りがふつふつと湧き上がった。なんとかいびきを止めようと、大きく咳払いをしてみた。いびきは止まらなかった。隣のベッドとぼくのベッドを仕切っているカーテンを引っ張って、シャーシャーと音をたててみた。いびきは止まらなかった。看護婦にいびきを止めてもらおうとコールボタンを手に取った。しかしながら、それは最終兵器の核のボタンを押すようでためらわれた。攻撃がダメなら防御とばかりに、枕元にあるティッシュをちぎって丸めて耳に入れた。いびきは小さくなり、音は気にならなくなった。しかし、いびきと痛みとに分散されていた注意力が、痛みに集中する結果となった。腰がズキズキと痛み出す。脈打つたびに痛みが襲いかかってくる。痛みに対抗しうる唯一の手段、眠気は行ってしまったばかりである。ぼくは、コールボタンを押した。先ほどの看護婦がやってきた。「鎮痛剤もらえませんか」とお願いをすると、間隔が空いたからだろうか「仕方ないわねえ」とあっさりもらうことができた。すぐに服用し、薬が効くのを待った。何か考えないと、すぐに痛みで頭がいっぱいになる。羊を数えることにした。目を閉じた。しかし、痛すぎて羊の映像を頭に浮かべる力さえなかった。目を開けて無機質な天井の無機質な模様を数える。1、2、3、4……薬が効いてきた。腰はぼんやりと、熱を帯びてきた。熱が痛みを止めていた堰《せき》を溶かし、決壊させた。痛みはものすごい勢いで流れ出した。全体に広がり、軽く、薄くなった。腰一カ所の激痛は、体全体のやんわりとした痺れになった。眠気がやってきた。痛みも、いびきも、だんだん小さくなっていく。そして、また眠りに落ちた。

「スゥウフ、フゴゴゴゴー、スゥウフ、フゴゴゴゴ」

またしてもいびきの音で目が覚めた。眠気にすがろうとしたが、眠気はぼくを振りほどいてあっさりとどこかへ行ってしまった。写真を撮る。撮影時刻は5時46分。寝返りまであと2時間と少し。もう腰は未知の領域に達していた。地球に重力があること自体が痛みの原因となっていた。腰はマットレスを突き抜けて床に接しているかのようだった。ズキリと鈍い痛みがサイレンのように響きっぱなしで止まらない。限界だ。寝返りを打とう。あと2時間あるがもういいだろう。ぼくはよくがんばった。

ゆっくりと身体を左に倒そうとした。腰がぴくりとも動かない。筋肉は腰の動かし方を忘れていた。もう一度、動かそうとする。体に力は入ったのだが、動かない。腰が凝固していた。無理に動かすと枯れ枝のようにポキっと腰が折れてしまいそうだ。慎重に寝返りを打たなければならない。まずは、ベッドのリクライニングを起こした。右手元にあったリモコンを操作し、ゆっくりとリクライニングを上げていく。10度ほど上げたところで止めてみた。腰が軽い。重さが半分に減ったかのようだった。寝返りを打たずともこのまま2時間耐えられるかもしれない。寝返りをすれば出血するリスクもある。しかし、寝返りがぼくを誘惑する。一体、寝返りを打てばどんな快楽が待っているのだ。すこしベッドの角度を変えただけで、これだけ気持ちいいなんて。身体を右に倒した。ゆっくりと、少しずつ、折れそうな腰を慎重に動かした。腰が浮いた。腰とマットレスの間に、10数時間ぶりの隙間ができた。すべての重さが消えた。腰とは、こんなに軽いものだったのか。腰が喜んでいる。こんなうれしそうな腰を生まれて始めて見た。腰よ、お前は自由だ。ただいま、朝の6時半。

腎生検の結果が出た。『微小変化型ネフローゼ症候群』。医師の予想通りだった。つまり、入院は2ヶ月以上ということになる。きっとただの検査入院だろう、1週間で退院できるだろうと思い込んでいただけに、結果は重かった。自分が病気であるという事実以上に、仕事にブランクが空いてしまうことがショックだった。もうすぐ競合プレゼンがある。他にも進行中の仕事が2本ほどあった。みんなに迷惑をかけてしまう。何より、2ヶ月のブランクは大きい。退院後にすぐ職場復帰したとしても、また元のようなペースで働けるようになるまでにさらに時間がかかる。昨年大きな成果を残し、いい仕事が回り始めていただけに、数ヶ月の離脱は厳しい。新人賞を獲って故障したピッチャーはこんな気分なのだろうか。さらに、妻が気がかりだった。これからぼくを見舞うために毎日病院に通うことになるだろう。まだ安定期に入っていないデリケートな時期に妻に肉体的にも精神的にも大きな負担をかけてしまう。お腹の子どもに何かあったらどうすればいいのか。気が気ではなかった。

『ネフローゼ症候群』とは腎臓の病気である。腎臓は血液を濾過して老廃物を排出している。その濾過フィルターに異常が起こり、フィルターの網目が大きくなる。普段は通さないタンパク質まで濾過するようになり、尿に大量のタンパク質が出てしまう。逆に血液中のタンパク質は減る。結果、血液の浸透圧に変化が起こり、水分が血管から組織へと出てしまいむくみが生じる。原因は何か特定できない。ストレス、食生活、アレルギー、薬、虫さされなど、様々な原因が予測されているが、これといって特定できない。思い当たる節がないかと自分の生活を振り返ってみた。週3でとんこつラーメンを食べていた。明太子ご飯とともに食べていた。1日にレッドブルを5本飲む日もあった。新婚旅行でエチオピアに行ったときに、蚤と南京虫に全身を咬《か》まれて2ヶ月間ずっと痒かった。学生の頃にシベリアの森の中で、肌が出ているところすべてに蚊が止まり、人相が変わるほど顔が腫れ上がった。しかし、原因は特定できぬままだった。

病状はずいぶん進行していた。むくみは内臓にまで及んでおり、なかなかの重症だった。このまま放っておけば肺に水がたまって呼吸困難になり、命に関わる。腹が終始張ってもたれていて、何か口にいれると吐き気がした。はじめの3日間はベッドで寝ているのが精一杯だった。点滴と味のないおかゆでなんとか食いつないだ。水分は1日1リットルまでと制限された。病気で尿が出にくくなっており、水分をとればとるほどむくみになってしまうからだ。ペットボトル2本分など油断しているとすぐになくなってしまう。水を口に含んでは、口の中で水を転がし、たっぷり時間をかけて飲み込んだ。

投薬と、塩分控えめの食餌療法、治療法はこれしかない。手術をしたり、薬を飲めばすぐに治るような種類のものではないらしい。失われたタンパク質を補填する薬と利尿剤とを点滴から投与された。尿を頻繁にすることによって、身体のむくみを出す、ぼくがDAKARAでやろうとしたことは方向としては間違ってはいなかった。利尿剤を入れると、膀胱がかっと熱くなり、小便が近くなる。点滴をしたままの状態で尿意が突然襲ってくるために、点滴をしたままトイレに駆け込むことになる。焦って動くと点滴が抜けてしまう。迫りくる尿意に急き立てられながらも、点滴台をゆっくりコントロールするという高度なテクニックが要求された。この利尿剤の効果はてきめんで、驚くほど尿が出た。1週間で体重が10キロも減った。それはすべて体にたまっていたむくみだった。

病状は落ち着きつつあった。しかし、むくみが取れて終わりではなかった。薬は数年間飲み続けなければならないという事実を知らされた。塩分控えめの食事もしばらく続けなくてはいけない。再発の確率が50%と高いだけに、言われたことを守らないと自分の身にふりかかってくる。病気のややこしさがじわじわと明らかになってきた。仕事のことばかり考えている場合ではなかった。治療に専念しなくてはならなかった。とんだ十字架を背負ってしまった。自分は病気である、完全に病人である。それを、ようやくここで認めることになった。さて、今から2ヶ月以上、どのように入院生活を過ごそうか。

◆401号室

むくみの取れたぼくは規則正しい病院の生活に取り込まれていった。毎朝6時に起きる。血圧と体温と体重を計る。採血をする。看護婦に昨日の尿の回数を報告する。朝食が運ばれてくる。味のない朝食を食べる。数種類の薬を飲む。さらに点滴で投薬をする。自由に過ごす。味のない昼食を食べる。風呂に入る。妻がやってくる。お腹のこと、昨日の出来事などを話す。見舞い客が訪れる。夕食の時間がやってくる。客は帰る。味のない夕食を食べる。妻は帰る。一人になる。本を読む。映画を見る。そして、寝る。

ぼくの仕事はコピーライターである。キャッチコピーやCMの企画を考えるのが仕事だ。こういう仕事をしていると、いつも企画に追われていて、なかなか本や映画をみる機会がない。ここ数年は、アイデアを出し続けてばかりで何も吸収していなかった。頭が擦り切れていたような感覚を覚えていた。この入院を機会に多くを吸収しておこうと、時間さえあれば、本を読み、映画を観た。干涸びた地面に水が染み込むように、それらの滋養は、急速にぼくの体に取り込まれていった。身体が本や映画を欲していた。

病室は真新しく清潔感があった。照明は白熱灯で温かみがあった。ベッドの傍《そば》には白木の棚とテレビと小さな冷蔵庫が備え付けられていた。ベッドのすぐ横には大きな窓があって一軒家の立ち並ぶ住宅地が一望できた。夕方になると住宅地の向こうに落ちる夕陽が見えた。

ぼくの部屋は4人部屋だったが、ベッドを仕切るカーテンを終日閉めて、一人でベッドに籠もっていた。しかし、数日同じ部屋で寝泊まりしていると、会話をやりとりせねばならない機会がある。幾度か言葉を交わすと、病人同士の会話には決まり文句があり、それさえ覚えてしまえば会話は特に気を使うこともなくスムーズに、自動的に流れていくことに気づいた。


「お名前はなんですか?」

「どこが悪いのですか?」

「いつ入院されたのですか?」

「いつ退院されるのですか?」

「ご飯の味が薄いですね」

「タバコが吸いたいですね」


隣のベッドの中野さんは糖尿病が原因でぼくより2週間ほど前に入院した。30代前半のような若い声と話し方だが、50代前半だ。背が低く、腰も低い。ぼくのような年下にも、若い看護婦にも、誰にでも丁寧に気を使い、丁寧な敬語で話す。

「毎日、おいしいもの食べて、酒飲んで、タバコ吸ってると、こうなってしまいますよね。生まれも育ちも北海道なので、イクラや鮭やホタテなどを子どもの頃から食べすぎたのも原因の一つかもしれません」

糖尿病を避けがたき運命のように超然と受け止めており、そこに悲壮感はまったくなかった。

はす向かいのベッドの山上さんも、同じく糖尿病だ。60代前半。病気なのかと思うほどに顔の血色がよくほっぺたが赤い。味付け海苔のような眉毛、笑うとのぞくすきっ歯、そして、強烈な栃木弁。志村けんの持ちキャラの一つのような強烈な個性だった。「今日もかわいいねえ」といつも看護婦にちょっかいを出している。いつも陽気でおしゃべりで病室のムードメーカーであった。いい人なのだが欠点は自分の人生論をぼくに小出しにしてくることだった。

「笑っていると病気は治るよ」

「人生は笑って過ごしたほうがいいよ」

「ああ、おれ、最高の人生送ったなあ」

「昔、あの看護婦にそっくりの女とやっちまったなあ」

まったく悪気はないのだが、存在はかさばり面倒臭い。

向かいのベッドの橋本さんは、60代半ばのロマンスグレーのおじいさん。心臓を悪くして入院している。いつも一歩引いて、にこにこと話を聴いている。距離を置いているとも言える。この病室でいちばんまともな人かもしれない。

橋本さん以外は、みんな腎臓が悪い。なので、塩分を控えた食事を摂らなければならない。切り干し大根、揚げ出し豆腐、魚の煮付けなど、味付けはすべて薄味、いや、味がないといってもいい。毎日が精進料理のようであった。

「いやあ、薄味でいいわねえ」

自分にいいきかせるように山上さんが言うと

「今までいいもの食べすぎましたからね」と中野さんが返し、お互いがなんとか食事をポジティブに捉えようとしている。ぼくも時折と相槌を打ち、橋本さんは、会話に加わることなく黙々と違うメニューのものを食べている。

「やっぱりラーメンが食いたいなあ」と山上さんが犬の遠吠えのように天井を見上げて言う。

「でも、ラーメン一杯で私たちの塩分の3日分ですもんね」と中野さんが冷静に答える。

「だよなあ、食べちゃいけねえよなあ。でも、武蔵小山にものすごくうまいラーメン屋があるんだ。そこのチャーシューがたまんなくてよ、ああ食いてえなあ」と山上さんは遠い目をした。

「蒲田にもね、いいところあるんですよ。昔ながらの中華そばって感じの醤油ラーメンでね」

「それなら大井町にもうまいところがあんぞ。素朴なラーメンでなあ。そこはチャーハンもたまらんのよ」。ぼくも黙っていられず、すかさず会話に参加した。

「品川に、うまいつけ麺屋があるんですよ。濃いカツオだしでね。麺を平らげたあと、残ったつけ汁に焼き石を放り込んで、最後にあったかい汁を飲み干すんですよ。たまらないです」

「つけ麺もいいなあ」

「ああ、ラーメン食いたいなあ」

3人とも白い病室の天井を悲しげに見上げながら話している。その夜、ぼくは天下一品のどろどろとしたスープの風呂に浸かっている夢を見た。

中野さんと山上さんは、午後になると着替えていつもどこかへ出かけていた。外に出られる二人が羨ましかった。ぼくは薬の副作用で免疫が下がっており、風邪など様々な病気にかかりやすいため、外出は禁じられていた。タバコを吸いたかったが、院内は完全禁煙。外に出ようにも出ることができない。どうすることもできなかった。

夕方、中野さんが帰ってきた。「いつもどこに行ってるんですか?」とぼくは尋ねた。

「透析にね。病院がいっぱいだから病院の近くに行くんです。あと家探しをしているんです。離婚するから家を探さなきゃだめなんですよ」

中野さんはとても重い話を透析の話と同じように軽く言ってのけた。

「いや、実はね、前から離婚しようとは言ってたんだけど、娘が受験で、悪影響を与えちゃうかもしれないから、しばらく待ってたんです。そうしたらね、先月合格したから、別れようかってことになって」

「でも、ご病気になられたじゃありませんか?」

「そんなの関係ないですよ。冷たいもんです。まあ、熟年離婚ってやつですよ、熟年離婚」

「はあ、そうですか」

ぼくは間抜けのように答えることしかできなかった。返すべき適切な言葉が出てこない。完璧にキャパオーバー、ぼくの人生経験から引き出せる答えなどなかった。山上さんも部屋に帰ってきた。くたびれた革のジャケットに、チノパン姿、頭にはニット帽をかぶっている。

「おれも透析行ってきたよ。ほんでさ、帰りにほれ、中野さんが言ってた蒲田のラーメン屋行ってきたよ。いやあ、うめえなあ。醤油のスープがたまんねえなあ」

山上さんからは、タバコとコーヒーの混ざった炭火焼のようなにおいがした。病気を治す気はあるのだろうか。


ある日、橋本さんのベッドの周りにたくさん人が集まっていた。毎日見舞いに来る奥さんだけではない。息子や娘、さらには、孫が二人いた。孫ははしゃいでいるが、大人たちはどこか所在なげである。どうやら今から、橋本さんは心臓の手術をする。みんな心配しながらも、心配しすぎて本人に不安を与えぬようにと気を使っている。いちばん堂々としているのは橋本さん本人だ。周囲は心配し、時には同情もするけれども、本人はさほど心配していない。病気になるとまずは自分であれやこれやと考えて、不安になる。どん底まで落ちることもある。落ちるところまで落ちれば、不安がっていても仕方がないと立ち直り、割り切れるようになる。病人とは意外とみんな、落ち着いている。むしろ、周りの人間は少しの情報しかないから不安がる。

家族が医師の説明を受けるために部屋を出たあと、一人残った橋本さんに話しかけた。

「手術なんですね」

「そうなんだよ」

「大変ですね」

「まあ大丈夫。この部屋は出ていくけど、まだいるからよろしくね」

手術後、橋本さんは個室に移らなければならない。

「心臓悪くしてからタバコやめようたって遅いわなあ。きみも気をつけるんだよ」

橋本さんは、家族とルームメイトに見送られ手術室へと向かった。ベッドは一つ空いたまま、その日は誰も入ってこなかった。清潔なベッドが無機的で淋《さみ》しかった。無口な橋本さんではあったが、いなくなってしまったことは大きかった。パズルのピースが一つ欠けたようだった。


橋本さんのベッドに新しい人間がやってきた。歳は50代後半ぐらい。かわいらしい垂れ目の下に濃い隈《くま》があり、お腹がぽこんと出ている。まるで老いたタヌキのようである。「高見といいます。よろしくお願いします」と早速、はるか年下のぼくに向かって丁寧に挨拶をしてきた。悪くない気分だ。歳は上でも、この病室歴はぼくのほうが長い。高見は病院のルールがわかっている。

「高見さんはどこが悪いんですか？」とぼくは病院会話集に基づき、お決まりのセリフを言った。

「おれ、心臓悪くてね。あんたどこ悪いの？　腎臓？　あら、長いらしいね。これからしばらくよろしくね」高見は一瞬にしてタメ口になった。その勢いのまま高見は、中野さん、山上さんにも挨拶をしていった。よく入院しているのか、挨拶が手慣れていた。この二人にも、高見はすぐにタメ口になった。しかし、その馴れ馴れしさが気に食わなかったのか、山上さんの顔が曇っている。山上さんも相当に馴れ馴れしい。馴れ馴れしい者同士、不必要な気遣いや遠慮など取っ払って、すぐに飾らぬ会話に移行して打ち解けそうなものであるが、そうではないようだ。

高見が来てから、病室の空気が変わった。それまでは、だらだらと話しているだけで、会話は自然と続いていった。山上さんが話し、中野さんが主に聞き、ぼくは時々相槌を打ち、橋本さんは聞いているか聞いていないかわからない、といったバランスだった。高見は山上さんが話すと「それは違うんじゃないの?」といちいち口を出した。山上さんの話す内容はめちゃくちゃなことが多かった。中野さんは大人だからそれをあえて問い質《ただ》して雰囲気を悪くすることはしなかった。言っても面倒だから、何も言わずにただ話を聞いていた。だが、高見はそれを言ってしまうのだ。会話はぎくしゃくとした。ところどころに「お前は、どっちの言うことを聞くんだ? 若造」と探りを含んだ質問や同意をぼくに求める瞬間があった。ぼくはどっちにとられることもなく「はあ」とアホのふりをして曖昧に答えることにしていた。ぼくと、山上さんと、中野さんと、橋本さん、という4人は奇跡のバランスだった。バンド名「401号室」ヴォーカル・山上、ギター・中野、ベース・橋本、ドラム・日下。ベースの抜けた穴に、ヴォーカルが入ってきてしまった。

◆落とし物語

病室の居心地がいいものではなくなってきた。病室外にいることが多くなった。談話室には、テーブルとソファが4組ほど置いてある。誰かが見舞いに来た際に、ベッドまで行かずともここで話ができるようにと設けられたスペースだ。壁際の棚には新聞と雑誌、入院患者が残していった本が並べてあった。そこに、いつもおばあさん二人がいた。アキヨさんとエツコさん。いつも、二人でおしゃべりをしていた。アキヨさんは、いつもニコニコしている元気そうなおばあさん。

今まで大きな病気を患ったことはなかったが、今回は胃の具合が悪く検査のために数日入院することになった。品川生まれ品川育ちの94歳。ぼくも品川の近くに住んでいるので、昔の品川を知りたいと思い、あれこれ聞いてみた。

「品川駅？　あそこは海の真ん中でさ、北品川のところから大森まで遠浅のきれいな砂浜で、よく泳いでたねえ。大森の港に船が帰ってきてよ、捕れた魚を市場まで運ぶ手伝いしたらいつも魚をたくさんくれるんだよ。目黒川もきれいでさあ、よく泳ぎに行ったわね。関東大震災のときはねえ、たまたま高崎にいてねえ、高崎から東京のほう見たら炎が見えたものだから、ほんとおっかなかったわね」

エツコさんは、車椅子に座っている。アキヨさんよりも年上かと思っていたが、アキヨさんより10歳若い84歳だった。エツコさんにも昔のことを尋ねてみた。すると「私は父を殺すと思って満州に行ったのです」と思いもよらぬ強烈なカウンターパンチが返ってきた。

「私は浅草で生まれました。当時は華やかな街でした。料亭で女中をしておりました。海軍の方がよくいらっしゃいました。山本五十六さんも贔屓《ひいき》にしてくださいました。陸軍の方に比べて、すばらしい人が多くいました。みなさん、戦争に反対していらっしゃったのですから。料亭では機嫌よく働いてはいたものの、家に帰るのはとてもつらかったのです。継父は毎日酔っ払い、私に暴力を振るうのです。このまま家にいればいつか継父を殺してしまう。19歳の頃に一人満州へ旅立ちました。あの頃は中国大陸に行けばすばらしい人生が待っているという幻想をみんなが抱いていました。私は、親戚を頼って満州まで出かけたのです。満州は、確かに活気に満ちていました。極寒の冬も若さと夢でなんとか乗り越えられたのです。召使いまでいるきれいな邸宅で、2年間はすばらしい生活を送りました。ところが、生活が一変します。戦争が終わったのです。ソビエト軍の戦車が街にやってきました。女子どもと老人以外は全員トラックに乗せられて、シベリアへと連れていかれました。取り残されました者たちは、日本に帰ろうと必死に引揚船が出航する釜山を目指しました。厳しい道中でした。中国人と朝鮮人に罵られ、食べるものも、着るものもありません。風呂にも入れません。『臭いぞ、乞食』と蹴り飛ばされたこともありました。やっとの思いで釜山に到着しました。しかし、街はたくさんの引揚者で、船は1ヶ月先までありません。私は糸が切れてしまいました。待機場であった大きな体育館で、毎日天井だけを見て1ヶ月を過ごしました。もう誰に何を言われようが一切気になりませんでした。引揚船は佐世保に着きました。そして、すぐに東京へ戻りました。一文無しで帰ったので働くしかありません。結婚もせずに身を粉にして働きました。水商売、工場、スーパー、いろいろなところで働きました。1年に2日しか休みはありません。最後に20年間働いていたところは銀座の麻雀クラブです。お客さんが徹夜で麻雀をされるので、わたしもずっと起きていなければなりません。しかし、ようやく年金が出る年齢になって仕事を辞めました。都営の住宅も抽選であたり、今は一人で暮らしています。でも、働かなくなってから、急に太り出したんです、そして、足を悪くして入院してしまいました。何十年も蟻のように働いていたのに、休んだら病気になる。神様も意地悪です」

談話室でしばらく本を読んでいた。いつもなら、アキヨさんとエツコさんがやってくるはずだった。誰も来ない。不思議に思って病室を覗いた。二人ともいない。看護婦に尋ねた。アキヨさんもエツコさんも今朝、退院していた。知らぬ間に、別れの挨拶もできぬままに、二人はどこかに行ってしまった。別れることは退院すること、いいことに違いない。しかし、もう一生会うことはない。ベッドにはもう新しい患者がやってきていた。エツコさんに幸せが訪れますようにと、病院の外に向かって祈った。

その数日後、中野さんが退院した。いい物件が見つかるまではしばらく病院に残らせてほしいと中野さん自ら入院を延ばしていた。ついに物件が見つかったようだ。そして、退院後、正式に離婚手続きをする。「年金もあるし、なんとか暮らしていけますよ。これから何十年ぶりかの一人暮らし、ちょっと楽しみだなあ」といつもの調子でさらっと言った。努めて明るく振る舞っているのか、本当にそう思っているのか、最後までぼくにはわからなかった。人生に期待しすぎない。かといって悲観しすぎない。中野さんは、人生に折り合いをつけていた。その折り目はすぐに見つけられるほどに深かった。大きなボストンバッグを抱え、分厚いダウンジャケットにマフラーをして、ニットキャップをかぶって、中野さんは出ていった。そうだ、外は冬なのだ。

話し相手がいなくなったからなのか、後を追うように、山上さんも退院した。

「病院出たら、早速ラーメン食うてやるぞ。さて、何食うかな。武蔵小山のネギチャーシューにしようかのう」

山上さんは餞別にイチゴをくれた。親戚が栃木で農家をやっていると言っていたので、『とちおとめ』かと思いきや、福岡県産の『とよのか』だった。「元気でのう。退院したらいっしょにラーメン食おうな」と局部をかきながら、病室から出ていった。

人間は段階的に死んでいく。健康な状態からすぐに死ぬわけではない。健康な状態から不健康になり、死んでいく。人生は短い。ましてや、健康である時間はさらに短い。生あるうちに何かを為さねば。いずれぼくも中野さんのように人生と折り合いをつけるか、山上さんのように人生は楽しんだほうがいいと開き直って、生きていくことになる。決して彼らだけではない、ぼくが出会った年輩の人はほとんどがそのどちらかだ。生きている時間は短いのだ。何かをしなければ。今の仕事をぼんやりとしていていいのだろうか。何か為さねば、何かを。自分の人生を自分の手に取り戻さなくては。

ベッドにはすぐ新しい患者が入ってきた。ずいぶん年上の新入りに病院のルールやトイレや風呂の場所などを慣れた言い方で教えた。ぼくは、病室で最古参になってしまった。しかし、みんな、検査入院ばかりで、2、3日ですぐに退院していった。「日本人の女、カンタンね」が口癖の六本木のカレー屋で働くインド人のシンも、知り合ってすぐに去っていった。結局、仲良くなっても数日で別れてしまうのだからと、話すことは最低限のことだけにして、自ら積極的に心を開くのはやめることにした。
1日の運動といえば、ベッドから食堂までの往復だけだった。ほとんど運動していなかった。

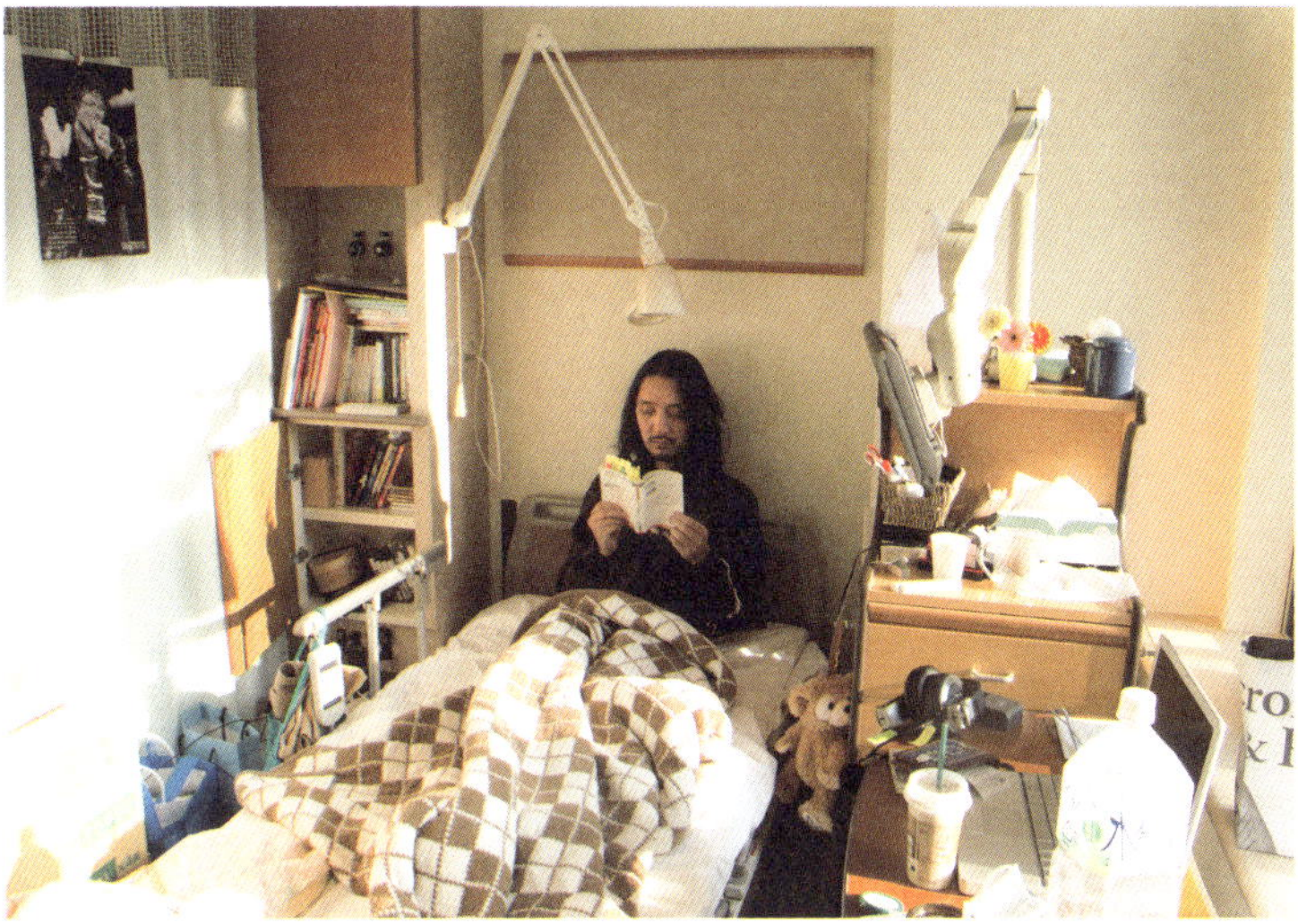

体がなまってはいけない。病院の外に出ることは禁じられていたので、病棟内を散歩することにした。

　廊下を歩く。両側には病室がある。点滴をぶら下げたおじいさんが歩いている。ナースステーションが右手に見える。ナース長がパソコンに向かっている。看護婦がおばあさんの爪を切っている。左手に談話室が見える。患者がたくさんの見舞客に囲まれてしゃべっている。階を移してみる。階段で一階上がる。廊下を歩く。両側の病室から患者が見える。体中に管が繋がっている老人がいる。頭に包帯を巻いてベッドに仰向けに寝て、ただ宙を見ている初老の男がいる。ぼくの横を右半身がうまく動かないおばあさんがゆっくりとゆっくりと歩いていく。ナースステーションでは医師と看護婦が早口で話している。他の看護婦は黙々とパソコンに向かっている。談話室では、家族が悲愴な顔をして誰かを待っている。暗い談話室を明るくするかのように置かれた熱帯魚の水槽、そのモーター音が静寂を際立たせていた。ここは、脳疾患の階だった。ぼくの階よりはるかに死が近い。一階上がるほど、死が近づくのだろうか。もう一階上がってみた。廊下を歩く。病室には若い女性がいる。ぼくと目が合うと不審そうな目を向けた。ぼくの横をお腹の大きな女性が通る。そうか、ここは、産婦人科のフロアなのか。ナースステーションで、看護婦全員と目が合った。見舞客ではない、パジャマ姿でうろついている男は、この階では明らかに異質だ。足早に廊下を歩く。談話室には数組の夫婦がいた。お腹をさすったり、お腹に耳をあてたり、夫が買ってきたケーキを食べていたりといった幸せな光景を、窓から差し込む冬特有の柔らかな光が包んでいた。ここは、生の階だった。妊娠した妻とぼくもこうあっていいはずだった。しかし、フロアが違った。散歩に疲れたぼくは部屋に戻り、ベッドに横になった。

窓の向こうに沈む夕陽を浴びながら、高見が電話をしていた。

「おお、おれだ。今日の数値がよかったらなあ、明日退院していいって」

妻と話をしているのであろう。高見は穏やかな顔を浮かべていた。翌日、高見は去っていった。ぼくは、一人になった。

静かな治療の日々がしばらく続いた。薬は効果的に効き、むくみはみるみるなくなっていった。入院時に85キロあった体重が、65キロにまで落ちた。むくみとしてたまっていた水分が10キロ排出された。健康的でいつも物足りない量の病院食のおかげで、日頃の運動不足と食べすぎでついていた脂肪10キロがどこかへ消えた。見舞客と数時間話せるほどにまで体力も戻ってきた。会社の先輩、後輩、同期、仕事関係の人々、学生時代の友人などが見舞いに来てくれた。彼らはただ普通に働いているだけで輝いていた。その光は時にはぼくを暖め、時にはぼくには眩しすぎた。

「順調にいけば、来週には退院できそうです」。主治医は晴れやかにぼくにこう告げた。妻とともに談話室に呼ばれ、すぐに迫った退院後の生活についての指導を受けた。塩分控えめの食事を摂ること。1日の塩分は6グラムまでとすること。ラーメン一杯で18グラム、つまり、ぼくの3日分の塩分が消えてしまうことになる。薬の副作用で免疫力が下がっているから風邪などにかかりやすいので注意すること。激しい運動は控えること。仕事はしてもよいが、無理は避けること。最低で2ヶ月はかかると言われていたが、1ヶ月半で退院できる。回復は思ったよりも早かった。

退院と聞くと、この入院生活が急に名残惜しくなってきた。もうこの病院にいられるのもあと数日。本ばかり読んでいてよかったのだろうか。もっと、他のすべきことがあったのではなかろうか、もう知り合うことのないここの患者たちともっと話すべきだったのではないだろうか。

朝の点滴をしながら本を読んでいると「よう、元気?」とにこにこしながら高見がやってきた。診察に来たついでにぼくの顔を見に来たのだ。退院して外の空気を吸った高見は、淀みがなかった。何かが取れたようで、清々《すがすが》しく、幸せそうだった。戦友に会ったかのようにうれしかった。昔話に花を咲かせるために、そのまま居酒屋にでも繰り出したい気分だった。病室の思い出がもうセピア色になっていた。それぞれ違う症状とはいえ、病気という共通の敵と戦ったこと、寝食をともにしたことが、こうも絆を深めるのだろうか。退院が近いからか、感傷的になっていた。

◆外界

退院の時を迎えた。先輩が見舞いにくれた看護婦モノのエロ本を向かいのベッドのおじさんに手渡し、ぼくは病室を出た。ナースステーションで挨拶をする。「もう二度と来るんじゃないよ」とナース長が笑顔で見送る。妻と二人、たくさんの荷物を両手いっぱいにぶら下げながら、病院の外に出た。外はもう春だった。美しい日だった。直射日光を1ヶ月ぶりに浴びた。日差しがあたると体があたたかくなる。日差しのあたたかさは、空調のあたたかさとも、毛布のあたたかさともちがう、そんな当たり前のことさえ忘れていた。風を1ヶ月ぶりに感じた。空調が作る単調な風ではない。その風はあたたかいときもあれば、冷たいときもあった。前から吹くこともあれば、後ろから吹くこともあった。右から吹くこともあれば、左から吹くこともあった。すぐに止むときもあれば、ずっと吹いているときもあった。強いときもあれば、弱いときもあった。当たり前だったものが、当たり前ではなかった。世界を感じることができるだけで、幸福だった。そこに世界があるだけで、満足できた。ぼくはどんな小さなことからも喜びを見出すことができるようになっていた。こんな状態がずっと続くとどんなにいいだろう。

仕事に復帰しなくてはならない。上司に無事退院したことを伝え、いつ復帰すればよいのかと尋ねた。まずは産業医と面談するように、と指示があった。上司が許可をすれば復帰できるというシンプルな問題ではなかった。
早速会社に行って産業医と面談をした。産業医は「復帰はもうしばらく見送り、しばらくは自宅療養を続けたほうがよい」と診断を下した。「では、いつまで自宅療養すればよいのでしょうか？」と不安になったぼくは質問をした。「プレドニンが10㎎になるまでは自宅療養しておくほうがよいでしょう」と医師は答えた。プレドニンとは、現在服用しているステロイド系の薬、これを飲み続けることによって病気の発現を抑えている。強い薬だが、免疫力を低下させる副作用もある。この薬のせいで風邪などをひきやすい状態になっている。現在は30㎎服用している。少ない量ではない。1ヶ月で5㎎ずつ減らしていくので、10㎎になるのは4ヶ月後になる。つまり、あと4ヶ月休むことになる。焦る気持ちもあったが仕方がない。「自宅で治療に専念します」と言って、面談を終えた。次の面談は10㎎になった頃だ。

自宅療養生活が始まった。毎朝6時に起き、夜10時に寝る規則正しい生活。玄米。納豆にかけるタレは半分。もずくには4分の1のタレ。塩分控えめで精進料理のような食生活を心がける。軽い運動も必要なため、毎日、散歩に出た。はじめは家の周りを少しずつ。近くのコンビニに行くのにもどっと疲れた。1キロ先の品川まで歩いたときは、屋久島で縄文杉まで8時間のトレッキングをしたときのようだった。肉離れするのではないかというほど太ももの筋肉が痛かった。ももをあげることができなくなった。人間はこうも簡単に弱るものなのか。女のように細くなった足、老人のような体。タクシーに乗った。品川駅で家までのタクシーに乗るために、家から品川駅に来たようだった。運賃は、ワンメーターだった。

診察があったので病院を訪れた。退院してから初めての診察であった。採血と採尿をした。入院中は毎日のことだったので慣れたと思ってはいたが、久しぶりに見る注射器に血が満たされていく光景はいいものではない。結果は良好。体は順調に回復していた。

診察後、病棟のほうを訪れた。エレベーターを昇り、5階に着く。ナースステーションには顔見知りの看護婦たちがいた。「久しぶり！」と看護学校時代の同窓生かのように迎えてくれる看護婦たち。「来るんじゃないと言ったのに」と笑いながら言うナース長。談話室には、顔見知りのおじいさんがいた。軽く立ち話をすると、視界の隅に異様なものが目に入った。大きく胸元が開いた白衣を着た看護婦が左手を腰にあて、右手で注射針を掲げている。退院の際に向かいのベッドのおじさんにあげたエロ本だった。それが、朝日、読売、といった新聞と並んで平置きされていた。これも新聞のように回し読みされているのだろうか。

懐かしの病室に足を踏み入れた。知った顔はもういなかった。エロ本を置いただろうあのおじさんも。ぼくがいたベッドには、誰かがいる痕跡があったが、今はどこかに行っているようだ。見舞い客を装って、しばらく待っているふりをしながら感慨に耽っていた。白いベッド、白木の棚、小さな液晶テレビと小さな冷蔵庫、そして、窓の景色。ぼくが外界の象徴として見ていた、病院と住宅街を隔てるように斜めに伸びた大きな木。ぼくが入院した頃、枯れていたその木は、今、薄くピンク色に染まっていた。あれは桜だったのか。

◆生まれる

体力は少しずつ回復していた。少々出かけても疲れなくなり、皿洗い、掃除など家事も手伝えるようになってきた。塩分控えめの食事でも楽しみが見出せるようになってきた。みかん、いよかん、はっさく、日向夏、せとか、デコポン、清美オレンジ、文旦を一つずつ買って、一房ずつ皿に置き、柑橘フルコースを楽しんだりしていた。

妻の健診にことあるごとについていった。妻はもう妊娠7ヶ月だった。性別がわかっていい頃だ。ぼくも妻も男だと確信していた。理由はない。ただ、そんな気がするという強い直感があるだけだ。近所のおばさんも「きっと男だわ、後ろ姿を見たらわかるの」と言っていた。「お腹を見たらわかる、男の子だね」と通りすがりのおじさんも言っていた。男物の服も何点か買った。男の子の名前もいくつか考えていた。

健診当日、今日で絶対に性別がわかるという緊張感とともに、産婦人科へ出かけた。産婦人科の待合室では、様々なお腹の大きさの妊婦たちがいた。少しふくれた人は、安定期に入っていないからか、つわりで気持ちが悪いからか、不安な顔をしている。まあまあふくれた人は、落ち着きと希望に満ちた顔をしている。妻はこのあたりだ。はち切れんばかりの人は体も重いしもういい加減に産みたいよといった、希望に満ちながらも少し疲れた顔をしている。まったくふくらんでいない人、妊娠を確かめに来た人は、いてもたってもいられないといった顔をしている。自分よりお腹の大きなたくさんの妊婦に圧倒されつつ、彼女たちに尊敬の眼差しを向けている。

妻の名前が呼ばれた。ぼくも一緒についていった。妻はベッドに仰向けになってお腹を出す。ジェルが塗られ、エコーがあてられた。妻は寝転びながら、ぼくは部屋の端っこで椅子に座りながら、モニタでエコーを確認している。モノクロの粒子の濃淡が胎児の姿を形作っていた。白い粒子の集合が大きくなり、小さくなり、また大きくなる。どうやら呼吸をしているようだ。すべてが順調だった。入院生活が悪影響を与えていないかと不安だった。母子ともにまったく問題はなかった。

「性別はどっちですか?」と妻は尋ねた。「うーん、あれがついてないね。たぶん、女の子だね」と医師はさらりと言った。男だと思い込んでいたが女の子だった。強い直感があったが、女の子だった。ぼくの直感はまったく頼りにならなかった。人生の一大事に直感が外れてしまった。お前という人間に第六感はない、そう神に通告を受けたに等しい。妻の第六感も同じく存在しなかった。絶対に男でなければいけないというわけではなかったので、女であったことのショックはなかったのだが、直感が外れたショックは尾を引いた。

「まあ、無事生まれてくれたら男でも女でもどっちでもええねんけどな」とありがちな台詞で自分たちを慰め、家へと帰った。ぼくは女の子の名前を考え始めた。

産卵のために生まれた川に遡るサケのように、妻は出産のために生まれた場所へ、実家のある大阪へと帰っていった。ぼくは、病院の診察があったので一人で東京に残った。数年ぶりの一人暮らし、湧き上がる解放感。しかし、その解放感に体がついてこない。夜更かしは体にこたえる。誰かと飲みに行こうにも、食事制限があるために相手に気を使わせてしまう。何より、金がない。独居老人のような生活を送っていた。

朝起きる。玄米と味噌汁の朝飯を食う。薬を飲む。本を読む。昼になる。昼飯を食う。昼寝をする。本を読む。風呂に入る。風呂に入りながら本を読む。晩飯を食う。本を読む。床に入る。本を読む。寝る。ただひたすらにプルーストの『失われた時を求めて』を読んでいた。入院を機会に働いているときには読めないものをと思い立ち、全十三巻の大長編に手を伸ばしたのであった。はじめは数行ごとに眠気が襲ってきたが、慣れてくると、携帯電話よりも肌身離さず持ち歩くようになった。風呂で読んでいて、知らない間に眠りに落ち、湯船の底に本が沈んでいたこともあった。トイレで読んでいて、お尻を拭こうと身を屈めたときに、胸ポケットに入れていた本が便器に転げ落ちたこともあった。電車で車窓でも眺めながら優雅に本を読もうと、山手線で本を読んだこともあった。２周してわかったことは、山手線は混雑していてほとんど車窓が見えないということ、山手線のシートは薄く固く、長時間座るには不向きであるということだった。

「陣痛が始まったかもしれない」と妻から電話があった。予定日は２日先だった。初産はだいたい予定日よりも遅れると聞いていた。「その陣痛はただの腹痛かもしれない」という憶測を保ったまま、しばらく様子を見ることにした。今から家を出ようにも、夜の11時、大阪までの電車はない。動きようがない。東京の家で待機しつつ、夜の１時にまた電話をかけた。まだ、腹痛は続いていた。2時にも電話をかけた。腹痛は続いていた。腹痛は陣痛に違いないということで、始発の新幹線に乗って大阪へと出発した。

子どもが生まれる日となると、すべてのことに意味が出てくる。子どもが生まれる日の空、子どもが生まれる日の海、富士山、切符、コーヒー……あらゆるものをカメラで撮った。一通り撮り終えると、父親になることについて考え始めた。一緒に産婦人科に行きエコーを見た。ベビー用品を買いに行った。友人が子どもを世話する様子を観察した。友達に子育てや出産についていろいろ聞いてはみた。父親になるという実感は未だなく、ふわふわした気持ちが続いていた。これから妻は想像を絶する出産の痛みで大変なのだろうが、簡単に生まれるような気がしている。どこか他人事のようだった。父親になるとは、どういうことなのだろうか？　自分の時間がなくなるということ。休日を子どものために犠牲にしなくてはいけないということ。泣き声で眠れなくなるということ。貯金をしなくてはだめということ。生命保険に入っておくということ。もう一人でふらりと旅に行けないということ。どうも、ネガティブなことしか浮かんでこない。そんな気持ちをTwitterに投げ込んでみた。

「お前に出来る事は祈る事だけや。さあ、父親になるんや。この世界に責任を持つんや」

会社の先輩、田中ヒロノブさんがTwitterで答えてくれた。

心の霧が晴れていった。父親になる覚悟はできた……ような気が……しないでもない。とにもかくにも、妻の安産を祈ることしかできなかった。

大阪は晴れ。雲一つない夏特有の紺色の空。空の中心に蝉の声が吸い込まれていく。生まれるにはとてもいい天気だ。タクシーに乗り込み、病院へと急いだ。「子どもが生まれるんです」と運転手に告げると、運転手は車のスピードを上げ、車中で自分の出産の経験を話し始めた。

「私も立ち会いましたけど、男はなんもできまへん。ただただ奥さんをいたわったるんですよ、40円はまけときますさかいに」

タクシーは病院に到着した。まだ9時半だ、間に合った。駆け足で受付に行き、妻の病室を尋ねた。人生の一大事を控えているというのに、受付の対応はそっけなかった。毎日、他人の人生の一大事を案内していればこうもなるものなのだろうか。2階に上がり、妻のいる部屋を訪れた。妻はまだ分娩室には入ってはおらず、一般の病室にいた。ピンク色のパジャマに着替えてぐったりとベッドに横たわっている。つらそうだ。1ヶ月ぶりに会う妻とゆっくり話す時間も与えられないまま、事務員が出産に関する説明を早口でまくしたてた。必要書類を記入し、捺印を迫られる。書類の内容をじっくり吟味する余裕などない。この中に借金の保証人になる書類があってもハンコを押してしまっただろう。

捺印が済んだあと、ようやくゆっくり話す時間がとれた。陣痛と陣痛の間はなんとか話せる。まだ冗談を言う余裕はあった。陣痛がきたら会話は中断し、ぼくは腰をさすった。陣痛が終わったらまた話した。そのサイクルを繰り返していると、助産師がやってきて「余裕があるうちに風呂に入ったほうがいいわよ」と言った。妻は浴室へと行った。

「いつ頃生まれますか？」とぼくは焦って尋ねると「今日中には生まれるんとちゃいますかねえ」

と助産師はのんびり構えている。

風呂から上がると、陣痛のペースが急に早くなった。あと2時間で生まれてもおかしくはないとのことだった。妻はなんとか自力でふらふらと歩きながら、分娩室へと移動した。妻の声は風邪をひいて熱のあるときのような力のない声になった。話しているのもつらそうだった。ぼくは一眼デジカメとビデオカメラの2台、静止画と動画でこの人生の一大事を記録しようとセッティングを始めた。妻の苦しむ顔も後に意味がある記録になるだろうと、カメラを顔のギリギリまで近づけてカシャカシャ写真を撮っていると「撮るなや！」と一喝された。これからが山場だから、今のうちに食事を済ませておいたほうがいいと助産師に言われ、持ってきてもらったトンカツ弁当を陣痛の合間の3分ですべて食べきろうと、妻の横で口に流し込んでいると「ください！　外に出て食べて」と妻に言われた。仕方なく外で飯を胃に詰め込んだ。

分娩室に戻ると、妻にとってぼくという存在はまったく眼中にないようだった。いろいろと話しかけるが無視された。なんとか気分を和らげようと「ぼくもお産に行ってくるわ。うんこ産み落としてくる」と言ったが、目も合わせてくれなかった。何かしなくてはという気持ちが完全に空回りしていた。タクシー運転手の言った通り、夫にできることは何もなかった。

妻が今まで発したことのない種類の声を発し始めた。ビョークのような野太い大きな声を出している。声量のリミッターも崩壊している。苦しそうだ。少し陣痛のペースが落ちているらしい。助産師の間でもどうしたらいいものかという空気が漂っていた。その迷いを察したように、主治医が口を開いた。「『産み』入りましょう」。助産師がバタバタと動き出す。「産み」のフォーメーションにチェンジするのだ。しばしの退出を求められる。病院の廊下のソファでやきもきしていた。それはドラマでみたよくある光景だった。ぼくがこうなるとは思いもよらなかった。落ち着かなかった。ただケータイをいじっていた。

5分ぐらいたった頃だろうか、病室に呼ばれた。いきなり銃弾飛び交う戦場に連れていかれたかのようだった。野太く響く妻の声。助産師の指示する声が行き交う。足を広げて、もう完璧にお産の体勢である。何か言おうとか、カメラ撮ろうとかいう余裕がぼくにもまったくない。せめて手でも握ってあげようと、ベッドのパイプを握りしめる妻の手を取ろうとした。しかし、妻はまったくパイプから手を離さず、ぼくの添えた手を完全に無視していた(後でこのことを尋ねると、パイプのほうが握りやすくて力を込めやすかったのだと言われた)。「もう頭は見えています」と助産師は言った。しかし、そこから動きが停滞した。いきんでも、いきんでも、頭は下りてこない。また様々な処置をするようだ。また退出を求められた。ついに最終のフォーメーションだ。

しばし待つ。ソファの傍らにある『マキバオー』という馬のぬいぐるみが非常に気になった。マキバオーは、ぼくが高校生のときに放映されていた一時代前のアニメだ。昔のアニメでもドラゴンボールなどの人気のアニメのぬいぐるみがあるのはわかる。特に人気のアニメでもなかったマキバオーが、なぜ、今、ここにいるのか。病院側が置いているのであろうか。それとも、患者が置いていったのだろうか。

中に呼ばれた。分娩室に戻ると助産師はみなゴーグルをして戦隊ヒーローみたいになっていた。それぞれのポジションについて、大きな声を出している。妻の足下には、メスやら鉗子やら臍《へそ》の緒を切るハサミだろうか、様々な道具が置かれていた。

「せーのー！　ヒッヒッフー。せーの！　ヒッヒッフー」
「いいですよ！　その調子」
「ナイスナイス、ナイス呼吸！」

まるで女子バレーボール部のようであった。助産師たちが分娩室というバレーボールのコートで、赤ん坊というボールを今か今かと待ち構えてレシーブしようとしているようだった。奥の壁にもたれて様子を見守っている男の主治医が、バレー部の顧問に見えて仕方がなかった。

妻はずっといきんでいる。ぼくは傍らでうちわを扇いでいた。それしかできることはなかった。目にうっすら涙を浮かべて、一生懸命いきんでいる姿に、自然と涙が出てきた。「がんばれ、がんばれ」と、ただ祈るだけだった。より涼しくなるようにと、ただうちわのスピードを上げるだけだった。

桃色の丸いものが見えた。いきむたびに出てきては、息を吸うたびに少し戻る。それを繰り返すごとに、だんだん桃色のものが大きくなってくる。頭だ。桃色の球体にうっすらと髪の毛がついている。また涙が出てきた。ぼたぼたと涙が流れ落ちた。それは、先の涙とは違う、歓喜の涙

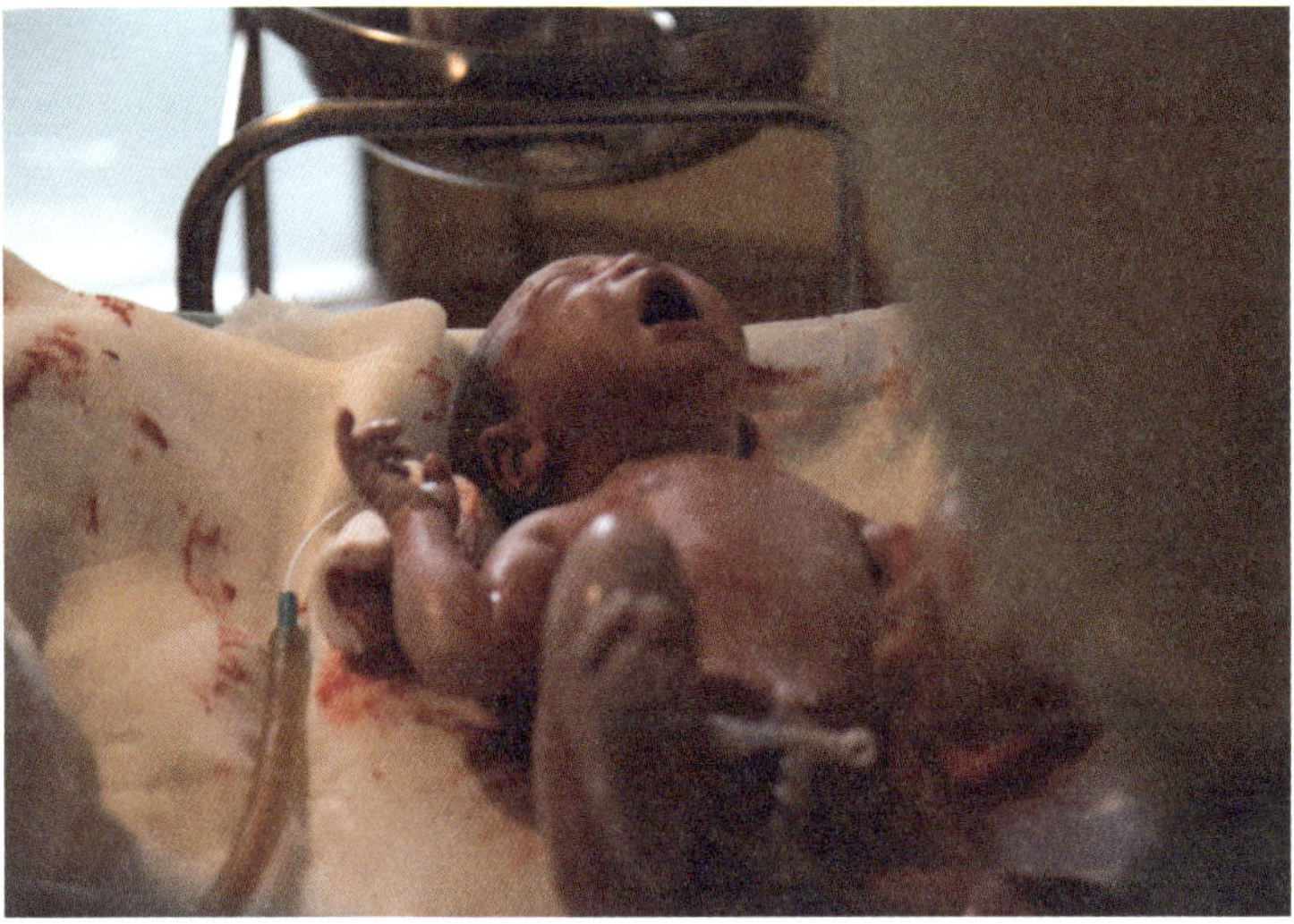

だった。涙に色があればきっと違う色だったことだろう。感情の起伏が激しい。頭が半分ぐらい出たところで、助産師が頭を持って引き摺り出した。「お願い、ゆっくり引っ張って、首とか折らないでー！」心の中でぼくは願った。

出てきた出てきた、わが子が出てきた。ソーセージみたいな臍の緒をマフラーのように首に巻きつけて。すぐには泣かなかった。自分が生まれたことを驚いているかのようだった。自分がいる場所が母親の胎内ではないとわかったことを確認してから、赤子は泣いた。母親のお腹にもう戻れないことを悲しむかのように。即座に助産師が臍の緒を切り、別の助産師が血を拭いた。少しきれいになったわが子は大声を出して泣いている。母の胸元へ連れてこられた途端、ぴたりと泣き止んだ。もう、母の力は効力を発揮しているのだ。やがてわが子はどこかへ連れていかれた。ぼくらはほっと息をつく。13時59

分、３２３０グラムの元気な女の子が生まれた。妻の体は無事である。いわゆる安産というやつだ。

分娩室には戦いの余韻が残っていた。心地よい疲労感が部屋を満たしていた。手と手を握り合って、ただ黙っていた。そして、わが子を待っていた。しかし、なかなかやってこない。きっと何かいろいろすることがあるのだろうが、なんだか、買ったばかりのおもちゃを取り上げられたような気分だった。

30分ほどしてから、ようやく戻ってきた。体をきれいに拭かれて真新しい服を着せられてわが子は戻ってきた。看護婦は子どもを妻に手渡すと、カメラを構えた。

「はい、赤ちゃんをお父さんとお母さんの真ん中に置いて、ハイ、チーズ」

産後すぐの記念撮影が病院のサービスなのだろう。いきなりテンションを「ハイ、チーズ」と持っていけるわけはなく、二人とも疲れた顔で無理矢理に笑顔を作った。撮影を終えたわが子は、すぐに新生児室へと連れていかれた。生まれてすぐなのに、分刻みで動いているタレントのように忙しそうだ。

ぼくたちは、新生児室へ入ることができなかった。ガラス窓を隔てて見ているしかない。自分の買ったおもちゃがショーウィンドーの中に戻ってしまったようだった。子どもは手を伸ばしたり、足を動かしたりしていた。お腹の中でもこんなふうに動いていて、これが胎動として感じられていたのか。出産という激戦のすぐあと、赤ん坊がぼくか妻かどっちに似ているんだろうと考えることがエゴイスティックに感じられた。どっちに似ていてもいい。無事に生まれてきてくれたことにとにかく感謝した。しかし、この目の前にいる赤ん坊が自分の子どもであるという実感がまったくない。なんだか動物園で「ヒトの赤ちゃん」というものを見ているようであった。

わが子を取り上げてくれた助産師が挨拶に来た。つまり、わが子が初めて触れた人だ。

「すごい安産でしたよ」

「はあ、そうですか。でもすごく痛かったし」

あれだけつらかったのに、妻は安産と言われることがどうも釈然としないらしい。

数時間ぶりに外に出ると、美しい夕焼けだった。世界が祝福してくれているようだ。この日は、病院に泊まることにした。病院の規則で赤ん坊は新生児室に預けなければならず、妻と二人で病室に残った。いろいろなことがありすぎた。頭が冴えて寝つけない。真夜中、誰かの赤子の泣き声と大人の歓声が聞こえてきた。ここでは命の誕生が日常茶飯事。昼夜を問わず、ずっとあるようだ。

一夜明けた。今日から母子同室が可能になった。早速、赤ん坊を部屋に連れてきた。ゆっくりとわが子を観察する。ほとんど黒目しかない目をみつめる。何か見ているのだろうか、それとも何も見えていないのだろうか。人間が見えない何かが見えているかのように宙を見ている。南米のジャングルの奥地に住むヤノマミ族は、生まれたての赤子をまだ人間ではなく精霊として扱う。そして、この精霊を受け取って人間として育てるか、それとも、精霊のまま森に返すか、子を産んだ母が選択する。確かにこの生物はまだ人間ではない。神様から預かった何かのようだった。精霊の小さな手のひらにぼくの人差し指をのせた。柔らかい生まれたての肉が優しく指先を包み込み、わずかな力で握り返した。ぼくを父親と認めたのだろうか。赤ん坊をおそるおそる抱いてみた。銀座の宝石店でショーウィンドーにある指輪を傷つけぬように、おそるおそる手にとって、やっぱり高いのでぼくには無理ですとおそるおそる戻すかのように、ベッドに赤ん坊を戻した。

授乳、その他、いろいろと何かしなければならぬことがあるようで、赤ん坊はすぐにどこかに連れていかれた。『赤ちゃん』という高価な商品を病院からレンタルしているようだった。自分の子どもという実感は、一夜明けてもまだ薄かった。

誕生から5日経った。退院の日がやってきた。娘は妻の母が作った特製のヘアドレスに真っ白のセレモニードレスを着せられて、見習いの天使のようになった。この子は今日初めて病院の外に出る。中は密閉されていて風がない。直射日光もあたらない。だから、今日初めて風を感じることになる。初めて太陽のあたたかさを感じることになる。そのとき、一体どう感じるのだろう。どんな表情をするのだろう。妻にぴったりと寄り添ってぼくはカメラを構えていた。妻は娘を抱えて病院の建物を出た。娘が初めて外の空気に触れた。真夏の生暖かい風が吹いた。しかし、娘の表情は変わらなかった。容赦ない日差しが娘を照らした。しかし、娘の表情はまったく変わらなかった。真夏の暑気に触れてはならぬと、すぐに義父が用意した車に乗り込んだ。親の期待が過ぎたようだ。ぼくはカメラをしまい、エアコンの効いた車に乗り込んだ。

妻の実家に到着した。一階の応接間がぼくたち家族の住処となった。今日から看護婦もおらず、すべて自分たちでやらなければならない。何か起きやしないかと不安でいっぱいだったが、ほとんど赤ん坊は寝ていた。特にすることはない。数時間おきに妻が乳をやるぐらいである。

窓際の障子の傍に緑色のビロードのソファがある。妻はいつもそこに座って母乳を与えた。母乳をやる妻の姿はもうすでに母の形であり、母乳を与えるごとにより母らしくなっていく。昼になると、障子越しに日差しが入ってきて、妻が乳をやる姿がシルエットになる。それは、幸せを象徴化した何かのロゴマークのようだった。ぼくは未だかつてなく満たされていた。家族3人が3人だけで暮らしているということ。赤ん坊はもうずっとぼくたちの手元にいるということ。妻の母乳をやる姿が美しかったこと。一人の女が母性を持ち始めた。それは、新しい美しさだった。

しばらく妻の実家に泊まり込んだ。朝起きると、子どもがいるという幸福。子どもと一緒に昼寝をするという幸福。ぼくが抱くと子どもが泣き止むという幸福。

妻の母が手際よく育児を手伝ってくれたので、ぼくはすることがなく、暇をもてあましていた。何か手伝えることはないかと仕事を探していた。哺乳瓶が割れてしまったので、一人近くのショッピングモールに買いに行った。

今までは気にも留めなかったが、つい子連れの客に目がいってしまう。生まれて間もない赤ん坊を抱いている家族、ベビーカーを押す家族、親子三代で来ている家族。世の中の人間たちの数多くが家族単位で行動していることにまざまざと気づかされる。

小腹が減ったのでフードコートに行った。そこは疲れた家族だらけだった。親がぐったりとした顔でコーラを飲み、子どもたちがテーブルを散らかして遊んでいる。買い物をし、疲れ果て、フードコートで昼飯を食べる週末。「家族」というものの現実を目の当たりにし、怖《おそ》れ、おののく。

1週間が過ぎ、そろそろ出生届を提出しに東京へ戻らなくてはならなかった。離れたくはなかった。幸せな時間だった。子どもが与えてくれているのか、妻が与えてくれているのか、妻の家族が与えてくれているのか、妻の家がそれを与えてくれているのか。幸せをイメージしたモデルハウスの中に住む、モデルファミリーの中にお邪魔して暮らしているような、他人事のような時間だった。そこにはぼくがいるいないにかかわらず、幸せな時間が流れていて、ぼくはただそれをホームステイによって短期間、経験したにすぎない。この家を離れるとその幸福感は消えてしまうようで、名残惜しかった。ぼくは幸福に慣れてはいなかった。

一人、東京に戻った。また、一人暮らしが始まった。病院でもらった出生届に必要事項を記入する。書く文字の善し悪しが子どもの人生を左右するかもしれないと、思い詰めて子どもの名前を書いた。緊張のあまり、書き順を間違えた。書き終えた出生届をカバンの中に入れて持っていく。大量の札束が入っているかのように用心しながら、自転車に乗って区役所に向かった。

役所に着いた。係員に「出生届はどこに出すのですか?」と尋ねると「あちらです」と事務的に案内された。住民票を取りに来たときと変わりはない。カウンターには同い年ぐらいの眼鏡をかけたいかにも公務員然とした男がいた。奥で何やら書類をパラパラとめくり、不機嫌そうに作業をしている。「出生届を持ってきたのですけれど……」と尋ねると、男は不意をつかれたように「はい」と答えた。出生届のめでたさに合わせて不機嫌な表情を改めて笑顔をつくったが、途中で照れくさくなったのか、結局、普通の顔に戻った。ぼくは出生届を大事に手渡した。男は用心深くそれをチェックする。提出日を書き漏らしていた。

「今日は何日ですか？」と尋ねると

「20日です……大安ですね」と男は少し照れながら、ぼくに告げた。

ぼくは男と目を合わせ、軽く微笑んだ。男は提出した名前が人名漢字に適合しているかを調べ、無事、受理された。娘は法的にも娘となった。

◆死ぬ

母からの留守番電話が入っていた。

「あきこが心肺停止状態になったから電話ちょうだい」という伝言が残してあった。言葉の意味が摑めなかった。もう一度、再生した。

「あきこが心肺停止状態になったから電話ちょうだい」と母の焦った声が録音されていた。

心肺停止状態……妹に何かが起こった、という大きな意味はわかったが、小さな意味がわからなかった。母に電話をかけた。

「もしもし、どうしたん？」ぼくは努めて落ち着いて尋ねた。

「あきこが心肺停止状態になってな、今、病院におる」と母は留守番電話と同じことを繰り返した。まるで数ある定型文のうちの一つを再生するようだった。『心肺停止状態』という母が今まで数えるほどしか言ったことのないだろう単語が妙に浮いていた。

「どういうこと？」

「しんどいって言ってね、救急車で病院に行ったのよ。病院行ったら点滴やら何やらして落ち着いてんけど、しばらく病院で様子見ようってことになって、一旦私だけ家帰ってきたらね、病院から『心肺停止状態』になりましたって連絡があって」と母は壊れたテープレコーダーのように話している。

「あきこはどうなるん？」

「えっ？」母は質問の意味がまだよくわからないようだ。

「心肺停止状態ってどういうことなん？」

母はようやく意味が摑めたようだ。理解したからこそ答えにくかったのだろう。重そうにその口を開いた。

「心臓が1時間ほど止まってしまったから、脳死状態になってる」

「脳死？　脳死ってことは、植物人間ってこと？」

「たぶん」

「それ、治るの？」

「お医者さんは、治らへんって。意識ももう戻らへんって」

「じゃあ、ずっと植物人間状態ってこと？」

「うん。もっても1週間ぐらいやろうって」

「えっ、どういうこと？　死ぬっていうこと？　意識が戻らないまま」

「そう……」

きっと母は何度もこの話を聞いたのだろう、比較的落ち着いて話をしていたように思える。

「お父さんは？」

「今、病院のベッドにいる」

「わかった。もう電車ないから明日そっち行くわ」

ぼくは電話を切った。あまりにも突然すぎた。脳死、植物人間、あきこの意識はもう戻らない、死ぬ……もう、回復しないということなのか。


新大阪に着いた。ネオンで濁された薄暗い空が見えた。この前は、生に向けてこの駅に来た。今は死に向けてこの駅に来ている。触れたくない現実がどんどん近づいてくる。もしぼくが病院に行かないままであれば、この事実は存在しないことになりはしないだろうか。ぼくが行くから、それは現実になってしまうのではないだろうか。このまま、どこかへ行きたい。妹を見ることなく、どこかへ。

たくさんのタクシーで飽和しているロータリーで車を拾った。お客様を待っていましたとばかりに、タクシー運転手が愛想よく挨拶をする。男に行き先を告げた。状況を察知したのだろう。

顔を引き締めた。いつもはお客に話しかけるに違いないこの運転手は黙って行き先へと車を進めた。現実がすぐそこまで近づいてきている。暗い住宅地を抜けて、病院へと車は向かった。

夜の闇の中、大きく無機質な病棟が横たわっていた。この箱の中に現実があるのだろうか。実家の近くのこの病院は、ぼくと、妹が生まれた病院だった。

夜間出入口から中へと入った。家族控え室という部屋で母が待っていた。父は先に家に帰っていた。「わざわざ東京から大変やね」と第一声でぼくを気遣う言葉を発せられるほどに母は気を保っていた。

妹のベッドに向かった。蛍光灯が青く照らす無機質な廊下を歩いていく。重厚な扉を二つ越える。大部屋に入る。いちばん奥に妹がいた。暗がりにいる妹。たくさんの管に繋がれていた。髪の毛がもつれあって固まっている。目が赤く腫れている。口の中に管が入って、面長の顔がさらに長くなっている。これが妹で、これが現実か。現実は想像より醜く、厳しかった。もう意識が戻ることはないという現実を視覚で確認した。涙が出た。母と一言も話さなかった。そこにどれぐらいいただろうか。帰ろうとすると、呼び止められた。医師から話があるとのことだった。

妹のベッドの横にある小さな机で、医師が説明をした。心肺停止状態が1時間以上あったため、血液が脳に行き渡らずこのような状態となった。今日レントゲンをとってみると、脳の皮が平坦になって伸びている。瞳孔に光をあてても反応がない。もう反射運動が行われていない。完全に脳死状態である。今後、絶対に意識は回復しない。もってあと数日、長くて1週間ほどだろう。したがって、次に何か命の危機が生じても、私たちはもう蘇生措置を執り行わない。

医師は感情を言葉に添えることなく淡々と事実を話した。毎日死と接しているからだろうか、普段行く病院の医師とは違うたくましさがあった。家族の精神状態に合わせることなく、事実は事実として伝えるという、一切媚びない態度があった。

母は生の可能性を医師に尋ねる。意識が戻らなくても、ずっとこの状態で生きてほしいと願っている。ぼくは、そうではなかった。お金のこと、両親への負担のこと、そんなことが心を過ぎっていた。静かな死を願う自分がいた。

はじめの数日は病院に通った。行けば行くだけつらくなるため、病院に行くのをやめた。管に繋がれた妹の顔を見るたびに心がえぐられた。ぼくは家に籠もってずっと妹の部屋の掃除をしていた。妹がいつ帰ってきてもいいように、気持ちよく帰ってこられるように、きれいに掃除しておきたかった。その仕事を自分に課すことで、病院に行かないことを正当化していたのかもしれない。

ぼくの34回目の誕生日と父と母の36回目の結婚記念日が訪れた。奇しくもぼくの誕生日と両親の結婚記念日が同じだった。当然のことながら、祝福の気持ちなどぼくたち家族にはこれっぽっちもなかった。しかし、妻が誕生日を祝ってくれるというので、ぼくだけが妻の実家へと足を運んだ。久しぶりに実家の生活圏とは違う場所へ出た。人間がせわしなく歩いている。妹の状態とは関係なく世界は動いていた。久しぶりに会う妻、そして、何も知らずに微笑む娘に癒やされる。妻の家族もあたたかく迎えてくれた。みんな、妹のことには触れずにおいてくれている。ぼくの口からきちんと説明すべきなのだろう。何度か口にしようとしたのだが、その言葉はあまりに重く、口の外に一度も出せなかった。

ケーキ屋に勤める妻の妹がぼくのためにケーキを作ってくれていた。妻の家族と、そして、妻と娘が、ぼくの誕生日を祝ってくれた。家族で誕生日を祝う、こんな当たり前のことをぼくたちの家族はどれぐらいしていないのだろう。こういうことが幸せの形なのかもしれない。いつまでたっても、誰かの誕生日を祝っているような、そんな家庭を築こう。ぼくは、そう、ささやかに思った。この日は、そのまま妻の家に泊まった。

翌朝、母から連絡があった。妹が亡くなった。すぐに病院に向かった。病院に着いた。控え室で父と母が焦燥してうずくまっていた。遺体はすでに病室より運ばれ、地下の安置室にあった。暗い部屋に、ぽつんとベッドが一つあった。そのベッドはシングルベッドの半分ほど、あまりに細かった。ベッドの上の人間が動くことを想定していない幅だった。そこに、白い布がかけられていた。今からこの白い布を丸めて、ミイラでも作るかのようだった。係員が布をとった。頬がやせこけていた。まるで生前吸っていたタバコのヤニが体の表面に一気にでてきたように、体は黄色くなっていた。体から、魂が抜けていた。近くにいながらも妹のところに毎日行っていなかった自分を責めた。まだまだ大丈夫だと高を括っていた自分を悔いた。

葬儀屋を決めなくてはならない。父と母とで葬儀屋を決めてほしかったが、まったく話し合えていなかった。ぼくがやらざるをえなかった。葬儀社をどこにするか、神式か仏式か、棺の色はどうするか、どの花にするか、食事、香典返し……妹の死を悲しむ間もなく選択し続けなければならなかった。ぼくたちは選択し続けなければならない。選択をして生きている。妹は生を選択した。そして、最後に死を選択したのだろうか。それとも、選択をし続けて、最後は死という選択肢しか残っていなかったのだろうか。

病院から家に運んだ遺体を、葬儀屋が引き取りに来た。まるで荷物を引き取りに来た宅配業者のように葬儀屋はやってきた。妹を手際よく持ち上げベッドに乗せた。ベッドは廊下を転がり、玄関の段差を越え、家の外へ出た。妹が出ていってしまった。永久に出ていってしまった。遺体がなかなかエレベーターに入らなかった。横のままでは入らず、遺体を斜めにして、ようやく入った。体を起こしたから、妹の顔が見えた。そして、エレベーターの扉が閉まった。まるで、棺桶の扉が閉まるようだった。

通夜の会場に着いた。祭壇には成人式の写真が大きく引き延ばされていた。美人画のような古風な美しさをもった妹が写っていた。写真の横の白百合と緑の葉のコントラストが厳《おごそ》かだった。白木の祭壇は新しかった。無垢な白さで眩しかった。１００人来ても大丈夫なほどの大きな会場だった。久しぶりに心の緊張がとけた。ようやくここまで辿り着けたという思いと、恥ずかしくないように妹を立派に見送ることができるという思いで。

妹の遺体は風呂に入っていた。きれいに体を洗ってもらっていた。妹の体に触った。温かかった。しかし、それは湯の温かさで、体の温かさではなかった。表面だけ温かく、中は冷たかった。

皮膚は固かった。爬虫類の皮膚を触っているようだった。風呂から上がった妹は、身繕いされ、化粧を施され、美しくなって棺の中に納められた。化粧をしている顔などほとんど見たことがなかったので、新鮮だった。妹は化粧をすれば美しかった。

小さな通夜が終わった。みんなは帰り、ぼくたち家族は残って、交代で妹を見守った。まずぼくが残った。妹の祭壇の前で、一人妹のことを考えた。凍った心が少しずつ融け始めた。悲しみ、苛立ち、憎しみ以外の感情が姿を現し始めた。もう、大丈夫だと思う、向こうの世界で妹はうまくやっていける、そんな確信が時間とともに大きくなってきた。母が祭壇の前に戻ってきた。ぼくは交代で帰った。長い1日だった。

翌朝、会場へ行った。眠たかったのか、泣いていたのか、番をしていた父が遺影の前で目をこすっていた。昨日の疲れが残ったままに、みながそれぞれ葬式の準備をした。

妻と娘が来た。二人を棺へと連れていった。棺の蓋を開けて妹の顔を娘に見せた。

「これがおばちゃんやで、会えてよかったなあ」と妻が言った。そうか、妹と娘は「会えた」のだ。ぎりぎり会えたのだ。

神主が祭詞を詠じる。娘がいつ泣きはしないかと心配したが、終始眠っていた。玉串を奉奠《ほうてん》し、また神主が祭詞を詠じ、儀式は終わった。棺桶に花を差していく。菊、百合、胡蝶蘭が意思を持っているかのように一斉にぼくのほうに咲いていた。妹の顔も同じ方向に咲いていた。奇妙なまでに一様に咲いた花々はあの世の花畑のようだった。

棺の蓋が閉ざされた。参列者全員で棺を持ち、霊柩車へと運んだ。霊柩車の後を追って、ぼくたちはバスで斎場へと向かった。高校のときに、毎日通っていた道をバスが走った。友達の家の近くをバスが走った。好きだった女の子の家の近くをバスが走った。思い出の道に新たな思い出が塗り重ねられた。この思い出の色はとても濃く、今までの思い出の色がすべてなくなってしまうようだった。誰も一言も話さなかった。おしゃべりな祖母も終始黙っていた。霊柩車の黒が日光に照らされて眩しかった。のどかに晴れた天気、そのからっとした乾いた空気が悲しみをどこまでも拡散していくようだった。

斎場に着いた。棺はフォークリフトで運ばれて焼却炉にセットされた。一緒に燃やす遺品を置いた。妹が神社で買ったたくさんのお守りを、妹の傍らに置いた。妹は、工業製品のようにベルトコンベヤーに流されて奥へと運ばれていった。重い焼却炉の扉がバタンと閉じられた。カチカチ、ボッとまるで魚のグリルに点火したときのような音がした。そして、炎が燃えている音がずっと続いていた。

食事を済ませ、再び斎場に戻った。妹がベルトコンベヤーで流されて、ぼくたちの目の前にやってきた。骨だけになっていた。何も残っていなかった。足の指の骨、くるぶしの骨と足先から順番に箸で骨を拾っていった。のど仏がとてもきれいに残っていた。若くして死ぬときれいに残ると係員は言った。鈴とホッチキスの芯のようなものが燃え残っていた。お守りにあったものだろう。骨と鉄くずだけの妹。もう妹はいない。この世にいない。

葬儀場に戻り、お茶をして、みな帰っていった。ぼくはネクタイをほどき、シャツを脱いだ。スウェットとジーンズに着替え、革靴からスニーカーに履き替えた。柔らかい靴底が気持ちよかった。体が解放されたのを確認してから、心を解放した。終わった、すべて終わった。長い一日だった。本当に長い一日だった。今まで生きてきた中でいちばん長い一日だった。

供え物のスルメから霊璽《れいじ》まで、たくさんの荷物を抱えて、家に戻った。そのまま布団に入りたかったが、霊璽だけはしっかりと飾らなければと、遺影と霊璽とをリビングの棚に置いた。妹がずっとリビングにいる。「部屋に閉じこもってばかりやったから、生きていたときより近くに感じるわ」と母は言った。

夜、供え物の鯛を家族で食べた。妹の写真も食卓に置いて。おいしい鯛だった。家族4人で食事を食べる、数年ぶりのことだった。家族で食卓を囲んでおいしいものを食べる、それはとても贅沢なことだ。

◆修復

1ヶ月ぶりに東京の家に戻った。ガジュマルが枯れていた。まるでこの家を守るために身代わりになってくれたようだった。ぼくは全体重をかけて、ベッドに横になった。スプリングの跳ね返りが気持ちよかった。ずっと布団で寝ていたので、ベッドでゆっくりと寝られることが何よりもうれしかった。

妻と娘がもうすぐ家に帰ってくる。翌日からまた掃除を始めた。リビング、キッチン、台所、トイレ、風呂……隅々まできれいにした。寝室のベッドを捨てた。赤ん坊がベッドから転げ落ちるかもしれないから、布団で寝ることにしようと妻と決めていたのだった。ずっとベッドの下にあって、陽も光も入らなかった埃まみれの畳を丁寧に掃除した。この掃除はぼくが再出発するためのものだった。

ホームで妻と娘を待っていた。丸くて大きな新幹線がゆっくりと駅に入ってきた。扉が開いて、乗客が降りてきた。最後に、娘を抱きかかえた妻が降りてきた。妻の荷物を預かり、娘に顔を近づける。娘はぼくが誰かわからず、怪訝そうな顔をしていた。抱き上げると、娘は泣いた。サラリーマンが無機質に行き交うコンコースを通り抜け、ロータリーに出た。ビルに切り取られた小さな空。妻と娘が東京に帰ってきた。娘はぼうっと東京の空を見ている。

家に着いた。娘は家に慣れず、ずっと泣いてばかりいた。夜も遅かったので、すぐに娘を風呂に入れた。娘と初めて風呂に入った。座らぬ頭を石鹸の泡まみれの手で抱え、顔や手足をおそるおそる洗い、娘を風呂から上げた。濡れた娘を妻に手渡し、ぼくは遅れて風呂を出た。妻が娘を寝かしつけている。娘は指を吸いながらうとうとしている。ぼくは娘の横に寝転んだ。ぼくと妻の間に娘がいる。家族3人が川の字で並んで寝ている。どこかで見た幸せな家族の風景だ。ぼくの家族が始まった。子どもの世話をし、本を読み、時折病院の診察に行く。こんなサイクルで毎日が過ぎていた。静かで幸せな毎日が続いていた。妹を失った傷は少しずつ癒えていった。

東京から電車とバスを乗り継ぎ、5時間、和歌山大学に着いた。名前からすると海が近そうだが、はるか山の上にあった。外は冬晴れ、雲一つない青空。南に来たからだろうか、東京の空より青が濃い気がした。

父の退官講義があった。父は教授であった。父の講義を今まで聴いたことはない。父の最後の講義がぼくが聴講する最初で最後の講義になる。果たして聴くに耐えうる講義なのだろうか。みんなちゃんと聴いているのだろうか。自分は恥ずかしくて聴いていられないような気もする。しかし、行かなくてはならない。数十年間働いた父のために。父の思い出のために。ぼくの思い出のために。

講堂は思いのほか広かった。講堂入口には芳名帳があり、ぼくは自分の名前を記帳した。講義の30分前に講堂に到着した。早くから教室にいると息子の本気感が出て恥ずかしかった。しばし、キャンパスを歩いて時間を過ごすことにした。

講義開始10分前に行くと、教室はもうたくさんの人で埋まっていた。学生はもちろん、同僚の学者仲間たち、学者の道を進んだ教え子たちもやってきていた。

講義が始まった。やはり退官講義だけあって、普段の講義と勝手が違う。まずは司会進行役の教員が父の略歴を紹介した。その後、学部長が挨拶をし、父にマイクを渡した。父は教壇の中央で語り始めた。スクリーンの真ん中に立っていた。プロジェクタの光を全身に浴びている。暗闇の中、禿げ上がった頭に光があたっていた。「お父ちゃん、ロボコップみたいになってるよ！光よけろよ、端で話せよ、おい」と講義序盤からいてもたってもいられない状態であった。父は、5分間話してからようやく気づいた。スクリーンの端に移動した。

講義内容は、父の仕事の総まとめだった。父の業績は大きく二つ。一つは、和歌山大学にシステム工学部を作ったこと。従来の専門的学部ではなくて、様々な学問を包括した新しい工学部を作るのが目的だった。なので名称をシステム工学部とした。もう一つは、都市計画の研究。父は主に、環境調和型の都市計画を研究していた。その研究成果を活かし、環境保護条例の策定や、過疎化した地域の再開発に携わった。

父が何をしていたかよく知らなかったぼくは、このダイジェスト版ともいえる2時間の講義でざっと知ることができた。父があの頃ヨーロッパに行っていたのは、こういう仕事をしていたからか。よく電話がかかってくるあの人とは、こういう仕事をしていたのか。今改めて思うわけであった。

時間を10分残したところで講義は終わり、質疑応答になった。様々な人が様々な質問をする。父はそれにちゃんと答えたり、答えきれていなかったり。しかし、その質問は本当に疑問があってその答えを聞きたいといった質問ではなく、去りゆく父を祝福するための質問であった。場は幸せな空気に包まれていた。静かに講義を聴き、静かに立ち去るつもりであったが、ぼくも、質問をした。

「長男の日下慶太です。今日は東京からやってきました。今まで、おとんが(質問することがとても恥ずかしくて、その照れを隠すためについこう言ってしまった)一体何をしているのかよくわからんかったんですが、今日でよくわかりました。環境に調和した街作り、今ではよく響きますが、昔はただのきれいごとだったと思います。今、まさにそういうのを時代は求めています。

時代がおとんに追いつきましたね。ぼくは、広告代理店に勤めています。今の時代、企業も社会貢献活動に熱心で、そのような企画を求められる仕事も増えてきています。この昨今の企業の動きと自治体を結びつけてより効果的な環境保護活動をすることはできないでしょうか」

父はにこにこしながら質問を聴いていた。そして、マイクをとった。

「まあ、いろんな手をあれこれ使って、環境は守らなくてはいけませんね」

これで答えは終わりだった。何か続くかなと思ったが、何も出てこなかった。もっと気の利いた答えをしてほしかったが、致し方ない。質問の内容よりも、質問することに意味があった。答えの内容よりも、父が息子に答えることに意味があった。ちょうど終了の鐘が鳴った。息子のぼくの質問で退官講義が終わることになった。学生から花束が贈呈され、講義は締めくくられた。

講義が終わって、父の元へ挨拶に行った。父は本当に幸せそうだった。いろいろな人が父の元に集まっているので、ぼくは手短に挨拶をして帰った。

キャンパスを歩いているぼくは、ふわふわとしていた。この一日が、誰かが書いた筋書きにそって自分が行動していたかのようだった。親孝行の長男役を演じている別の自分がいるようだった。本来のぼくは照れ屋で、面倒くさがり屋で、決してこういうことはしない。過去のぼくなら、東京から和歌山まで来なかっただろう。万が一来たとしても、質問はしなかっただろう。ただ、妹が死んで思った。たくさんのよい思い出を抱えて死ねる人間こそが、幸せな人間ではなかろうかと。よき思い出がたくさんある人生こそが、すばらしき人生ではなかろうかと。であるから、父にとびきりの思い出を作ることにした。今日のワンシーンはきっと父の走馬灯に出てくるはずだ。

父の業績は偉大だったのだろうか。世の中に自慢できるものなのだろうか。有名な大学ではない。おそらく有名な教授でもなかった。きっと、それなりの業績を残して、仕事を終えることになる。自分の仕事に満足しているのか、それとも、まだやり残したことがあるのか、わからない。いつか聞いてみようと思う。でも、とりあえず今日は、長い間おつかれさま、家族を支えてくれてありがとう、ということにしよう。

◆決意

退官講義後は年金生活を送り、父と母は静かに暮らしていた。ようやく静かな老後が始まった。ぼくは東京で自分の家族とのんびりと過ごしていた。しかし、それも束の間だった。年明けすぐに父親が脳梗塞の再発で入院した。急ぎ東京から大阪の病院にかけつけた。父親は意識不明だった。急ぎ手術が必要であった。頭蓋骨を切開する大きな手術だった。正月の病院の待合室でずっと待っていた。幸せはまたどこかに行ってしまった。

手術は無事成功した。しかし、意識が朦朧《もうろう》としていた。このままの状態であったらどうしようと一人思いつめていたが、日を追うごとに意識ははっきりしてきた。やがて前の父に戻った。しかし、左半身に麻痺が残ったのでリハビリの病院へと転院しなくてはならなかった。そこで父はしばらくリハビリを重ねた。父の面倒と、妹を失ったショックからまだ立ち直れない母の面倒を見るためにまた大阪にしばらく滞在した。実家と妻の実家を往復し、父の回復が見えたところで、ぼくは持病の定期診断があったので東京に戻った。

病院へ行こうと、住宅街の中にある細い道を歩いているときだった。電線が大きく揺れていた。近くで電柱の工事をしているからかと思ったが、作業員たちが「逃げろ」と叫んでいた。地面が大きく揺れていた。動くのは危ないとじっと立っていると「電柱の近くは危ない！　逃げろ！」と作業員がぼくに向かって叫んだ。全力で走って住宅地を走り抜けた。ふわふわとスポンジの上を走っているようだった。しばらくすると地面の感覚が戻ってきた。何が起こったのかケータイで調べた。地震だった。

揺れが収まったので歩いて病院に向かった。病院に到着すると待合室にあるテレビをみんなが見ていた。黒い液体が畑を遡り、車を呑み込んでいった。津波の映像だった。震源地は宮城県沖だった。宮城であるのに東京でこれほど揺れる。地震の大きさにぞっとした。診察は地震にもかかわらず休みはしなかった。受付を済ませ、今まさに採血をしようとするときにまた大きく揺れた。阪神大震災の余震を思い出した。

妻と子どもは横浜の友人のところにいた。無事だったが交通機関が止まっていた。その日には帰ることができなかった。友人宅に宿泊し、翌日に戻ってきた。

阪神大震災は余震でさらに被害が拡大した。このまま東京にいると危ないと判断した。飛行機を予約し、地震の翌日に飛行機で大阪に戻った。

ぼくは自分の実家へ、妻は妻の実家へ帰った。実家で毎日テレビを見ていた。原発の建屋が爆発した。「ただちに影響はありません」と作業服の大臣が言った。SPEEDIの情報はすぐに隠蔽された。年間の被曝限度が1ミリシーベルトから20ミリシーベルトに都合よく引き上げられた。放射性瓦礫は地方に拡散していった。総理大臣が菅から野田に変わって収束宣言をした。一体、何が収束したのだろう。真実はどこにいったのだろう。テレビは何も大事なことを報道しなかった。怒りがふつふつと湧いてきた。十代の頃のように社会に対して怒っていた。ブルーハーツのファーストアルバムを毎日聴けるほどに。その怒りを行動にしようと生まれて初めてデモに行った。中年たちの時代遅れのシュプレヒコールと、若者たちが爆音を出すサウンドデモの間に挟まれて違和感を感じただけだった。否定だけでは何も生まれない。

ぼくはこんな時代に何をすればいいのだろう。信頼を失ったマスメディアという器に広告を載せたとて何になる。徒《いたずら》に消費を煽って何になる。震災と原発の事故は現代社会への警鐘のように思えた。今まで通り広告を作れる気がしなかった。

死は遠くにはない。割と近くにある。見えはしないが隣町にまで来ていた。ぼくには時間が残されていない。無駄なことをしている時間はない。何かをしなくてはならない。

第四章 人生の逆襲

◆新しい世界

仕事に戻るときが来た。とはいえ、いきなり制作の現場に戻るのは難しい。まずは、仕事の少ないクリエーティブ局の総務課に戻ることとなった。ぼくは関西支社の東京駐在という形で仕事をしていた。東京には東京本社の総務課はあったが関西支社の総務課はなかった。5年間住んだ東京を離れ、大阪へ戻ることとなった。

はじめは会社に慣れることが第一ということで、仕事はなかった。会社にきちんと通うことが目的であった。午前中まで会社にいる。次は15時まで、17時半までとゆっくりと会社生活に慣れていくプログラムであった。会社に行っているものの仕事は何もない。いたって暇であった。

近所を散歩しては写真を撮ったり、本を読んだり、子どもと遊んだりという日々を過ごした。大阪もしばらくしないうちに変わっていた。何かおもしろいものが落ちてやしないかと、大阪をブラブラした。味園ビルにちょくちょく出かけた。かつてFLOWER OF LIFEをオーガナイズしていたコロちゃんとガチオくんたちが、COSMIC LABというチームを作り、味園ビルの1階にギャラリーをオープンさせた。そこで薬師丸郁夫という画家の『こちら天国』という展示があったので見に行った。曼荼羅のような、天国のような極彩色の絵が飾られている。その中でひときわ大きく壁一面に飾られている絵を見て、「うぉー、こりゃすごいわ！　大変やわ」と一人で大きな声を出している男がいた。手と足が長い、身長は190センチぐらいだろうか、長いヒゲで頭に緑色のターバンを巻いていた。何かの教祖のようだった。

　ギャラリーで久しぶりに会った友人と話していると
「いやあ、すごい絵ですなあ」と先ほどのヒゲの男が話しかけてきた。

「そうですねえ。なんか絵の前でいろいろ言うてましたね」

「わし、絵描きなんですわ。すごい書き込みで書くの想像しただけでしんどなって」

「そんなに大変ですか、これ」

「すごいですわ。わし、名前はコタケマンといいます」

「『マン』ってなんですか。ぼくはクサカといいます」

「何やってはるんですか？」

「コピーライターです。あと、写真もやってます」

「コピーライターやったらお祭りのキャッチコピー、何がいいですかね？　新世界の商店街で『セルフ祭』というお祭りをやるんです」

　怪しい手書きのチラシを出してきた。ダメ人間のバザーのチラシのようであった。ぼくは少し考えて
「新新世界とかどないでしょ」と答えた。

「それええですな。参加者も募集してるので、よかったら出ませんか？　写真でも何でもええですし」

　チラシが怪しすぎた。いいことは何もなさそうだった。参加は一度現地を見に行ってから判断

させてほしいと言って別れた。8割ほど断るつもりであった。しかし、新世界という場所は気になった。東京にいた頃、大阪に戻るたびに釜ヶ崎を訪れていた。釜ヶ崎は日雇い労働者の街である。昼間から路上で酒を飲んで、そのまま泥酔して路上で寝ている人がたくさんいた。電柱に話しかけているおっさんがいた。ぬいぐるみを並べて割り箸を指揮棒のように振っているおっさんがいた。歩けば何かにぶちあたった。無機質な東京で暮らしていると、有機的すぎて香ばしい、インドのような釜ヶ崎に生命力と慰みをもらっていた。「あ、人生別にがんばらんでもええか」と。釜ヶ崎の隣に新世界がある。串カツ、将棋、昼間からいる酔っ払い、通天閣。釜ヶ崎のおっちゃんたちの歓楽地でもある。大阪ディープサウスでの祭りは気にはなった。

一応、現地を見てから判断しようと会場の新世界市場へと足を運んだ。通天閣へ向かってまっすぐに伸びた通天閣本通りから脇に入った、全長100メートルほどの小さな商店街だった。行くとコタケマンがいた。この商店街であれば、どこでも展示をしていいとのことだった。商店街を歩いた。シャッターは半分ほど閉まっていた。何か動物のきつい臭いがする。野良猫が住み着いてその糞が臭いを発していた。アーケードはビニールか何かでできていた。もともと白かったのだろうが今は黄ばんでいた。光が黄色いビニールを通して商店街に入っていた。光は黄色くなり、ただでさえ懐かしい昭和の商店街の風景がセピア色になっていた。

セルフ祭の事務所とされている場所に案内された。『イマジネーション　ピカスペース』という看板がかかっていた。入口には写真が飾ってあった。中心にオノヨーコがいて、その両脇にははっちゃけた女の子が一人ずつ立ち笑っている。その女の子二人組は関西で有名なインディーズバンド『あふりらんぽ』。あふりらんぽのメンバーの一人は、ピカ。だから、ピカスペースだと思っていたら、どうやらたまたまそういう名前のお店であったそうだ。中には別のスタッフがいた。坊主頭にキャップをかぶった小さくて機敏そうな男と、背が高くフラワーロックのようにヒョロヒョロと落ち着きのない男がいた。坊主の男は見た目が貧乏そうだが社長と言われていた。自身、池田社長と名乗っていた。ひょろひょろとした男は気仙沼はるき。本名は熊谷春樹、出身が気仙沼なのでこう名乗っている。展示をどの場所ですればいいかなどと、事務的な話をするつもりが、気仙沼という名前から震災の話になり話し込んでしまった。みんな震災を機に、大阪に移ってきたとのことだった。気づいたら1時間ほど話していた。不思議と馬が合った。セルフ祭、やってみるのもおもしろいかもしれない。写真を出すことにした。

祭りの3日前、展示の準備に現地に行くと、たくさんのスタッフが祭りの準備をしていた。空き店舗の荷物を出し、アーケード中に飾り付けをし、掃除をしている。みんな真剣である。チラシはふざけていたが準備はしっかりとしていた。

自身も展示の準備をした。その年は通天閣が百周年ということで、寝ている人ばかりの写真をB3サイズに100枚ほどプリントアウトし、それを閉店した写真店の前のシャッターに掲出するという皮肉な展示をした。商店街全体も目玉など奇妙なオブジェで飾り付けられていた。貧乏な悪夢のようになっていた。決して友人を呼びたくはなかった。

セルフ祭の当日を迎えた。人はどうせ来ないだろうと思っていたのだが、案外人が流れてきた。写真のところで立ち止まり、ほくそ笑む人も結構いた。何回か写真をギャラリーで展示はしたこ

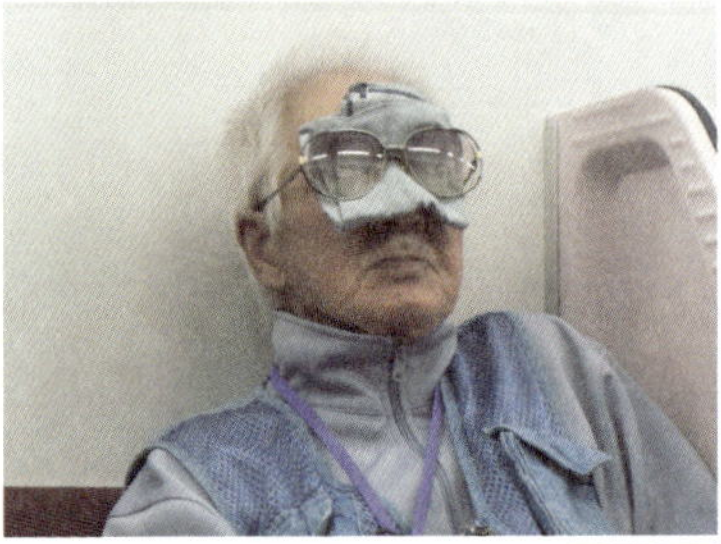

以上!!

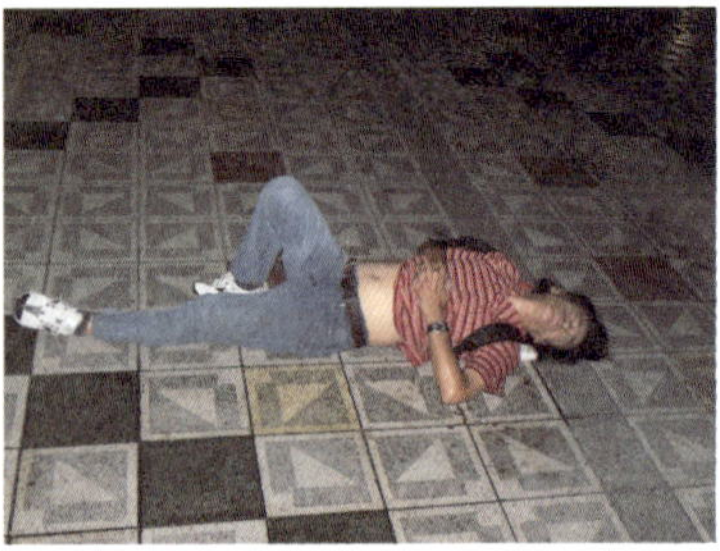

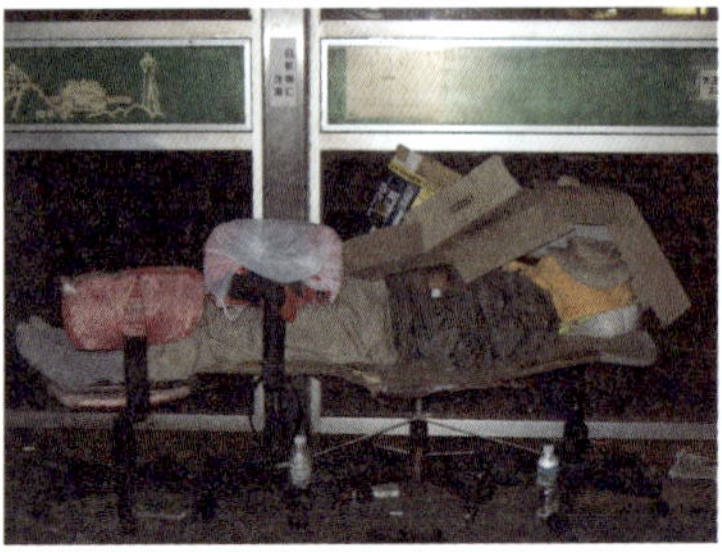

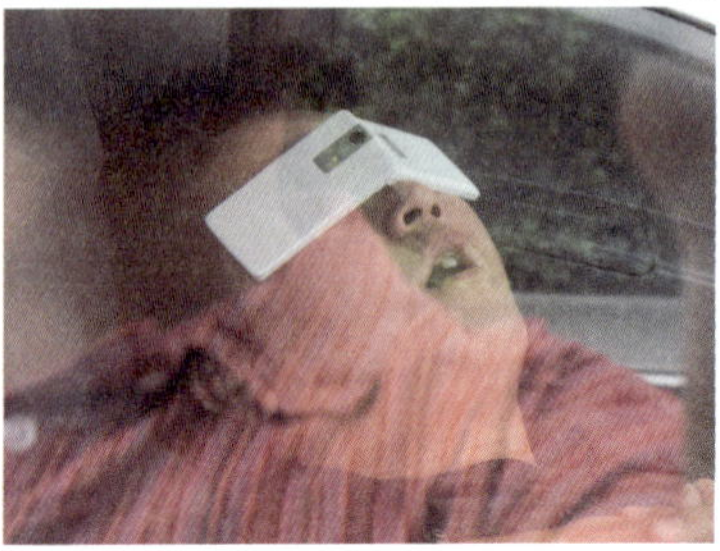

とがある。ギャラリーでは照明などの設備はきちんとあり、写真をきちんと見せることができるのだが、来る客は写真に興味があるか、友人知人かの、特定の人である。今回はほぼ路上で展示をしているようなものなので、写真にまったく興味のない通りがかりの老若男女が写真を見る。その人たちのリアクションは非常に新鮮である。

ぼくの写真よりも写真の上を見上げている人が多かった。アーケードの天井から巨大なミノムシがぶら下がっているのだ。蓑は本当の木で作られていて、中に人が入っていてずっとiPhoneをいじりながら人を見下ろしている。角野晃司の『蓑虫なう』というパフォーマンスであった。

商店街のアーケードにはミノムシ以外にも目玉や脳みそや卵などが飾り付けられていた。商店街の入口には巨大な自由の女神の頭部が転がっていた。商店街の空地には、銭湯にある富士山の絵のようなものが飾られていた。絵の前に風呂桶が置かれていた。権田直博の『風呂ンティア』という作品だった。風呂桶の中は水であるにもかかわらず通りがかりのおっさんが裸になって入浴を始めた。ホームレス詩人と名乗るおっさんが詩を朗読したと思ったらすぐに観衆にCDを売りつけ回っていた。ピカスペースからいきなりあふらんぽのピカちゃんがドラムを抱えて飛び出してきた。雄叫びをあげながらドラムを叩きまくりライブが始まった。ライブを見る観客で商店街はごったがえし、その上にはミノムシがぶら下がっている。ライブが終わるとピカちゃんはハリボテの巨大な腕に乗せられた。20人ぐらいの男たちが腕を担ぎ、商店街を飛び出して、通天閣の下をくぐり、メインストリートを歩き、づぼらやの巨大なフグの立体看板の下をくぐり、新世界の街をぐるぐると回って、途中に串カツ屋の客引きや通りがかりのおっさんも乗せ、最後にはなぜかパンダを乗せて帰ってきた。世界は混沌とし、ポップな化学反応が次々に生まれた。新世界は新新世界だった。エネルギーが渦巻いていた。客もアーティストも祭りを楽しみ、商店街は賑やかだった。しかし、商店街の店主たちの顔は曇っていた。迷惑そうに若者を見ていた。商店主と若者たちとが話しているシーンはあまり見られなかった。商店主と若者たちの繋がりは特になく、商店街で若者がただ馬鹿騒ぎをしているといった感じであった。

祭り2日目の夜、スタッフたちが集まった。みんな同じことを感じていた。もっと商店主たちとコミュニケーションをとろうと、各自が店主たちに声をかけ、気遣いを心がけた。池田社長がお店の看板を作ろうと言った。ぼくがコピーライターだから看板の文言を書いてほしいと言われたが、自身の展示の修正で手がいっぱいだった。何より広告のこと、仕事のことをここには持ち込みたくなかったので断った。結局、池田社長が段ボールに手書きで看板をこしらえた。

ホット
ホット
店内でパンを焼いています

最終日にあれこれと手を打ったものの時すでに遅し。店の売り上げは伸びず、商店主たちと若者たちとの交流もごく一部だった。新世界の街をパレードしたこともこっぴどく怒られた。無許可だったからだ。パレードに許可がいるとこの時初めて知った。結局、商店主たちにとって新世界市場で若者が乱痴気騒ぎをしたといった印象が強く残った。しかしながら、参加した人間はみんなめいめい楽しんでいた。何より、そこにあった熱量は高かった。

次回のセルフ祭は2ヶ月後の2012年7月28日(なにわの日)、29日にまた新世界市場で行われることが決まっていた。ぼくとセルフ祭のスタッフは何かと気が合った。メインメンバーに入ってほしいと頼まれた。セルフ祭の一員として参加することとなった。ぼくはセルフ祭顧問という役職になった。ただ、このまま次の祭りを迎えてよいわけはなかった。

◆祭りおこして街おこす

みんなそれぞれが街のために何かをしようと動き出した。事務所として祭りまでに借りていた場所に、はるき、社長、ハンの震災後に大阪に移住してきた3人が住み込んだ。はるきは気仙沼出身だ。7人兄弟の5人目。生まれてすぐに父親が病気になって半身不随になり、母親一人が苦労して育てた。仙台でやんちゃな青春時代を過ごし、インドを旅し、陶芸家になろうと浜松の山に2年籠もってから、震災があったので郷里に帰った。そこで沿岸パトロール隊として、人間とそれ以外のものなどをいろいろと見たあげくに、鈴鹿の工場勤務時代に知り合った友人コタケマ

ンに祭りをやろうと誘われて大阪に来た。池田社長は東京出身のミュージシャンだ。田舎の福島が原発事故で被害を受けたのがきっかけで、何かしなくてはと動き出しているときに、大阪出身の彼女と知り合い、付き合うことになって大阪に移住してきた。大阪に来るなりすぐに彼女にふられて住む場所を失っていた。ハンは北海道の苫小牧出身だ。片思いの女性を追って札幌に出てきたが、恋に破れて盛岡に行き、心の病で1年ほど入院したあと、札幌に戻ってスモークサンド屋を開いた。そこはOLが毎日並ぶほどの人気店となったが、店舗が掘っ建て小屋であったため、北海道の冬を越すことができなかった。新たな店舗を構えるという選択肢もあったが「映画監督になる」と店をたたみ、その後東京で数年を過ごした。好きな女ができた。ハンが一方的に好きな女だ。その彼女がスペインに移住した。彼女を追って何度もスペインに行った。消費者金融に金を借りてまでスペインに行った。しかし恋は報われなかった。借金だけが残った。京都に移り住んだ。なじ

めなかった。そして、大阪の西成に流れ着いた。結局、映画はほとんど作っていない。迷える39歳であった。自身のことをメディアプロデューサーと名乗っている。

3人が住む部屋は古い木造の家屋で風呂もシャワーもなかった。家賃は2万5千円と破格だった。大家の松本さんが商店街を活気づけてくれるならと安く貸してくれたのだ。野良猫の住処となっており、野良猫についたノミが繁殖した。はるきはノミに全身を咬まれてそのあとはなかなか消えなかった。何かの皮膚病のようになっていた。あまりに回復が遅く、ずっとかゆいので自分はエイズではないかと疑い、検査に行った。陰性であった。

商店街に住み込んだ3人は、掃除をしたり、配達を手伝ったり、雨漏りの修繕をしたりと、商店街の便利屋として活躍し、信頼を獲得していった。もちろん、今まで通り朝まで酒を飲んで、どうでもいいことを話していた。毎日、ピカスペースにはどこかから奇妙な人間がやってきて、ポップで陽気な化学反応が起こり、何かが生まれた。セルフ祭の準備も進めた。商店主たちと一緒に何かを作ろうと、お店と新しい商品を開発するプロジェクトもいくつか走り始めた。

ぼくには会社があった。みんなのようにベッタリと商店街にいることはできなかった。掃除や配達も一緒にできなかった。自身にできることは何かと考えた。それは広告の技術を使った何かであった。セルフ祭は再出発が必要であった。一体、どこへ向かうのか。何をするのか、何がしたいのか。そこでコピーライターの出番である。セルフ祭にはロゴがなかった。キャッチフレーズもなかった。それを作るべき時だ。「祭りおこして街おこす」とキャッチフレーズを定めた。そう、祭りで街をおこそう、ただバカ騒ぎだけしていてもいけないのだ。何より、祭りというものは街をおこすためのものでもある。

もう一つ自分ができることを思いついた。それはお店のポスターを作ることだった。池田社長が祭りの最終日に作った手書きの看板は、文字は殴り書きで、言葉も適当だった。そんな看板を商店街のおばあちゃんが大事そうにとっていた。きちんとポスターとして作るのはあるかもしれない。それは、ぼくがコピーライターとしてたくさんのポスターを作ってきたからこそできることだ。しかし、そのときはただそう思っただけである。一人でたくさんのポスターを制作するのは大変である。

ぼくは会社で若手の教育を担当していた。総務課ということもあって、新人の研修の面倒を見たり、社員全体の研修を企画していた。若手に手伝ってもらうのはいいかもしれない。彼らにとって自由にポスターを作るのはいい学びになる。有名クリエーターの話を座って聞くのもいいが、自分で作るのがいちばん勉強になる。何より、若手にはなかなか自由に表現できる仕事がない。普段の仕事は、クライアント、上司、先輩、予算など様々な制約がある。若手には何かおもしろいことをしたい、賞を獲りたいという、欲求不満が大いに溜まっているのを感じていた。事実、ぼくが若手のときがそうだった。しかも、商店街の店舗は15店舗もある。一部ではなくたくさんの若手がポスターを制作できる。これは名案である。しかし、まったくお金にはならない。ひなびた商店街からお金がもらえるわけがない。ボランティアの仕事とならざるをえない。会社自体が儲からない仕事にOKしてくれるのだろうか。さらに、これをやることで自分の仕事が大きく増える。自身の体調にはまだ不安がある。飲んでいる薬の量もまだ多い。何よりセルフ祭や写真という自身のプライベートな領域を会社の仕事で侵食してしまうことになる。やるか、やらないか、悩みに悩んだ。仕事と関係なくこのまま馬鹿騒ぎをしていればいいのではないか、と。神社にお参りして尋ねてみたりもした。「やってみなはれ」と神様は言った気がした。

◆おもろいポスター

上司や会社が止めてくれることを望んでいたかもしれない。上司の餅原さんに相談してみると「それ、おもろいやんか」とあっさりＯＫが出た。もう後には引き下がれない。やるしかない。ただ、若手が参加するかどうかはわからない。ボランティアの一環なので参加を強制することはできない。人が集まるか大いに不安だった。みんなに「やる？」とおそるおそる尋ねると、ほとんどの若手が「やります！」と手を挙げてくれた。

やると決めたからにはきちんとやらなければいけない。若手の気持ちを裏切ってはいけない。若手にしっかりと自由な制作の場を提供できるようにぼくはルールを定めた。

①おもしろいものを作ること。
②お店にきちんと向き合うこと。
③自分たちが好きなもののみ制作すること。
④プレゼンはなし。できあがったものをそのまま納品。

⑤店主が気に入らなかったとしても必ず展示すること。
⑥コピーライター1名とデザイナー1名の二人1組のチームとすること。
⑦他者の力は使わない。すべて自分たちで制作。
⑧広告賞に応募できるよう5作品は作ること。

①は当たり前のことだった。こんなケースでおもしろくないものを作っても意味はない。おもしろくない場合はやり直してもらった。すぐに案が決まるチームもあれば、何度案を出しても決まらないチームもあった。

②は広告の基本中の基本である。対象ときちんと向き合うこと。店へ取材に足を運んで、自分の目で確かめて、そこからポスターを作るよう徹底した。店に行かずにポスターを作るなど以ての外だ。どの店でもできる表現や、お店と関係のないおもしろさはNGとした。

③④⑤は非常にラディカルなルールである。広告業界ではまったくもってありえない。普段の広告の仕事では広告主から依頼内容の説明（オリエンテーション）を聞いてから、こちらで企画をし、数案をプレゼンする。そこでスムーズにいけば1案が選ばれる。選ばれない場合は新しい案を考えてまた提案する。選ばれても「この方向でもう少し考えてくれませんか」とざっくりとした方向だけが採用されてまた再提案をしなくてはならない場合もある。何度かプレゼンを重ねて、「これで行きましょう」と担当者のＯＫをもらう。今度は課長や部長など担当者の上司にプレゼンをすることになる。大きな組織ほど役職も多い。上司への確認の回数が多くなる。「ぼくは

いいと思ってたんですけどねー、ダメでしたね」と上司に却下されることも多い。部長クラスでOKをもらう。今度は役員にプレゼンする。「私はこれがいいと思うんだがねー、社長はどう思うだろうか」とまたここで議論が行ったり来たりすることもある。めでたく社長にプレゼンしても「わしはわからん」の一言で積み上げたものが一気にひっくり返ることもある。すべての決裁を終え、めでたく1案が決まるのに大変な労力を要するのである。決定したとしても、それはまだあくまでも案だ。その案を元に実際の形にしていく。ポスター用の撮影をしたり、CMやウェブ動画用の撮影を進めていく。撮影したものをレイアウトしたり、編集したりして、最後に作品ができあがる。また広告主に確認をする。確認の手順の踏み方は案のときと変わらず何度もある。ここで修正がある場合も大いにある。何度かのやりとりを経て最後にめでたく完成となる。であるからして、プレゼンがないというのはありえない。途中の確認がないというのもありえない。しかも、広告主が気に入らなかったとしても掲出しなくてはいけないというのもありえない。こんなありえないルールを作れたのは、ここにはお金が発生しないボランティアだからできたことであった。「お金はいただきません、その代わり好きにポスターを作らせてもらいます」というわけである。

広告の停滞、ひいては、日本自体の停滞が「確認」にあるとぼくは考えていた。何度も何度も確認をしながら物事を進めていく。石橋を叩いて叩いて叩いた末に叩きすぎて壊れる。石橋を叩いて渡れることを確認したのに、それを信用せずに結局渡らない。石橋を叩いて渡ったら、また石橋が出てくる。修正や通すための準備で時間とエネルギーを浪費していく。スピードも落ちていく。たくさんの確認と修正を経たあとのものは、最初の意図とは違ったわけのわからないモノになる。広告制作では「作る」以外に「通す」ことに大きなエネルギーを費やす。先輩、上司、別の部署などの社内の人間や、広告主に案を「通す」という作業だ。「作る：通す＝5：5」ならいいほうだ。場合によっては3：7、2：8のときもある。一方、他のジャンルのクリエーターたちは7：3であったり、8：2であったりする。個人でものづくりが完結しているアーティストであれば10：0である場合もある。作るほうに時間をかけている人間に広告制作者たちが勝てるわけがない。世の中の人にとっては作品はすべて平等である。映画も小説も漫画も広告も同じ舞台に立っている。「これは広告の中でおもしろい」とは普通の人は判断しない。すべてのコンテンツが広告のライバルである。そんな状況で通すことに時間をかけていて勝てるわけがない。ぼくが入社以来ずっと広告に感じていた危機意識だ。

今回、参加者たちに「作る：通す＝10：0」という環境を用意した。作るポスターの内容よりも、参加者が自由に表現できるような環境を作ることに細心の注意を払った。ぼくが若手の頃、自由に作れと言われて結局自由でなかったことが多々あった。だからこそぼくは自由を守らなくてはならない。ぼくたちが制限なくクリエーティビティを発揮できる仕事はなかなかない。思いきり自由に作ることができる舞台を丁寧に作った。「おもろいもん作れる、ひゃっほー」という若手から「これですべったら何も言い訳できない」と恐怖心とプレッシャーの元で制作を進める若手もいた。普段の仕事は、クライアントの修正が入ったから、タレントがいろいろ言ってきたから、上司の指示が入ったから、先輩の案だったから、予算が少なかったから、と言い訳ができる。

今回はすべてが自分の責任である。言い訳の理由がなかった。
⑥はよりよいチーム作りのためのルールである。ことば担当のコピーライターとヴィジュアル担当のデザイナー、このペアがバランスがよく無駄がない。少人数なので自分たちの作品にしかなりえない。責任感も強くなる。
⑦はお金がなくてほかの人に頼めないという事情が第一だが、すべてを自分たちの手で完結して作ってほしいという思いもあった。広告はよくも悪くも分業化が進んでいて、複数人で作ることがほとんどだ。たくさんの人間が作っていると誰が作っているかよくわからなくなる。あえて、ここはすべて自分の手で作ることで「自分の作品」という感覚を持ってほしかった。
⑧は広告賞を念頭に置いた。若手コピーライターが誰もが目指す、東京コピーライターズクラブの新人賞は5作品の提出が賞獲得のルールとなっていた。どうせおもしろいものを作るのだったら、賞を目指すほうがいい。賞がすべての目的となってはいけない。しかし、賞を獲得することは、若手に自信を与え、リラックスさせ、さらによりよい仕事へと向かわせる。
ルールを若手と商店主に共有し、自分の担当したい店を作り手に選んでもらい、Aチームは和菓子屋担当、Bチームはお茶屋担当というように、チームごとに担当を決めた。恐怖心からか、創作の喜びからか、みんな普段の仕事より力が入っているのではと思うほどに丹精を込めてポスターを作っていた。手を抜く人間は一人もいなかった。

生田綿店を担当した当時2年目のコピーライター、永井史子は、何度も何度も店に通い、ジャーナリストのようにおばあちゃんの話を聞き出した。そのおばあちゃんのコメントに少し演出を加えてポスターにした。お金がないこともあって写真はぼくが撮った。デザイナーの河野愛はその写真と言葉をデザインした。よりお店の個性が出るようにと「生田綿店」のロゴをお店の糸を使って縫い付けた。その刺繍の技術は河野が普段アーティストとして作っている作品の技術を使ったものだった。

澤野工房の澤野さんは履物屋をしながら、趣味が高じてオリジナルのジャズレーベルを立ち上げたという異色の経歴であり、知る人ぞ知る関西の名物おじさんである。新世界市場の会長でもある。担当するコピーライターにはジャズシンガーである山口有紀をあてた。澤野さんのスピリットを表す一言を見事ポスターに仕立て上げた。

肌着店を担当した熟練コピーライターの細田チームは電話1本で配達するというところをベテランらしく上手に仕上げた。

お茶の大北軒のポスターは若手の松下康祐・瀧上陽一が担当した。若気の至りなのだろうか、もうわけがわからない。こんなことは普段の仕事ではできない。ここまで意味のないものを作ることができるのは、お金が発生していないからでもある。

各自が商店主に丁寧に取材を重ね、その中できらりと光るセリフをキャッチコピーにし、カメラマンに頼むお金もないのでだいたいが自分たちで撮影し、粘り強くMacに向かい合って細部まで丁寧にデザインをした。スタートからおよそ1ヶ月半、ポスターは完成した。みんながギリギリまで少しでもおもしろくなるようにと作業を詰めた。

商店街で待つ店主に制作者自ら持っていった。不安そうだった商店主の顔はポスターを見るな

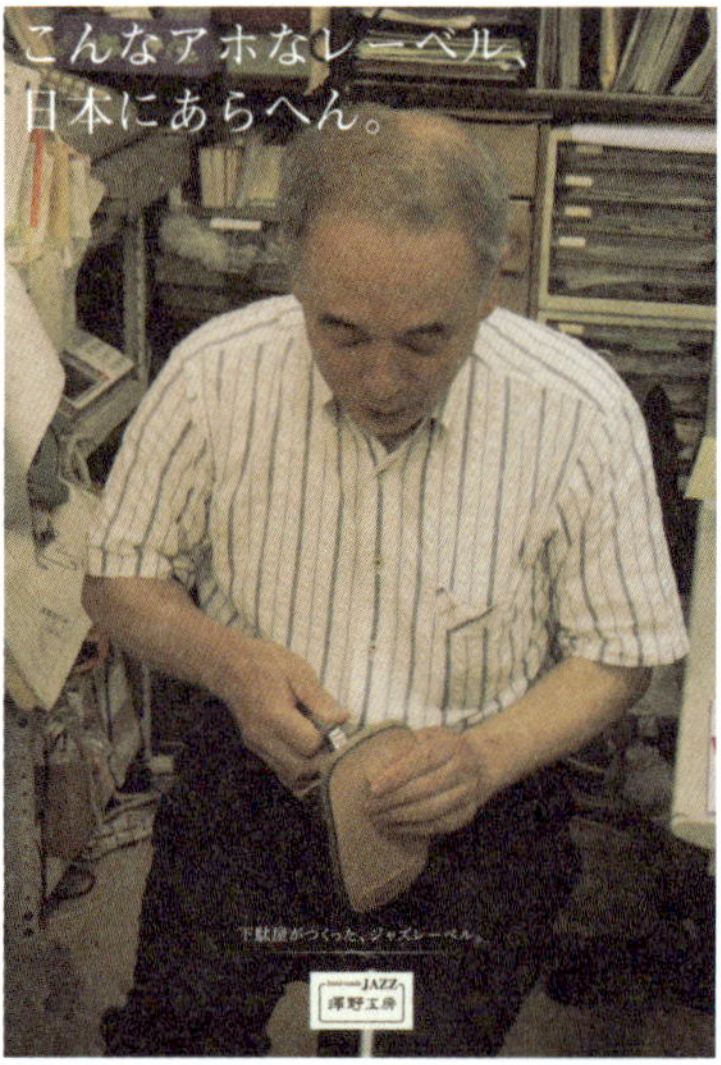
こんなアホなレーベル、
日本にあらへん。
下駄屋がつくった、ジャズレーベル。
JAZZ
澤野工房

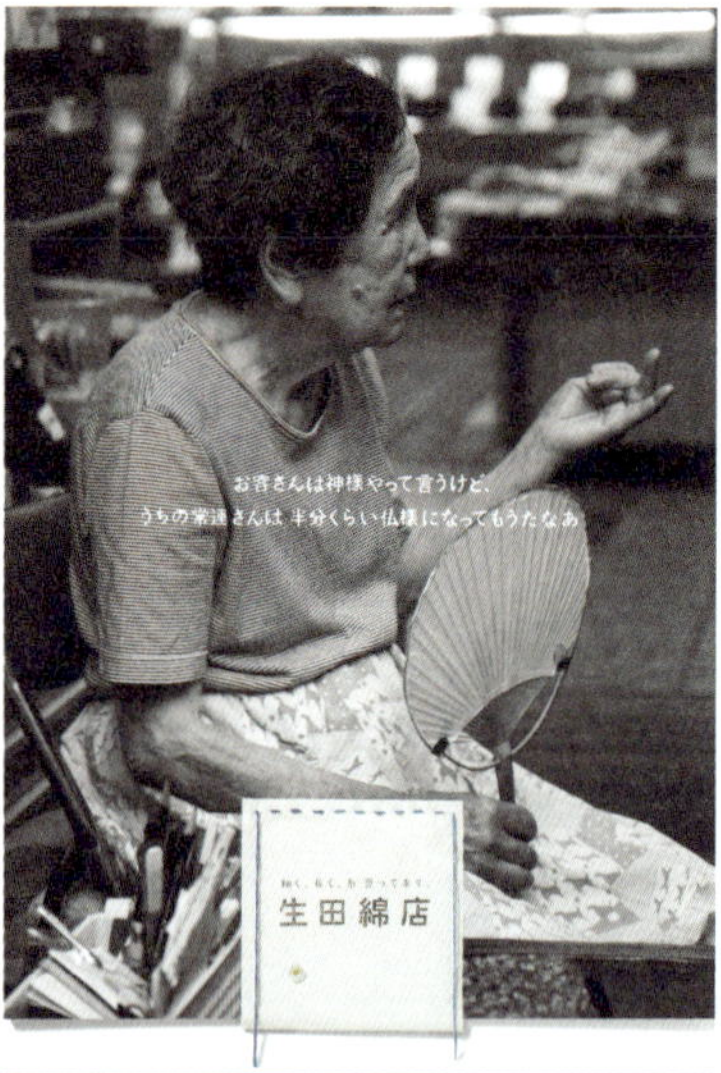
お客さんは神様やって言うけど、
うちの常連さんは 半分くらい仏様になってもうたなあ
生田綿店

おっ茶ん。
お茶の大北軒
大北軒

ご近所の女のカラダを
知り尽くしている男。
電話1本でぴったりサイズを配達します。
生田商店

りたちまち明るくなった。

「こんなん作ってくれて、ほんまありがとう」

「もったいなくて張られへん」

　みんな生まれたばかりの初孫を見るかのような目でポスターを見つめた。ポスターがこれから手渡される店主たちはまだかまだかとそわそわしていた。他の店に、渡されたポスターを覗き見て「ええなあ、ええなあ」とやきもきしていた。最後に渡したお茶屋の大北さんは「ずっと大事にする。家宝にするわ」と言った。

「プレゼンはプレゼント」とよく言われる。今までぼくも何度かプレゼントをしてきた。しかし、ここまで喜んでもらえたプレゼントは渡せなかった。渡しているシーンにお目にかかったこともなかった。婚約指輪を渡しているかのようだった。渡されるごとに幸せが伝染して自然と目が潤んできた。

　ポスターはセルフ祭のメンバー、ハルキとハ

ンがポスターの隅に針金を通して、竹棒にくくりつけるという原始的手法で設置された。ワイルドな掲出も普段の広告ではありえないことだ。

第2回セルフ祭が開かれた7月28日、29日に新世界市場で、15店舗56種類のポスターを展示した。アーケードにはコタケマンの作った目玉のビーチボールや、破けたはらわたから出てきた腸のようなものやその他のアーティストの作品と、広告クリエーターが制作したポスターがともに並んでいた。ファインアートと、商業アート、同じアートでありながら、お互いが排斥し合う水と油のようなものが、混ざり合っていた。こんな風景、こんな展示は今まで見たことがなかった。長い登山のあと頂上に広がる風景のようだった。一つの境地に到達したからこそ見える景色が商店街に広がっていた。

店のために作ったものはポスターだけではなかった。アーティストが靴下屋の在庫の靴下にワンポイントの刺繍を入れて販売したり、コロッケの廃油から石鹸を作りそれを串カツのように刺して販売したり、奇妙なかぶりものをした女の子がマスコットキャラのようにお店の商品を売り歩いたりと、それぞれが自由に表現をしつつも、お店のために行動した。若者たちはのびのびと表現し、時には店主と交流した。店主たちも温かく若者たちを見守った。１回目にはなかった一体感があった。

祭りが終わった数日後、商店主たちとセルフ祭のメンバーで第2回のセルフ祭を振り返った。商店主たちは大喜びだった。ポスターもよかった。アーティストもよかった。店の売り上げもちょっと伸びた。セルフ祭は大成功だった。商店主たちにとって、ぼくたちは「なんやわけのわからん若者」だったが、「こいつら信じてええんとちゃうか」と思ってもらえたわけである。「寝た子を起こすな」とばかりに受け身だった商店主たちは「あれはたのしかった」「昔、こんなんしてん」「こんなんしたらええんちゃうか」と冬眠から覚めたように積極的に発言するようになった。商店街の風向きが変わった。会議の最後に改めて商店街の会長の澤野さんからこう言われた。

「ポスターはずっと残しといてほしいねん」

ぼくはもちろん首を縦に振った。もともと残ることを前提に作ってはいた。イベントが終わったら寂しい商店街に戻ってしまう。しかし、残るものを作れば、ずっとそこに存在する。商店街を応援し続けることができる。ただ、残すかどうかは店主たちが判断することだ。祭りが終わったらポスターは撤去される可能性もあった。だから「残る」ということは本当にうれしかった。

「今度、ポスター展したいねん。空き店舗をギャラリーに改装してええよ」

商店主たちが初めて強い意思を表示した。ポスター展示のための場所を無料で提供してもらえることとなった。

ポスター展の日程は11月下旬からとなった。まだ4ヶ月ほどあった。まずは、セルフ祭のみんなで空き店舗の改装を始めた。しばらく時が止まったままの汚い空き店舗を清掃した。たくさんの荷物、棚、数十年浸けられた果てに干涸びた梅干しなどを撤去した。庭師の大ちゃんが大量の泥を持ってきて、みんなでベニヤの壁に漆喰のように塗り広げた。丁寧に丁寧に塗り重ね、土壁ができた。ポスター展スタートの3日前に改装は完成し、『いちばギャラリー』と名付けた。電通スタッフも新作ポスターを制作し、18店舗、前作56枚新作73枚計129枚のポスターができあがった。いちばギャラリーと商店街のアーケード中にそれを展示した。まるで、商店街全体がギャラリーのようであった。『新世界市場ポスター展』のスタートである。

新世界は通天閣などがありもともと人は多かった。しかし、脇道にある新世界市場には人は流れてこなかった。ポスターがあることで人が少しずつ流れてくるようになった。観光客がケータイでポスターの写真を撮った。おっさんが自転車を急にストップさせてポスターを見上げた。仕事途中のサラリーマンがくすりと笑っていた。少年がポスターと店主を見比べていた。ポスターは好評だった。「お客さん、よう写真撮ってはるわ」と店主たちにも評判であった。ギャラリーにもぽつぽつと人は訪れ始めた。セルフ祭のメインメンバーの紅一点、オカちゃんがギャラリーの店番をした。来た人にチャイなどを振る舞った。中にはコタツがあり、ポスターを見て疲れたあとはチャイとコタツで温まった。新世界の片隅にあたたかい場所ができた。

予算はなかったので、大きな告知はできなかった。しかし自然に口コミで話題になっていった。雑誌社のライターが何気なくここを通っているとポスターを発見した。紹介したいと記事にしてくれたり、たまたま通った新聞社のカメラマンが記事にしてくれたりと、徐々に話題になっていった。テレビ局も取材に来た。「ポスターがおもろい商店街」として夕方のニュースで放送された。その報道を見た他のテレビ局がまたやってきた。NHKラジオの生中継も入った。商店街会長の澤野さんが緊

乾物 食料品
法亀商店
山田商店
しばくぞ。
買わんでええから見にきてや
新世界市場
ポスター展
〜シャッター商店街復興のために電通の若手クリエイターたちが制作した１２０点のポスター展〜
2012.11.23 fri - 2013.1.13 sun
新世界市場＆いちばギャラリー

張しながらラジオで語った。

ポスター展は思った以上に反響が大きかった。まずはポスターそのものがおもしろかった。制約がない分、表現を研ぎ澄ますことができた。商店街の斜陽を自ら笑い飛ばす自虐的な表現、タレントやモデルではなく、決して美男美女ではない市井の人々がポスターの主役になっていることなど、街で見かけるポスターとは明らかに一線を画していた。ライブでステージ上のミュージシャンが楽しそうに演奏していると、オーディエンスも楽しくなるように、作り手が楽しんでポスターを作っているのが見る人に伝わっていることもあるのかもしれない。ポスターの近くにそのモデルになった店主がいるというのもまた独特の魅力となった。ポスターと店主を見比べる。ポスターの真横で店主と話してみる。そのお店のものを買う。飲み食いする。そのポスターと現実の不思議な関係性はまるでアートのインスタレーションのようだとある人は語っていた。ウェブで作品だけを見ていてもわからないリアルな体験がそこにあった。

新世界という場所で商店街の店主、電通社員、セルフ祭のフリーターの仲間たちがごちゃ混ぜになった。今まで仕事とプライベートを一緒にするのを避けていた。会社と気持ちを切り替えるために隔てていた自分だけの世界が壊れてしまうように思っていた。今回は公私混同が甚だしい。しかも、仕事に私事を持ち込んだわけではない。私事が先にあり、そこに仕事を、つまり、広告を強引に持ってきた。自分を広告に寄せたのではなく、広告を自分に引っ張ってきた。それがこんなにラクで楽しいとは思いもよらなかった。新しい世界だった。

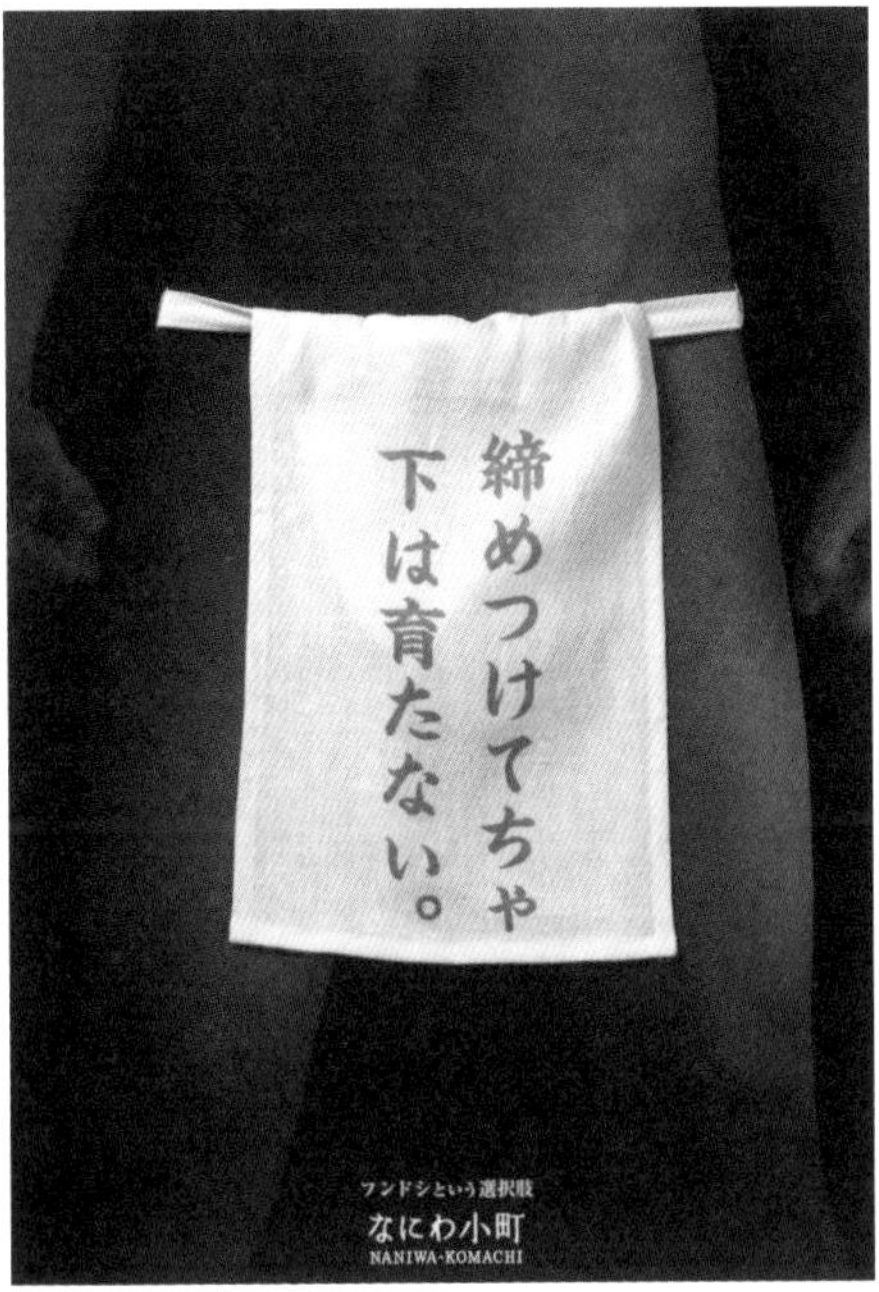

ある日、なにわ小町という和装屋のポスターが盗まれた。男性の下半身の写真に実際の布で作ったふんどしを巻いている手の込んだものだった。キャッチコピー違いで5種類あった。129種類中たったのこの5種類だけ盗まれた。そんな珍事はアイドルのポスターぐらいしか聞いたことがない。どこから聞きつけたのか、新聞とテレビが「ふんどしポスター盗まれる」と取り上げて、またニュースになった。致し方なく、新たにポスターを制作し直して掲出した。掲出した日の夜にまた盗まれてしまった。「ふんどしポスターまた盗まれる」とニュースになった。話題作りのために電通が自作自演したとネットに書かれていたが、もちろんそんなわけはない。今ではポスターは、営業終了後には店内に入れて厳重に管理されている。

新世界市場ポスター展は好評のうちに終了した。参加したクリエーターたちは数々[注1]の賞を獲得した。プロジェクト自体も賞を獲得した。高輪プリンスホテルの立派な授賞式に新世界市場の会長である澤野さんと出席した。並み居る大企業の広告が受賞をする中「おれらのがいちばん金かかってないなあ」と笑いながらホテルの高そうなビュッフェの寿司を食った。

◆メジャーデビュー

新世界市場ポスター展が終わろうとしていた頃、大阪商工会議所の堤成光さんから「一度、会って話をしたい」と連絡があった。実際に会ってみると、明石家さんまと顔と声とせわしなさが似ている、関西的男前な人であった。堤さんは、商店街の振興を担当していた。『商店街フォーラム』という場で新世界市場の事例を話してほしいという依頼だった。これは全国の商店街関係者が一堂に集まり、商店街活性の新しい事例を学び、ネットワークを作る商店街界の一大イベントであった。会場は大阪商工会議所の国際会議ホール。赤絨毯がふかふかで数百人が集まる立派な場所だった。わずか15分の持ち時間ではあったが新世界市場ポスター展のことを話した。「もし興味がある方はアンケートに開催希望と書いてください」と言って最後を締めると、およそ20の商店街が名乗りをあげた。「これだけ希望があるのならポスター展を一緒にやりましょうか」という話になった。ぼくとしても、セルフ祭からの流れでポスター展を新世界市場で始めただけだ。他の商店街との付き合いはない。そもそも、他の商店街でやることなど考えてもみなかった。大阪商工会議所の主催する『商店街・賑わいプロジェクト』の一環として次のポスター展が行われる運びとなった。

候補の商店街をぼくはぐるぐると回った。ある商店街は大きすぎてポスターをすべて作るには手に余った。ある商店街は小規模すぎて、ポスターを作ったところで話題になりそうもなかった。ある商店街はポスターなど必要もないほどに活気があった。ある商店街は寂れすぎていてポスターを作ったところで焼け石に水であった。20ほど商店街を回った結果、大阪市阿倍野区にある文の里商店街がいいのではないかということになった。50店舗ほどで、商店街に活気はないがポスターがあることで賑やかになるシーンが想像できた。いちばんの理由は、商店街の周辺環境にあった。ここ数年で阿倍野区には大型商業施設が相次いで完成した。さらに、商店街のすぐ近くにスーパーが1軒、その2ヶ月後に、商店街の真横に1軒できた。客の流れが激変する中、ポスター展をすることは、少しでも傷を浅いままにできるのではないかと考えた。

文の里商店街の51店舗のポスターを制作することになった。電通関西支社と電通クリエーティブX関西支社から合わせて29チーム58人が参加し、各チーム1〜2店舗のポスターを制作する。一度やったことなので、ノウハウはある。簡単にできると思っていた。しかし、苦労は絶えなかった。前回はセルフ祭のこともあって商店街の人たちはみな顔見知りである。文の里は完全に知らない人ばかり。ヒゲで長髪という怪しいルックスのぼくなど信頼してくれるわけもなく、完全にアウェイからのスタートであった。事前の打ち合わせで商店街の幹部たちにはポスター展についてきちんと説明していた。幹部たちは新世界市場に視察に行き、十分に理解していた。しかし、それが商店街の各店舗には伝わっていなかった。「ポスター展、それ何でっか？　おもろいポスター作るってなんですの？」「こっちが好きなポスターを作ってくれるってことやんね？」と方々から聞かれることとなる。これはマズい。重いMacBookを携えて、店舗一軒ごとに趣旨を説明して回った。アーケードには真夏の暑い空気が籠っていた。熱中症になった。

もっとお店を知らなければと1店舗ずつ取材をした。写真と文章で各店舗をA4のシート1枚にまとめ、オリエンテーションシートを作成した。これの第一の目的は、参加する制作者たちにどの店を担当したいか、どう作ればよいかの参考にしてもらうこと。もう一つの目的は、店と会話を重ねるきっかけを作り、ヒゲで汚い人間を信用してもらうこと。こうして、制作者たちがより制作しやすい環境を整えていった。制作者たちは新世界市場のときのように、店を訪れ、取材をし、持ち帰って企画を考えた。新世界市場ポスター展が好評であったこともあって、ポスターの制作段階からプロジェクトを追いかけたいとメディアから依頼があった。クリエーターが店を初めて訪れるところから張り付きで、テレビ局が3局、密着取材をした。

鰹節店を担当した石本藍子・野村恭平チームは鰹節を彫刻してポスターに仕立て上げた。鰹節は結構硬かったそうだ。鮮魚店を担当した小堀友樹・茗荷恭平チームは、店主の活きがいいということで、店主の魚拓ならぬ人拓をとった。店主にパンツ一丁になってもらい、全身に墨を塗り、大きな紙に店主の拓をとった。そのポスターは横幅2メートルほどの巨大なものになった。

できあがったポスターは制作者から商店主に手渡された。新世界のときのように、商店主は生まれてきた孫を初めて見るかのように、ポスターを見つめた。ポスターの贈呈の瞬間は何度見ても、幸福をおすそ分けしてもらえるようで、いいものである。

商店街の店はポスターを作ったことなど一度もないところがほとんどである。広告制作者が彼

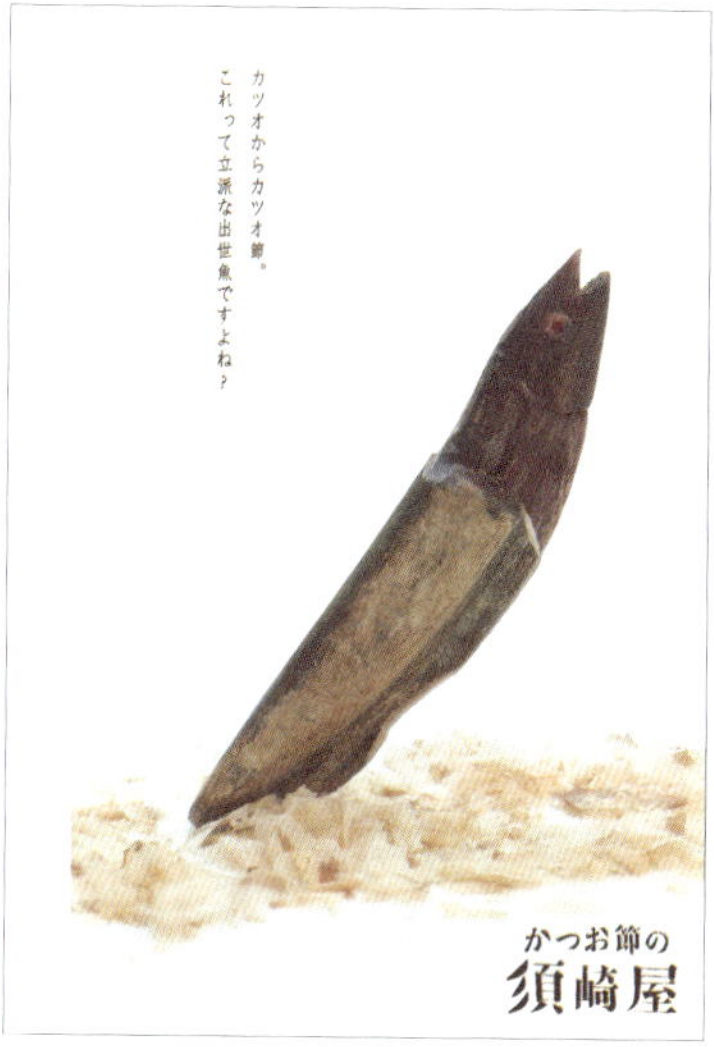

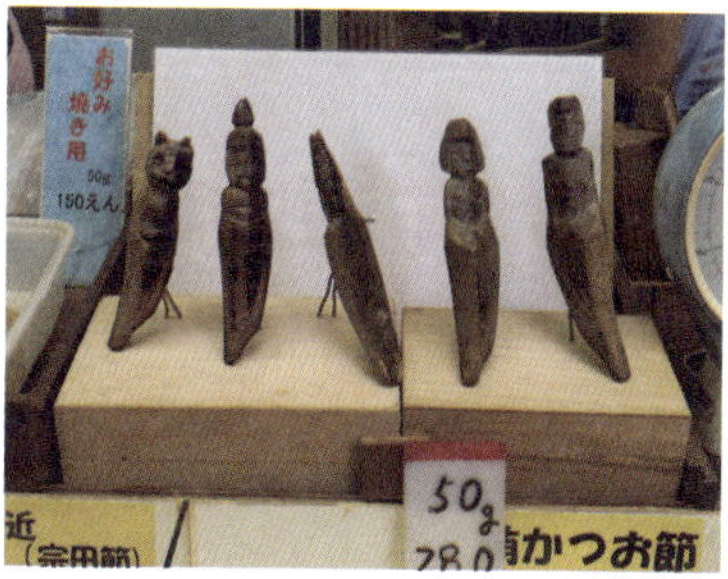

らの商売を真摯に聞き、人生で初めてのポスターができる。地味にコツコツとやってきたその数十年に初めてスポットライトがあたる。商店主は突然、主人公になって人前に披露されるのである。自分の人生がおもしろおかしく公衆の面前にさらけ出される。それは恥ずかしくもあるがうれしくもある。商店主はいつも、照れと喜びが混ざり合った表情でポスターを受け取る。

普段の仕事では、社長が喜んでいるところにお目にかかることはほとんどない。商店主は小さいとはいえ一国一城の主である。ポスターを喜んでくれているその感動は、直接クリエーターに伝わってくる。中には涙を流してくれる人もいる。自分が作ったもので人が喜んでくれる。これほどうれしいことはない。ある中堅のデザイナーは「デザイナーになろうと思った初心を思い出した」と語った。

２００枚を超えるポスターがアーケード中に展示された。ポスター展示をしてくれたのは前回と同じくハルキとハンだ。相変わらず掲出に

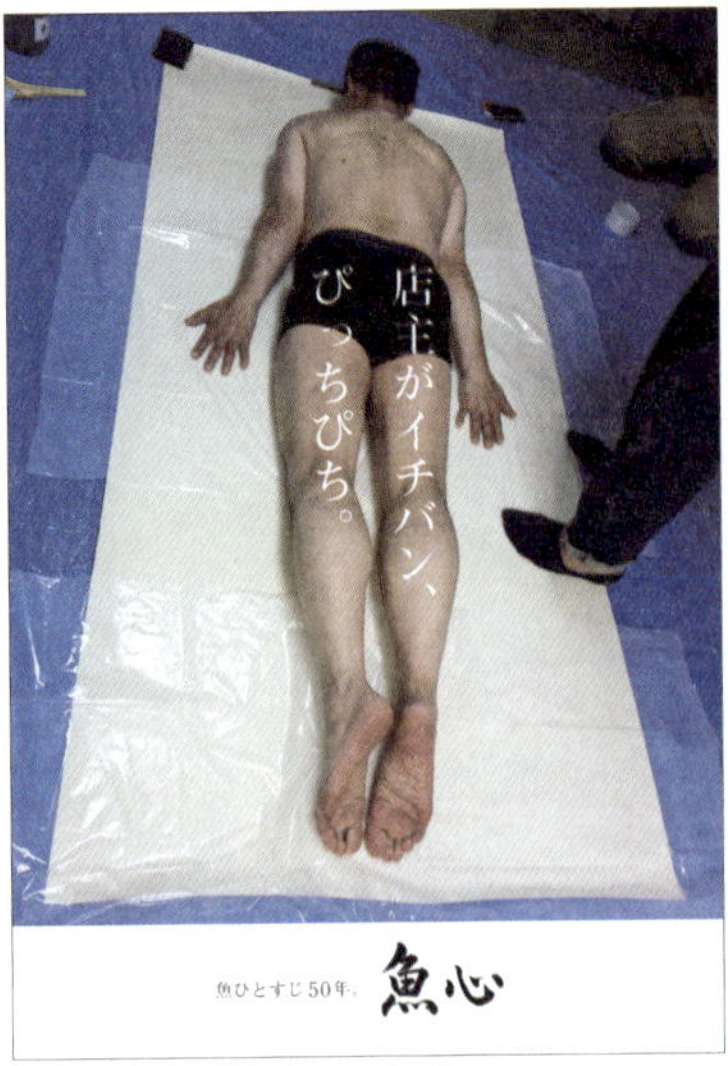
店主がイチバン、
ぴっちぴち。
魚ひとすじ50年。
魚心

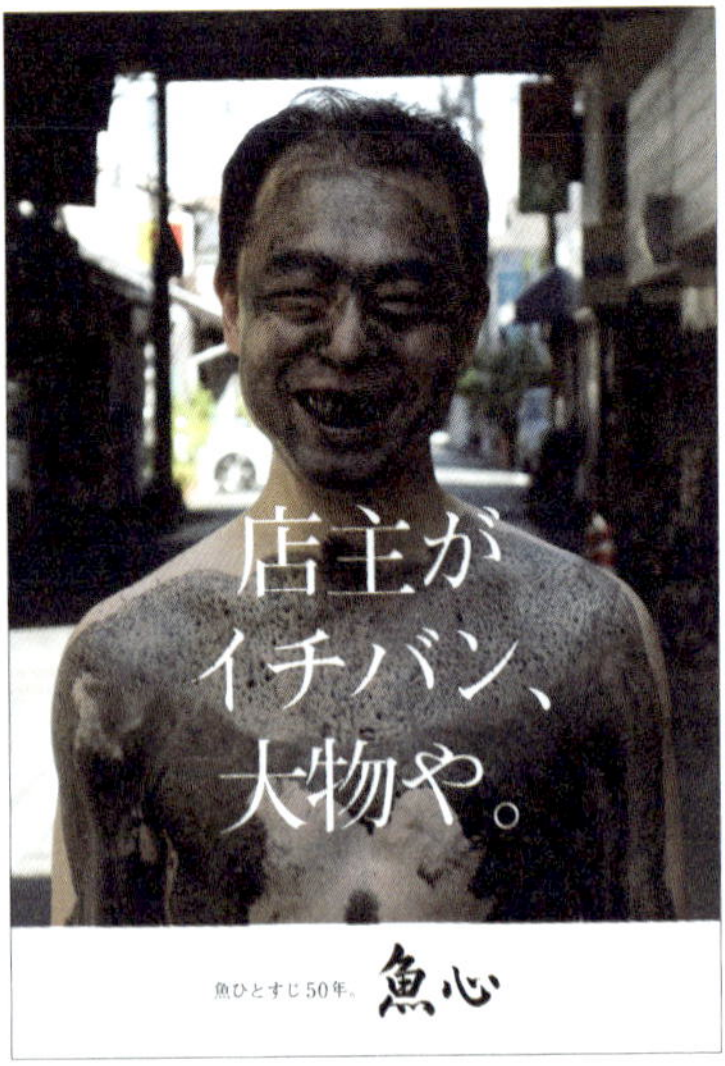
店主が
イチバン、
大物や。
魚ひとすじ50年。
魚心

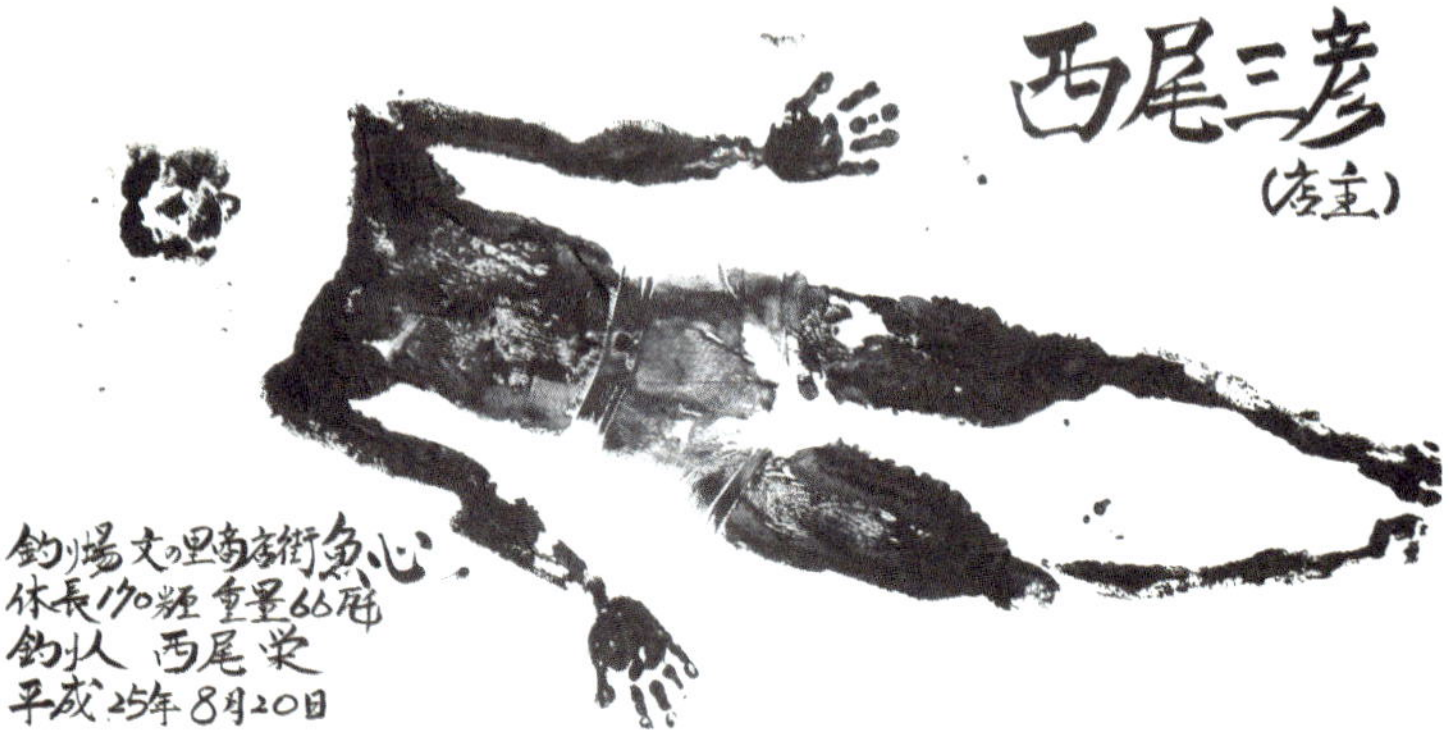
西尾三彦
(店主)
釣り場 文の里商店街 魚心
体長170糎 重量66瓩
釣人 西尾栄
平成25年8月20日

かけるお金がない。新世界市場の竹棒作戦は商店街の構造上難しい。結局、セールののぼりをつけるプラスチックのポールにポスターをくくりつけた。アーケードが真夏の熱気を閉じ込めていた。その暑い空気の塊の中、毎日、作業を続けた。前回よりも倍の規模で時間も倍かかった。掲出が終わった夜にハルキとハンと商店街会長の江藤さんと行った高架下の居酒屋の夜は一生覚えているだろう。

文の里商店街の毎年恒例のイベント、夜市に合わせてポスター展をスタートさせた。夜市のお客さんは夏祭りの雰囲気の中、ポスターを楽しそうに見ていた。いろいろなメディアに取り上げられたこともあって、地元の買い物客はもちろん、大阪だけではなく、北は北海道、南は九州まで日本全国から人が訪れた。たまたま入った中華料理屋でおっさん同士が「お前、文の里のポスター見たか？　いっぺん行ってみ」

と話題にしていた。タクシーの運転手に「文の里までお願いします」と伝えると「ポスター飾ってるところでっか？　おもろいですなあ」と言われた。これほどまでに自分の仕事が人口に膾炙《かいしゃ》しているのは生まれて初めてだった。

商店主の評判も上々だった。魚心の西尾さんも「ポスターずっと見てる人がおるでしょ、そしたら『それぼくですねん』って言うて声かけるんよ。別にね、そこでお魚買うてもらわんくってもいいねん。そこから100人に一人でもお客さんになったらそれでええのんよ」と語った。ポスターは接客の道具の一つになっていた。化粧品店ドリアンの店主は「別に売り上げが伸びなくてもええねん。ここに文の里商店街があるってわかってもらえるだけで十分やわ」と語った。

大阪商工会議所の会頭であり、京阪電鉄の代表取締役社長でもあった佐藤さんが現地を見に来た。偉い人の形だけの視察かと思っていた。しかし、佐藤さんは商店街を端から端まで歩き「これ、おもろいなあ。ぼくは昔広告も担当してたねえ、広告が好きなんやわ」とiPadでパシャパシャとほぼ全作品の写真を撮った。商店街の中にあるバーで一杯おごってくれた。佐藤会頭と狭いカウンターで隣り合って飲んだ1時間後にハンと飲んだ。CEOと迷える40歳の違いはあまりに大きかった。

スタートから2ヶ月後には「ポスター総選挙」を実施した。選挙の掲示板を模して、ベニヤ板に全51店舗のポスターを掲出した。グランプリは大嶋漬物店であった。キャッチコピー賞とのW受賞であった。大嶋漬物店はポスターを制作する前から店を閉めることが決まっていた。もう歳なので商売をやめる。普通であればあと数ヶ月で閉まる店のポスターなど作るわけはない。五十数年、漬物店を続けた最後の記念にポスターを作ってほしいということで、このようなポスターを制作した。

新世界市場の話をした1年後の商店街フォーラムでポスターの表彰式があった。立派なホールで、大嶋漬物店のおっちゃんがよろよろとステージに上がり、佐藤会頭から表彰状とトロフィーが授与された。下町の商店街に似つかわしくない、華々しく豪華に文の里商店街ポスター展は終了した。足掛け1年のプロジェクトもこれにて終了した。

紀の川漬
やまじょう
大嶋漬物店
ポスター？はよ作ってや。死ぬで。
お漬かれさまでした。
大嶋漬物店
二〇十三年 七月二十三日 閉店

後日うれしい誤算があった。終了から5ヶ月後の２０１４年のゴールデンウィークの最中、ある人のTwitterでの投稿を皮切りに、文の里ポスター展がネットで話題になった。商店街にあるポスターの写真（ポスターは終了後も飾られていた）を20枚ほど投稿したものがサイトでまとめられたことをきっかけに、文の里商店街のポスター展を紹介するサイトが次々と乱立し、それがシェ

アされ、さらには台湾でも紹介されていた。キャッチコピーは誰かが中国語に翻訳していた。それを見て台湾からやってくる人間も多かった。この段階でポスター展を知ることになった人は多い。ネットでの過熱はテレビを再び動かし、今まで報道のなかった東京のキー局が報道を始めた。終了から5ヶ月後にこれほど話題になるのは普通の広告ではありえないことである。ポスターが残っていたから起こりうることだった。

ポスターはたくさんの広告賞を受賞した。商店街は中小企業庁が選ぶ「がんばる商店街30選」[注2]に選出された。文の里商店街にはポスター展が終了したあともまだ来訪客が訪れている。自治体からも視察がやってくる。終了から4年後にもかかわらず韓国から視察もやってきた。

我々が去った今も、この火を消すまいと商店主自らが商店街でFM放送をしたりアートイベントを主催したりと、自助努力を行っている。

「今まで商店街のことばっかり考えてたけど、地域のことを考えられるようになったんや」と商店街会長の江藤さんは語った。そう、商店主の意識が変わった。いつも自分の店にあるポスターは、鏡のようなもので、いつもいい自分を映し出しているのかもしれない。

◆自走

商店街ポスター展は様々なメディアで報道されたこともあり、非常に有

名になった。「うちでもやってほしい」と様々な地域からオファーがあった。その中の一つに伊丹市があった。市役所職員の綾野さんから伊丹市の西台地区の店主たちに会ってほしいと頼まれた。

西台地区は阪急伊丹駅の西側に位置する３００メートル四方のエリアである。昔は伊丹の中心地であったが阪神大震災で壊滅的な被害を受けた。さらに、ＪＲ福知山線の複線化によりＪＲから大阪へのアクセスが格段によくなり、町の中心が阪急伊丹駅から８００メートルほど東のＪＲ伊丹駅のほうへシフトしていった。西台はかつての面影はほとんどなく住宅地といくつかの店舗が混在する静かな町になりつつあった。かつての盛り上がりを取り戻したい、そう思った商店主たちが我々にオファーをした。西台で店を営む中華料理店の甲斐さん、下着屋の南方くん、カメラ屋の松村さん、床屋の浜田さん、宝石時計店の山田さん、カフェの簗山くん、居酒屋の中本くんら西台の有志が集まった。みんな30代から40代で2代目の店主たちが多い。若いからか「なんでもやります！」と鼻息が荒かった。何かおもしろいことをしたがっていた。しかし、ここは商店街ではなかった。西台地区というエリアであった。エリア内の店すべてのポスターを作れるわけはない。店を選んでやるしかないが、地区内にポスターがある店とない店が混在することになる。商店街なら道をまっすぐ歩けばポスターをすべて見られるが、ここは点在している。ポスターを見るためには歩き回らなくてはいけない。アーケードがないのでポスターは雨に濡れてしまう。商店街であることがとても好条件であったと今更ながらに気づいた。商店街ではないことに最後まで悩まされた。結局、西台でやることにした。商店主の人たちのやる気にかけよう。文の里でできなかったことを彼らならやってくれそうだった。

文の里は反省も多かった。テレビの密着取材が開始前からあり、メディアにしっかりと取り上げられることはわかっていた。人もそれなりに来る。だから、セールをしませんかと呼びかけた。しかし、応じた店が51店舗中5店舗ほどだった。やっているかやっていないかよくわからないセールになってしまった。店とポスターが相乗効果を起こせば集客はそのまま売り上げに繋がると思っていただけに複雑な気持ちであった。95％が好意的な評価であった。5％は「ポスター展は売り上げには繋がっていない」「ただクリエーターが店主をおもちゃにしているだけ」という批判だった。「広告代理店が補助金をだまし取っている」と書かれもした。腹が立った。新世界と文の里のポスター展を経て、それぞれ数ヶ月の開催期間をじっくり観察してわかったことは、ポスターによって人を呼んで、店先にまでは連れてくることはできる。しかし、売り上げは伸ばすことはできないということだった。商品に手を取らせるかどうか、買わせるかどうかは店の努力が必要だ。ポスターがよくても、店主が店の奥に座っていては客は通り過ぎていく。店頭にあるポスターは客と話すいいツールだ。この機を逃す手はない。店主の努力があってこそ、客は何かを買おうとする。

ポスター展で盛り上がった気運をきちんと掴み、自走できるかどうかも大事だった。ぼくたちはポスター展が終われば役目が終わる。ずっと商店街の面倒を見ることはできない。きちんと自走できる商店主と組む必要があった。その点、西台はよかった。いつも走っていた。

新世界、文の里でクオリティの高いポスターを作れるという確信はあった。今回は制作はもう各制作者に任せて、商店主たちのやる気をどう形にしていくかに注力した。西台商店会はまだ歴史が浅かった。甲斐さんたち商店会の幹部はやる気があるものの、他の商店主たちは状況をよくわかっていなかった。文の里と同じ状況だ。今回はぼくから各店舗へ説明しないことにした。商店会に任せた。商店会を一つにするようにと幹部たちにたくさんの厳しい注文をした。商店主たちはそれを乗り越えようと会議を重ねた。西台は飲食店が多かった。店が終わってからの会議はいつも深夜2時にまで及んだ。

商店主に一肌脱いでもらおうと、まずは「商店主大プレゼン大会」というのを行った。制作者を図書館のホールに一堂に集めて商店主たちに5分間で自分の店について語ってもらった。パワーポイントを用意する弁当屋、鳥のかぶり物をして話すバーテンダー、双子の娘に挟まれながらお店をアピールする写真店店主、つたない日本語で話すインド料理店の店主など、必死に自分の店をアピールした。広告代理店の人間と違って飲食店や小売店の店主は大人数の前で話す機会などほとんどない。話が上手な店主はごく一部だった。だいたいが口下手で緊張していて恥ずかしそうだった。職人が人前で語ることが新鮮だった。商店主たちは本当に緊張して、夜も眠れなかったそうだ。商店主たちにとっても長らくやってきた店のことを振り返るのによい機会となった。制作者はプレゼン大会での印象を元に担当したい店を選び、ポスター制作にとりかかった。

制作者たちは過去の2回で、店主とその言葉という手法をやりつくしていたので、違うことをやろうと工夫をこらした。阪神スポーツというスポーツ用品店の担当の佐藤朝子・佐山太一チームは、店主がガット張りの名人ということで、ガットでポスターを作った。「理容ハマダ」担当の三島靖之・井上信也チームは冴えない顔がポスターをひっくり返すと散髪をした爽やかな顔になるとい

理容ハマダ。
彼女ハ、マダ。

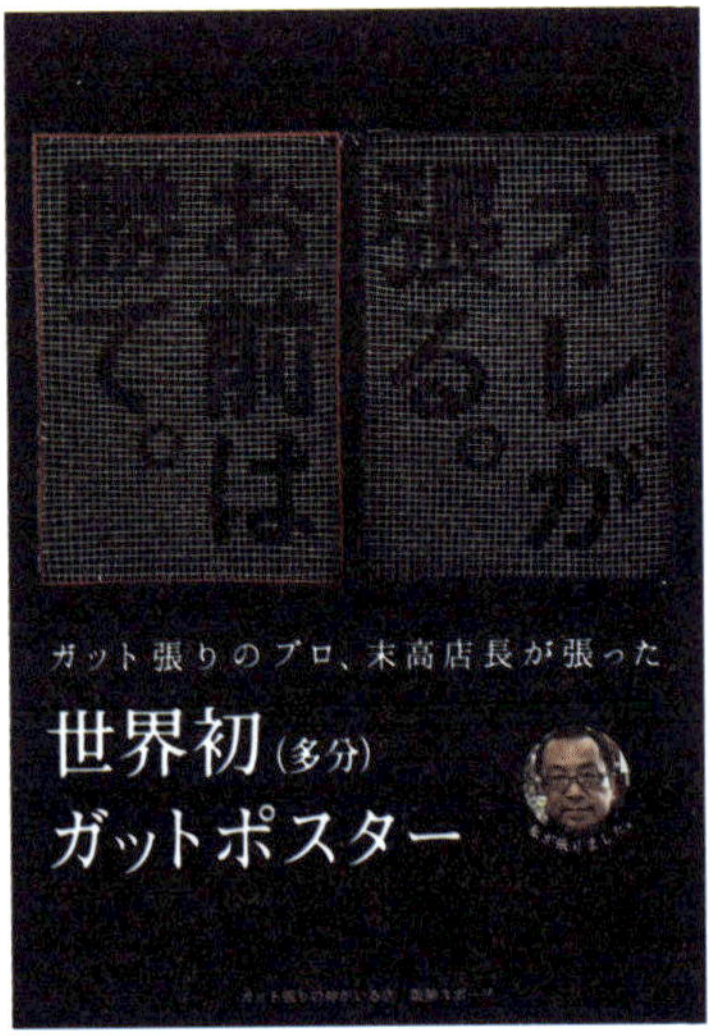
オレが張る。
お前は勝て。
ガット張りのプロ、末高店長が張った
世界初(多分)
ガットポスター

うものを作った。

　今回からは参加者全員が図書館のホールという一つの場所に集まって、ポスターの贈呈を行った。この方式だと、ポスターがすべて見られ、店主たちの喜びをみんなで共有できる。ポスターを渡す瞬間は何度見てもいいものである。西台商店会の会長、甲斐さんの開華亭のポスターは最後の贈呈となった。ポスターの内容は最後にふさわしいものだった。甲斐さんが二十歳の頃、当時店主であった父親が体調を崩し、甲斐さんは急遽店を継ぐことになった。特に父親に何かを教えられたわけではなかった。なんとか店を切り盛りして20年近くやってきた。甲斐さんは、亡き父をポスターに出してほしいと依頼した。制作者の松下康祐と小路翼はそれに見事に応えてくれた。甲斐さんは涙をこらえていた。今にも泣きそうだった。でも、泣いてはくれなかった。商店会の代表として気丈に振る

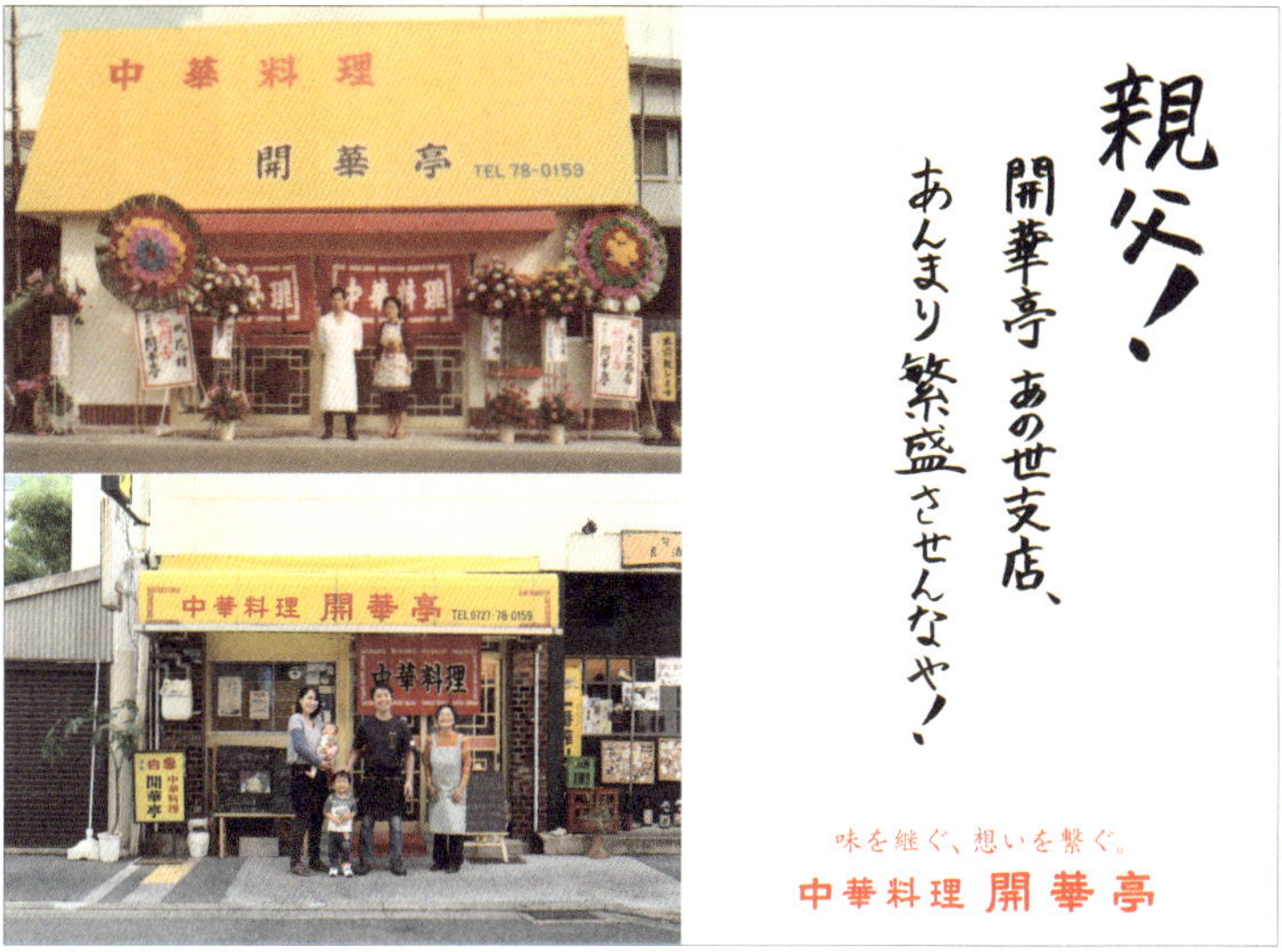
中華料理
開華亭 TEL 78-0159
中華料理 開華亭 TEL 0727-78-0159
親父！
開華亭あの世支店、
あんまり繁盛させせんなや！
味を継ぐ、想いを繋ぐ。
中華料理 開華亭

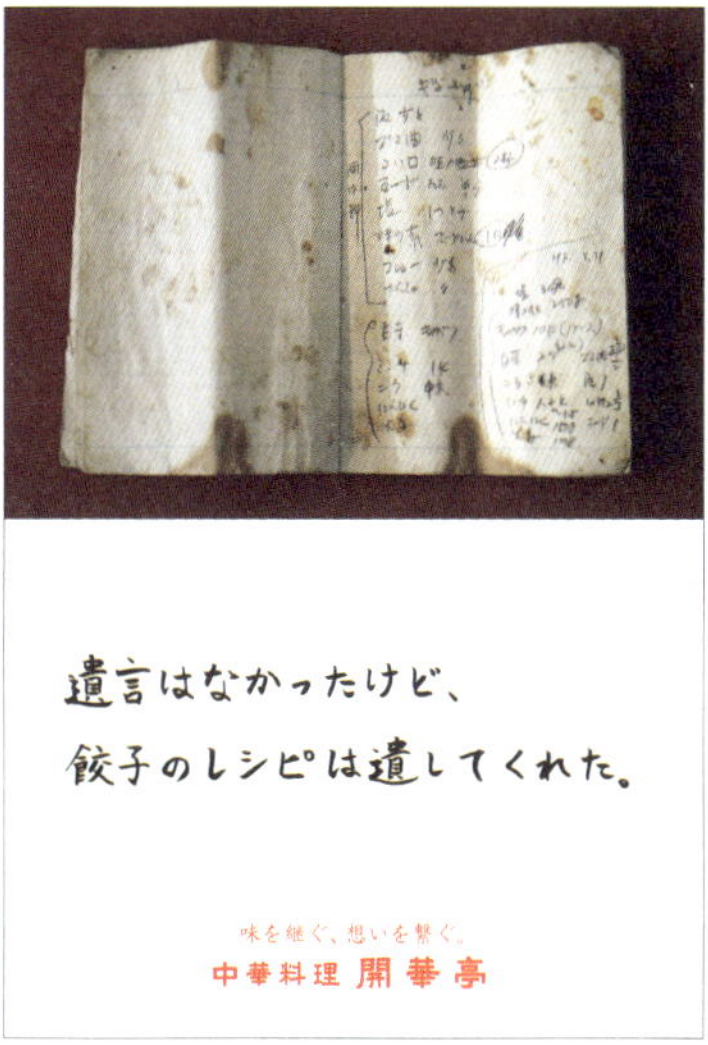
遺言はなかったけど、
餃子のレシピは遺してくれた。
味を継ぐ、想いを繋ぐ。
中華料理 開華亭

親父、三代目は
バスの運転手になる言うとるで。
味を継ぐ、想いを繋ぐ。
中華料理 開華亭

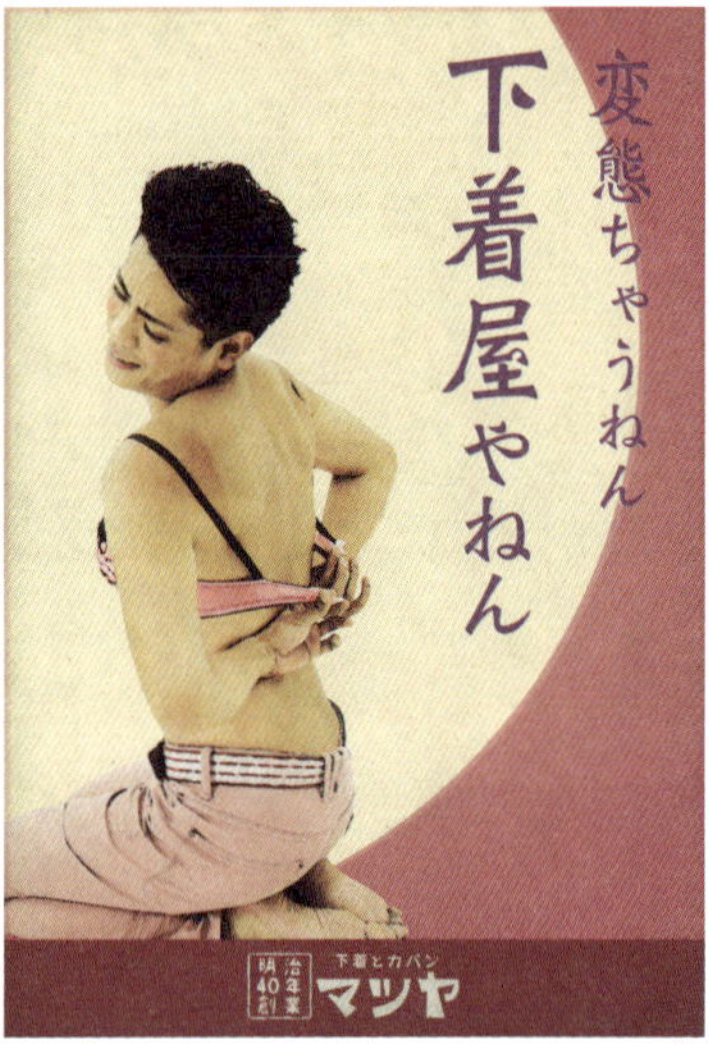

舞った。あとで「泣けばよかった」と甲斐さんは言っていた。

完成したポスターは西台地区のあちこちに掲出していった。作業をしたのはもちろんハルキとハンだ。マツヤという下着屋の南方くんは自身の恥ずかしいポスターが店の目の前に飾られて、頭を抱えていた。

西台は少し歩けばポスターにぶつかるといった状態になった。ポスターを見に来たお客さんがさらに楽しめるようにとお店に「おもしろいサービスとお得なサービス」を考えてもらった。期間中、マップを店に持参すると、「おもしろいサービス」か「お得なサービス」のどちらかが受けられるというようにした。例えば、理容ハマダのお得なサービスは頭皮用石鹸半額。おもしろいサービスは子どものモヒカンカット1000円。貴金属店の丹尚堂のサービスはピアス1割引と1000万円相当の貴金属をつけて記念撮影など。店主に自分の頭をひねって考えてもらうことを大切にしたので、店のアイデアには一切口を挟まなかった。

　愛知から日帰りで来た親子は、ポスターを見て開華亭でご飯を食べて「ああ最高の１日だ」と言って帰っていった。たつの市から来た男性は「ポスター展の記念に髪切るわ」と理容ハマダで散髪して帰った。開華亭にはテレビを見てきたと20年ぶりに昔の客が来て、先代の思い出話に花を咲かせた。北海道や沖縄、台湾からも人がやってきた。ポスターを見て、お店で食事をし、お店のサービスを受けた。ポスターもお店も楽しめるポスター展となった。中華料理店の開華亭は売り上げが１・５〜２倍になった。ポスターは売り上げにも結びついた。

　西台では飲食店同士は交流があったが、飲食店と写真店、理髪店、小売店などは同じ地域にいながらも交流がなかった。度重なる深夜の会議や、イベントを実施することで商店主が一つとなった。今までは会釈だけだった仲が戦友のようになった。この成功で自信をつけた彼らは、今後、自分たちの力だけで西台をよりよい町にしていくことだろう。今でもぼくは店主たちと仲が良く、開華亭の甲斐さんに誕生日には「餃子の王将」の餃子をプレゼントする仲である。

◆花

　たくさんの仙台銘菓「萩の月」を携え、八重嶋拓也くんが大阪にやってきた。八重嶋くんは宮城県で最大の発行部数を誇る新聞社、河北新報社で『今できることプロジェクト』という被災地支援活動をしていた。被災地、女川の仮設商店街でポスター展をしたいと彼は語った。予算は潤沢にはなかった。萩の月のおいしさと、八重嶋くんの本気さと、その本気感を裏付ける萩の月の数量と、ぼく自身の被災地への思いから、ぼくはすぐにOKした。2011年の震災から、いつか、被災地のために何かをしたいと思っていた。

震災から1ヶ月後に青森に行く用があった。それを機に被災地を見ておこうと青森市内でレンタカーをして、八戸まで移動し、そこから太平洋岸の国道45号を南下した。八戸は港に津波が押し寄せたとニュースで見たが、特に大きな被害はなさそうだった。しばらく、そのまま南下した。特に異変はなかった。風光明媚な美しい海岸だった。海から山間の道に入り、また海に出たとき、そこには村がなかった。ガードレールがワカメのようにぐにゃぐにゃと曲がっていた。そこからずっと海沿いの集落はなかった。ナビがそこに町があったことを示していたが、何もなかった。津波の爪痕にただただ圧倒された。仮設住宅に救援物資を置いて、逃げ去るように被災地を去った。自分は何もできなかった。何もできないまま帰ってきた。あれから3年、やっと被災地に関わることができる。しかも仕事で。ありがたい機会だった。

ぼくが今できることはポスターを作ることだ。大阪でのノウハウを使ってポスター展をプロデュースする。問題は誰がポスターを作るかということだ。大阪のスタッフを連れていくには遠く、お金もかかる。制作は現地の人間でやるしかない。何より地元のことは地元がやるのがいちばんよい。ただ、現地の広告制作者は誰も知らなかった。いっそ、地元の学生でやるのがよいかと頭を悩ませていた。そんなとき、ぼくは別件で東北に呼ばれていた。南三陸町でプロデューサーの鈴木淳《アツシ》さんが主催する『地域活性コミュニケーション塾』に講師として呼ばれていた。そのアッシさんに仙台の広告制作者を紹介してくれませんか、とお願いした。アッシさんは快くOKしてくれた。南三陸からの講演の帰り、仙台に立ち寄りアッシさんのセッティングしてくれた会合に向かった、仙台のクリエーターたちが貸し切りのイタリアンバーに二十数名いた。奇しくも、仙台広告界の中心の人々だった。アッシさんはただの気のいいおっさんと思っていたが、こんなに人脈がある人だったとは。いきなり仙台広告界の本丸に飛び込んだ。見知らぬ土地で見知らぬクリエーターたくさんに囲まれるという超アウェイの環境の中、ぼくと『今できることプロジェクト』リーダーの石井弘司さんと「ボランティアでポスターを制作してくれませんか」と会ったばかりの人たちに厚かましいお願いをしたのである。

その場ではいろいろな意見が出た。被災地でおもしろいポスターは不謹慎ではないか。自由に作れる環境は本当にちゃんとあるのか。ボランティアはいいとして交通費も自腹なのか。人によって温度差があった。しかし、そこをまとめてくれたのが仙台広告界のドン、電通東日本仙台支社の伊藤光弘さんだ。

「震災から3年とちょっと。おれたちはずっとブレーキを踏み続けてきた。もうそろそろアクセルを踏んでいいじゃないか。仙台にこんな自由にものを作っていいチャンスはなかった。これを逃すともう二度とないかもしれない。おれはやるべきだと思う」

その一言で場の空気は変わった。みんながやる気になり、実現に向けたより具体的なアイデアの議論に移った。「鹿児島に続き、ついに仙台も決起したか」とぼくは薩長同盟をまとめた龍馬のような気分だった（鹿児島の件は後ほど述べる）。

仙台の夜から状況は一変し、ポスターを制作する人間はどんどん集まった。電通とは商売敵の東北博報堂の野口健太郎さんも入ってくれた。仙台広告業協会をあげての協力となった。他にも山形、東京、大阪、さらには沖縄からもクリエーターが集まり、あれよあれよと60人ほど集まった。参加店舗もどんどん集まり、当初はきぼうのかね商店街という仮設商店街だけで開催するつもりだったが、女川町全体でやることとなった。結果、女川の42の店舗と企業が参加した。

初めて行った女川の印象は色がなかった。最低限のインフラしかなかった。あとは更地だった。空も曇って色がなかった。灰色の町にぼくは入っていった。お店のこと、震災のこと、亡くなった人のこと、これから作るポスターのことをおそるおそる女川の人々に確かめていった。しかし、そんな気遣いとは裏腹に女川の人々はからっとしていた。笑顔で迎えてくれた。楽しいことを欲していた。通えば通うほどに、笑顔の底に悲しみがあることがわかった。過去への哀悼、未来への不安。そして両者に挟まれている現在は「笑うしかない」という開き直りとたくましさからできあがっていた。程度の差はあれ、これが女川の気持ちだった。

ポスター展の告知のために、地元のコミュニティFMに出演した。地元で町おこしを手がける岡裕彦さんと共演した。岡さんは女川でDiamond Headというライブハウスをしていた。津波で閉店を余儀なくされた。現在は仮設店舗で「おちゃっこクラブ」というカフェ兼コミュニティハウスをしている。サーファーでもある。ギタリストでもある。女川伝統獅子舞グループ「まむし」のリーダーでもある。女川で祭りを主催している。こうなりたいなと思う数少ないアホで尊敬する大人である。その岡さんがもうすぐやってくる4年目の3・11について語った。

「震災から3年目とか4年目とか関係ないんだ。あの日から女川時間ってのが流れてるんだ。おれたちは透明なストローの中にいるんだ。周りはすんげえ見えてるんだ。でもおれたちはストローの外に出られないんだよ。出たいんだけど出られないんだよ」

そんなストローの中の女川をポスターにできるのだろうか。その思いをうまくすくい取ることができるのだろうか。ただ楽しいポスターを作ればいいわけではなかった。その迷いはずっと断ち切れぬまま、みんなは制作を進めていった。


真冬の女川へ向かった。海の風がカミソリのように露出している皮膚を襲ってくる。オリエンテーションから約3ヶ月後、女川の立派なホテルのホールで贈呈式が行われた。クリエーターと商店主が一堂に集まった。最後の最後まで、不謹慎ととられるのではないかと不安であった。しかし、女川の店主たちは、笑い、涙ぐんだ。できあがったポスターは見事だった。そのほとんどに女川の気持ちが滲《にじ》んでいた。大阪のような爆発的におもしろいものではないけれども、おもしろさとたくましさが同居する女川らしいポスターだった。特に「明るいんでねくて、あがるぐしてんのさ」と語る木村電機商会のポスターは見事にそこを言い当てていた。ポスターは「そろそろ笑っていいんだよ」という商店主と仙台の制作者の心の片隅にあった思いを目に見えるカタチにしたようだった。「笑っていいよ」と公式に認める許可証、それがポスターだった。

できたポスターを設置しなくてはいけない。大阪からハルキを呼んだ。ハルキは石巻に住むオ

明るいんでねくて、あがるぐしてんのさ。
オンとオフはあっけどね
電気屋さんは 明るくなくっちゃ
木村電機商会

カちゃんを呼んだ。ハルキは気仙沼出身だ。震災直後に地元で沿岸パトロールをしてから大阪にやってきた。オカちゃんは大阪出身だ。福島に震災ボランティアに行って、また大阪に戻って来た。今は石巻に住んでいる。新世界で遊んでいた3人が今、女川にいた。ぼくたちは震災でいてもたってもいられなくなって大阪で動いた。それが、今、被災地で一緒にいる。不思議な気分だった。被災地からもらったエネルギーを大阪で育て、それを被災地に戻しているようだった。

雪が降る中、ぼくたちは仮設商店街や店の軒先にポスターを設置していった。それはまるで花を植えているようだった。制作者が作った花を一つ一つ商店街に植えていった。町の人たちがその花を見て「おもしろいねえ」と笑顔の花が咲いた。ぼくたちがやろうとしてきたことはこの町に花を咲かすことだったのか、2月に咲いて5月に枯れる(といってまだ咲き残っているのもあるけれども)ポスターという花を。最後にそれに気づいて、ぼくは女川を去った。

ポスター展がスタートした日、河北新報社が新聞紙面でこのプロジェクトとポスターを紹介した。新聞全面、まるまる5ページ。まさかこんなに大きく紙面を割いてくれるとは思いもよらなかった。石井さんと八重嶋くんががんばってくれ

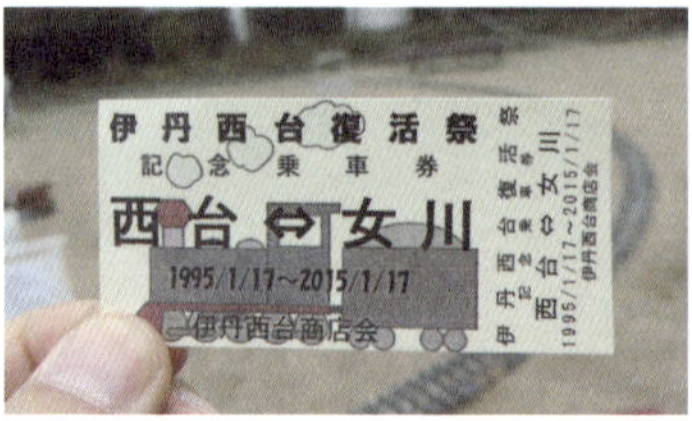

た。新聞の影響は大きく、仙台を中心に話題になった。二つのテレビ局が特集を組んで報道した。それを見たキー局がさらに全国ネットで報道するなど、どんどん広がっていった。4年目の3・11が近かったこと、さらには、今までの被災地支援とは大きく異なる「ユーモアのある」支援だったことからテレビでの反響は大きかった。被災地を視察に来ていたウィリアム王子もポスターを見に来た。ポスターを理解できたかどうかはわからないが。

伊丹西台ポスター展とちょうど開催時期が重なっていたこともあって、西台の商店主たちも女川のポスターを見に行った。そして、阪神大震災からちょうど20年目の2015年1月17日に、西台の商店主たちが伊丹で『伊丹西台復活祭』を開催した。公園に、店やミニSLを出し、ポスターの投票所を設け、ゆるキャラを呼んだ。同じ被災地として、女川のために何かしたいという思いから、交通宿泊費を西台のみんなが負担し、女川町観光協会から遠藤さんを呼んだ。遠藤さんと西台のみんなが一緒になって、

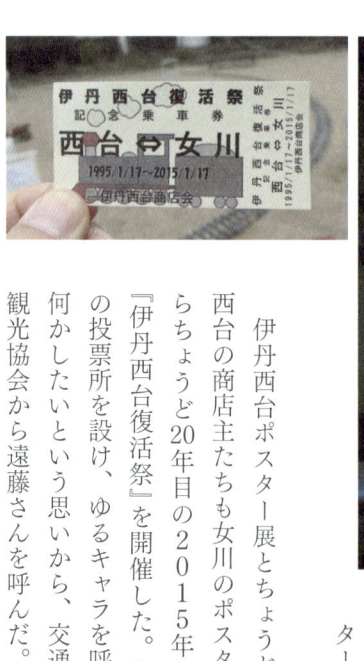

女川名物のさんまのつみれ汁や、女川の物産を売り、募金の呼びかけを行った。ポスターが知らない間に人と人を、場所と場所を繋いでいた。

ポスター展がスタートしてから1ヶ月後、女川に足を運んだ。津波で被害を受けた女川駅が新しく生まれ変わり、それに合わせて『女川復幸祭』があった。駅前の広場にはたくさんの出店が出ていた。ポスター展に参加したお店も多く出店していた。その店はぼくたちの作ったポスターを屋台に飾ったり、ポスターを掲げて客引きをしていた。串焼きたろうのつぶ貝はポスター効果もあってすぐに売り切れた。ポスターは大活躍だった。花はまだ咲いていた。女川の祝福に彩りを加えていた。

1年後の2016年3月、また女川に行った。店の移動先が決定したということでコンテナ村商店街は解体されていた。きぼうのかね商店街はまだ残っていた。そこにはポスターもまだ残っていた。店舗の外壁に張られたポスターはボロボロで変色していたが、まだ飾ってあった。女川の海風に鍛えられたのだろう。たくましくなっていた。

昼飯を食べに中華料理店の金華楼に行った。ここの大将はポスターですべてをさらけ出してくれた。久しぶり、と挨拶をした。

「駅前のプロムナード行った？　あそこね、人がたくさん歩いてるの。女川でそういう光景を久しぶりに見てね。これが『まち』ってことか『まち』っていいもんだなあって思ったんだよね」

駅から道がまっすぐに海へ延びていた。海に向かって勾配がかかっており、下り坂になっている。海が大きく見える。その両側には木でできたロッジ風の建物がある。光を多く取り込めるよ

う設計された、大きな窓のカフェや雑貨屋が並んでいた。プロムナードにはジャズがかかっていた。アメリカの東海岸の街並みのようだった。その建物にポスター展に参加した何店舗かが入っていた。ポスターを仮設店舗からそのまま持ってきて店先に貼っていた。ジャズとまったく合っていなかった。オシャレなプロムナードからは確実に浮いていた。「ポスター飾ってくれているんですね、ありがとうございます」と言うと店主は照れくさそうに会釈した。

◆浸透と拡散

今にも灰色になりそうな水色の瀬戸内海を越え、国東《くにさき》半島の先っぽに降り立ち、とぼけた山を抜け、別府の湯煙を抜けると、大分市に到着する。2015年4月16日、大分駅にJRおおいたシティという巨大な複合商業施設がオープンした。そのオープニングキャンペーンを手伝ってくれないかと、電通九州の今永政雄さんから声がかかった。今永さんは東京時代の先輩であり、今は地元の九州に戻っていた。大分駅前には商店街が大きく広がっている。その商店街とともに発展をしていきたいというJRおおいたシティの思いから、商店街のことがわかるヤツが必要ということでぼくに白羽の矢が立った。

現地を見て回った。大分のまちなか（大分市内中心部の通称）には魅力的な店舗がたくさんあった。おいしい料理は当然のことながら、東京や大阪でも十分通用しそうな古着屋やブティック、気づいたら2時間もそこにいてしまった喫茶店、映画の良心の結晶のようなミニシアターなど。大分はまったく未知であり、ただの地方都市だろうと甘く見ていたが、豊かな文化、温和な気候、海の恵みがふんだんにある豊かな地方都市だった。

クライアント、地元の人々、電通九州のスタッフ、ぼくという立場の異なるメンバーで、その魅力をどう出そうかと、何度も会議をした。辿り着いた結論は、究極のガイドブックを作ることだった。駅ビルに来た客にガイドブックを渡し、まちなかの商店街へと足を運んでもらう。それが町を賑やかにさせるという作戦だ。ぼくが編集長となり、大分の名店26店舗を厳選し、右ページには店舗のポスター、左ページにはお店の記事を作ることになった。ポスターは電通九州のスタッフが制作し、記事は地元の情報誌のスタッフが書くこととなった。しかし、ポスター制作には時間がなかった。今までやってきたポスターはだいたい制作期間が2ヶ月ほどだったが、今回は2週間ほどしかなかった。

電通九州のスタッフはみんな福岡に住んでいた。ポスターの制作のために12名が急遽大分に

やってきた。福岡と大分は近いと思っていたが2時間ほどかかる。大分の商店街の事務所にみんな集まった。ぼくは今回の趣旨と過去のポスターについて説明して「ポスターを自由に作ってください」とお願いした。みんな目がキラキラしていた。残された時間の少なさも楽しみを演出する一部とばかりに、猪突猛進してポスター制作にとりかかった。

電通九州のコピーライター米村拓也くんは、熊本にある高速のサービスエリアでうどんを茹でながら、コピーライターの学校に通い、電通九州に入ったばかりだった。彼は商店街ポスター展のことをとてもよく知っていた。「まさかぼくができるとは思ってもいなかった」と夢を叶えた青年のように光り輝きながらポスターを作ってくれた。取材を兼ねて行ったディスコバーではフロアでブレイクダンスを披露した。異色の女性コピーライター渡邊千佳はすべての広告を短編小説仕立てにした。非常に実験的な広告だった。

ポスターは駅ビルのオープンに合わせて贈呈した。ポスターの贈呈は何度見てもいい。ガイドブックはすぐになくなったがポスターはまだ大分の店に飾ってある。

鹿児島ではポスター展にインスパイアされたフリーのデザイナーたちがOSHIKAKE デザインかごしま、略してODKというユニットを結成した。デザイナー有志が頼まれもしないのに、様々な地域に赴き、デザインの力で地域をもっとよくしよう、という集まりである。デザイン料も発生しない場所に「おしかけ」て、少し元気がなくなった場所を、デザインの力で元気にする活動をしている。第1回は2013年5月、鹿児島の東端の日置市吹上町にて12名が12枚のポスターを制作した。第2回は鹿屋市にて28店舗のポスターを制作、第3回はさつま町温泉ポスター展を開催。さらには東シナ海に浮かぶ甑島《こしきしま》の大漁旗のデザインをするなど、第1回はぼくが少しアドバイスしたものの、もういい意味でぼくの入る隙間がないほどに鹿児島は独自に進んでいる。

松山では愛媛大学と松山ビジネスカレッジクリエイティブ校の学生が、松山市の中心から少し離れた港町で『三津の町ポスター展』を開催した。愛媛大学法文学部の山口ゼミの学生たちが大阪まで来た。ポスター展を開催した新世界、文の里、伊丹とすべて見学するほどに熱心であった。千葉県の船橋の商店街では商店主自らがポスターを一人で制作した。千葉県松戸市では商工会議所の若手メンバーたちが開催した。徳島県北島町、メトロこうべ、奈良の下御門商店街、新潟の古町商店街、三島市、高松市などへ広がっている。

◆大阪らしいポスター

ポスター展は商店街以外にも広がった。大阪商工会議所の堤さんと再びタッグを組んだ。大阪商工会議所が主催する『大阪検定』の受験者の増加のために『大阪検定ポスター展』なるものを実施した。大阪市営地下鉄とJR環状線の全95駅に、駅やその周辺にまつわる問題を作りポスター化したのだ。ぼくと大阪商工会議所と鉄道会社の人々であれこれ問題を考えた。後輩のアートディレクターの井上信也と大阪らしいデザインとは何かと話し合い、ど派手な色使いにした。同じく後輩の小路翼はひと夏をかけてイラストを書いた。ポスターの効果もあって、受験者は3割

さつま町温泉ポスター展

三津の町ポスター展

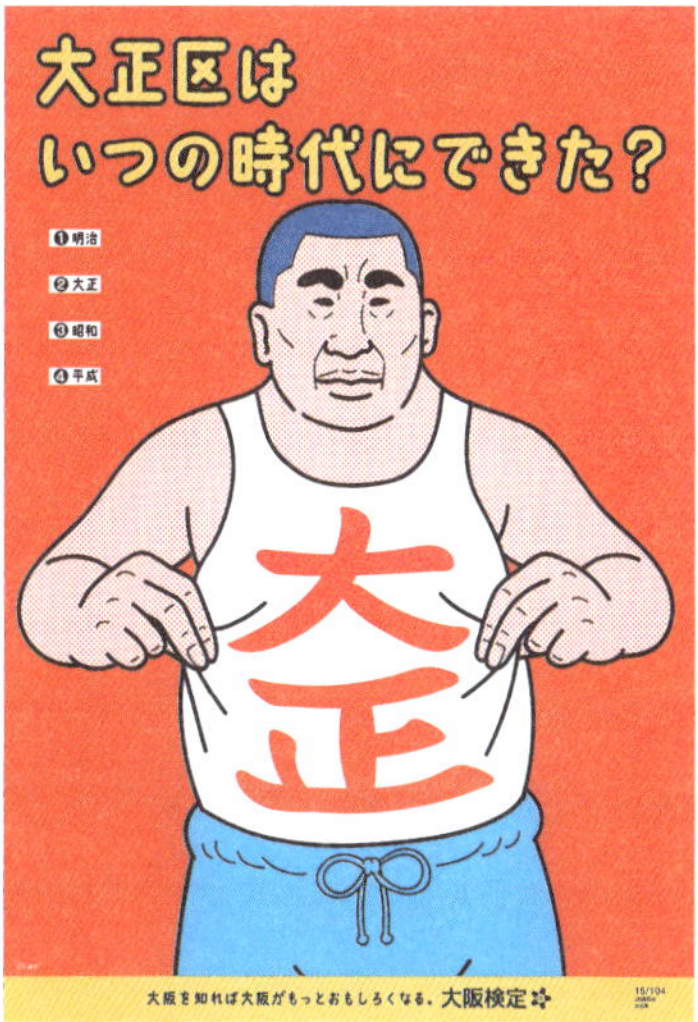

増となった。翌年は鉄道会社を拡大し、ＪＲと大阪市営地下鉄に加え、近鉄、南海、阪急、京阪、阪神、阪堺の全１０４駅で行った。リクエストに応えて、ポスター作品を収録した書籍販売も行った。

◆あかり

ポスターはより直接的に社会の役に立つ形になった。２０１７年5月、全国のＮＰＯ69団体のポスターを制作する『ソーシャルポスター展』が開催された。日本ＮＰＯセンターとの共催で、電通グループのクリエーターが北海道から九州までのＮＰＯのポスターを制作した。

電通本社でＮＰＯの支援活動をしていた田中さんから、商店街ポスター展のやり方でＮＰＯのポスターを作りたいと相談を受けた。「いいですね。やりましょう」と気軽に答えた。しか

社会にはまだ知られざる課題がある。
ソーシャルポスター展
広告クリエーターがつくったNPOのポスター約220点

し、自身が今までやってきたものとは似て非なるものであった。NPOの取り組んでいる社会課題や、活動内容はすぐにわかるようなものではなかった。鮮魚店や漬物店のように誰もが知っているものではない。人に説明するだけで時間がかかってしまう。それを、どうやって1枚のポスターにするのか。また、団体によっては非常にシリアスでデリケートな社会課題に取り組んでいるところもあった。いつものように「おもしろさ」だけを追求すればよいわけではなかった。企画の途中段階を見ていると参加者が頭を悩ませているのがわかった。案の修正指示や方向づけなど、会って話せば早いが、参加者自体が思ったよりも多く、北海道から九州までと物理的に離れていた。メールだとどうしても伝えきれなかった。もどかしさと大量のポスターで毎日は埋まっていった。胸が苦しく、ああ、しんどい、もうポスターを見たくないという日々が続いた。その苦労はできあがったポスターを見ると吹き飛んだ。ポスターたちはおのおのが社会の暗がりを照らしていた。そのポスターたちを集合で見

ると眩しく、神々しかった。石巻で復興に取り組んでいるISHINOMAKI 2.0の刺激的なポスター、ホームレスのおじさんにカメラを渡して撮ってもらった写真でポスターを作ったHomedoor。大阪ではなかなかないだろうThink the Earthの美しく高尚なグラフィック。イラストとコピーのとても幸せな結婚マドレボニータ、大阪が商店街ポスター展のオリジナルであると、そのノリをいかんなく発揮してくれたココルームなど多彩な作品が揃った。札幌、東北など、より小都市のエリアのクリエーターたちが東京や大阪に負けるものかとすばらしい作品を作っていた。部長クラスのベテランチームが、いちクリエーターとして、まるで若手のようにポスター作りに精を出した。

ポスターの贈呈式で、クリエーターたちは必死に自分が担当したNPOのことを説明した。しゃべりたいことがたくさんあるだろうNPOのメンバーよりも熱く雄弁にNPOについて語った。彼らはNPO団体の広報スタッフのようだった。そう思えたとき、このポスター展の目的は一つ達成されたと思った。日本NPOセンターの坂口さんが「このポスター展はポスターを作ることよりも、まずは一般企業の社員が社会の課題に取り組むことに意義があるのです」そう語った意味が最後になって理解できたのだった。こうした取り組みは、まだまだ続けなくてはならない。社会の課題があればあるほどNPOが必要で、NPOがあればあるほどポスターが必要なのだから。

517
kcal
母乳を与える。
それだけで、
ラグビー1試合分の体力を
消耗してしまう。
Madre Bonita

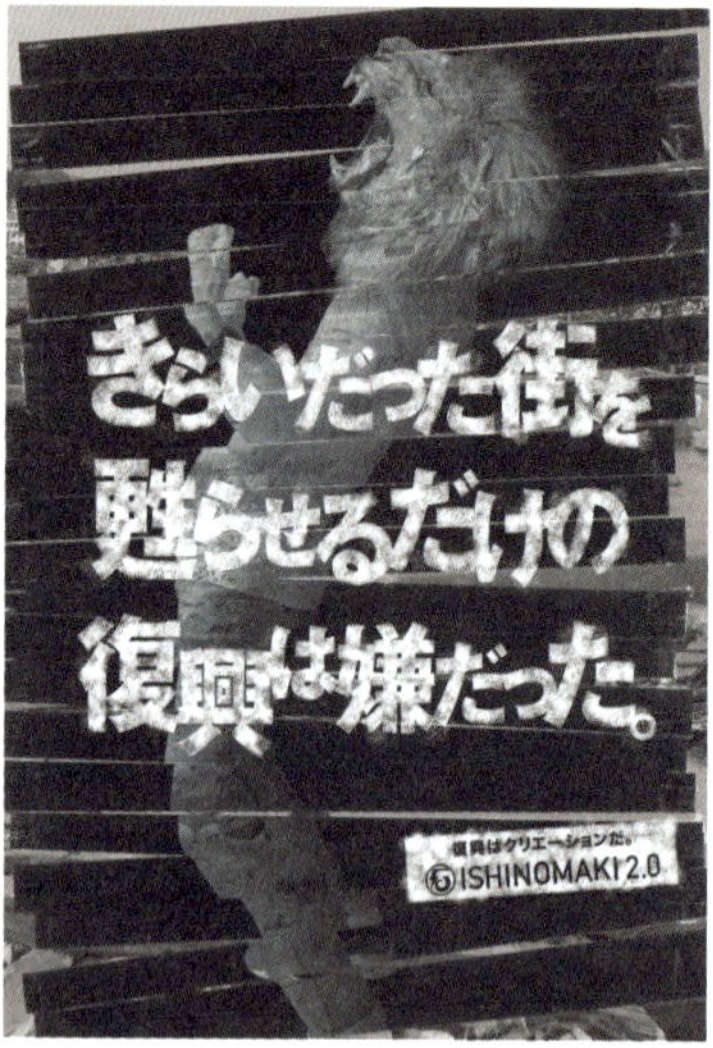
きらいだった街を
甦らせるだけの
復興は嫌だった。
復興はクリエーションだ。
ISHINOMAKI 2.0

ドヤ街で、ドヤ顔。
ヒマつぶしや。
家で天井眺めとる
よりは、ええ。
みんなでつくった自慢の庭にて
近所のおじさん
タマオキさん（67）
日本一のドヤ街・釜ヶ崎で
泊まる、出会う、語らう。
CoCoRooM
ゲストハウスとカフェと庭

ホームレスのおっちゃんが撮影
Homedoor

◆広告はどこまで自由になれるのか

見慣れないスーツに身を包んだキリっとした人間がぼくのデスクを囲んでいた。社内の新聞担当の久安さんと星原くんがぼくに相談に来た。２０１５年の秋、大阪で日本新聞協会の大会がある。そこで、新聞広告の可能性を示す何かをしたい。商店街ポスター展のようなことを新聞広告でやってみたい、とのことだった。そこで思いついたのは、一つの広告主の広告を、中央5紙といわれる朝日新聞、毎日新聞、読売新聞、日本経済新聞、産経新聞で1ページ(15段)に掲載するというものだった。その広告の内容は1種類ではない。各新聞ごとに表現は変える。コピーライターとアートディレクターのペア5組が、例えばAチームは朝日新聞、Bチームは毎日新聞と各紙を担当し、一つのテーマで新聞広告を制作するという態勢だ。

お金をきちんといただきつつも、制作に関してはポスター展と同じだ。自由を認めて、制作はすべてこちらに任せてもらう。掲載まで何が出るかわからない。広告主は、一切ポスターをチェックせず、新聞に掲載された段階で初めて広告を見る。非常に挑戦的な企画であった。

広告主の募集をかけた。特別企画ということで、値段は通常より安くした。リーズナブルな値段で新聞5紙に大きなスペースの広告が打て、かつ、ユニークな表現で目立つ広告が打てる。魅力は大いにあったが、制作をすべて任せるというのがネックだった。最後のその条件で二の足を踏む広告主がほとんどだった。ルールを緩和したほうがいいという意見もあったが、ここをねじ

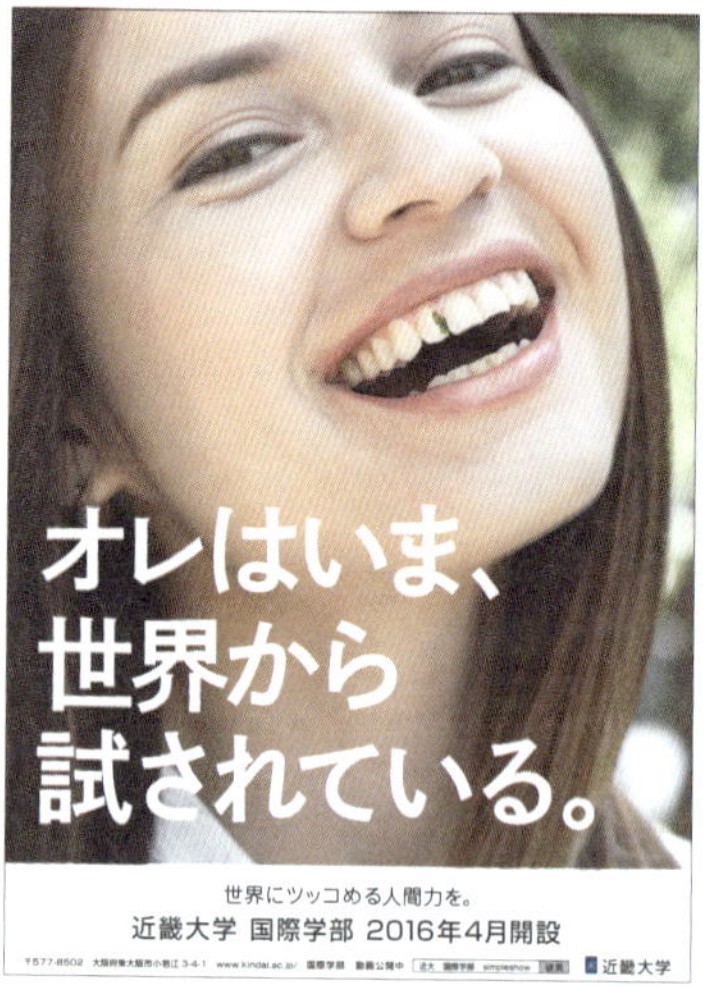

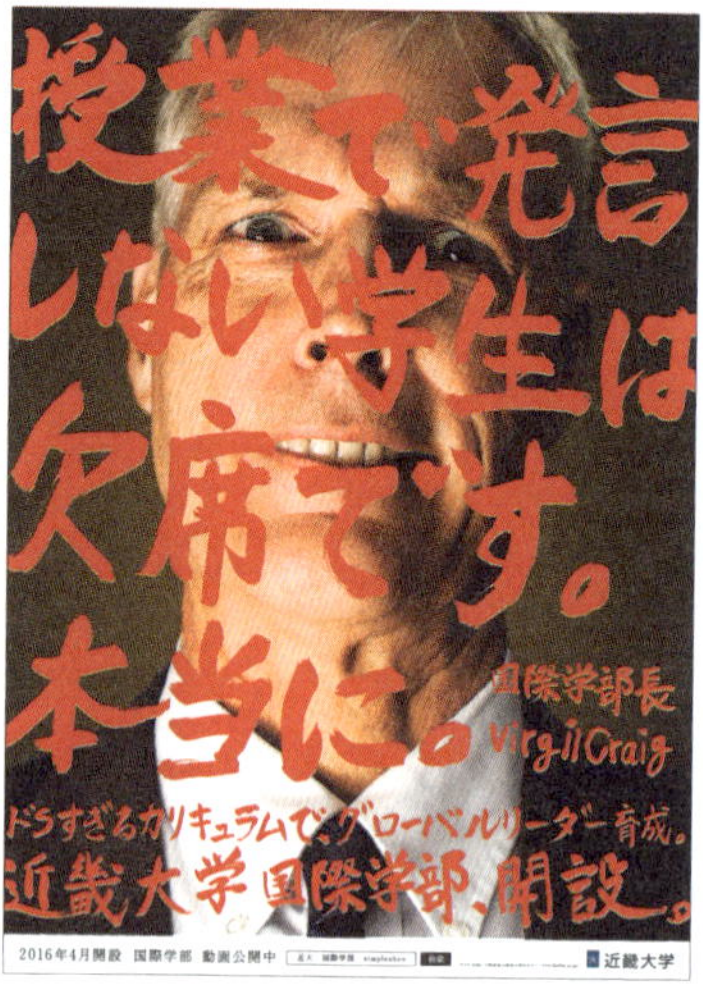

まげてしまっては意味がない。ぼくは頑《かたく》なに拒否をした。なぜなら、「クリエーターに完全に任せてみる」ということがきっと未だかつてない新聞広告のやり方であり、世に提案する意義があるものだったからだ。すると、そこに近畿大学が名乗りをあげた。広報部長の世耕石弘さんが「怖いけど、おもろい！ やってみようやないか」と手を挙げてくれたのだ。近畿大学は今までも挑戦的な広告を何度もしてきた。だからこそ、この企画に乗ってきてくれたのである。

新たに開設される近畿大学国際学部の広告を、ポスター展の精鋭5チームが制作した。特に人気であったのは、国際学部の厳しい教育スタイルを教員の怖い写真で表現したシリーズと、英語が必要なおもしろいシチュエーションを描いたシリーズだった。一つのテーマから様々な視点が生まれた。商店街の一角に飾られるポスターならばまだしも、衆人の目に晒される新聞に大きく掲載される広告でノーチェックの約束を最後まで貫いてくれた、近畿大学には感謝と感嘆の気持ちしかない。

◆続・どこまで自由になれるのか

ある日、社内の見知らぬ営業から電話がかかってきた。大丸・松坂屋の担当者が君と話をしたがっている。東京に来れる日はないかと。大丸は服を買ったぐらいしか、松坂屋では名古屋店にあるひつまぶしを食べたぐらいしか関係を持ったことがない。いざ、話を聞きに行ってみると、大丸の創業３００周年を記念して社員３００人のポスターを作りたいとの相談があった。担当の秀島麻友子さんが「商店街ポスター展」のファンで、３００周年のプロジェクトでポスター展をしたいと声をかけてくれたのである。新世界の片隅のさびれた商店街で吊されていたポスターが一流の企業である、大丸という由緒ある企業の３００周年を背負うことになったかと感慨深いものがあった。３００人は人手の問題で難しかったが、１００人に落ち着きプロジェクトは動き始めた。まずは全国の大丸・松坂屋から「輝く１００人」が選出された。いわゆる婦人服や紳士靴、外商などの百貨店らしい人から、電話交換室から警備員、さらには、本社の法務など裏方のスタッフも多数選出され、個性あふれる１００人が揃った。

あとはポスターを制作するだけだ。しかし、ハードルが二つあった。一つ、地元の店は地元のクリエーターに作ってほしい、というクライアントからのオーダーをどうクリアするか。札幌、東京、静岡、名古屋、京都、大阪、神戸など大丸・松坂屋は各地に点在している。関西だけならなんとかなるものの、他のエリアは任せざるをえない。全国をお願いして回り、各地にある電通のグループ会社がやってくれることとなった。

二つ目は、作業プロセスについての問題である。商店街ポスター展は、制作者に表現をすべて任せることをルールとしている。最初に取材をして、あとは納品をするだけ。案を確認するためのプレゼンはない。途中の意思確認などのプロセスは一切省いている。だからこそ表現の強さがあった。しかし、今回は大丸・松坂屋のポスターである。大丸は300年、松坂屋は400年以上の歴史がある。果たしてそれが許されるのかどうか。ここがキーポイントとなった。通常の作業のように何度も確認作業を重ねると、表現が丸いものになってしまう。何より、商店街ポスター展の根幹を損ねてしまう。クライアントも商店街ポスター展のよさを理解している半面、完全にフリーハンドで制作を任せることにはためらいがあった。結局、サムネール（手書きのラフ）まではきちんと確認をする。それ以降は任せるということになった。サムネールはすぐにOKが出た場合もあれば、何度もやり直したケースもあった。しかし、サムネールが決まってしまってからは、ほとんど修正はなかった。制作者おのおのが最後までブラッシュアップに集中でき、非常によいものができた。

完成したポスターは各店で贈呈された。立派な贈呈式が準備され、各店の店長などの立ち会いの中、ポスターは制作者自ら手渡した。「自分のポスターを作られることなんてもう一生ないから感動しています」「ポスターに恥じぬように仕事をがんばります」「もっとシワ消しといてほしかったわ」と、喜んでくれた。

何度か贈呈式に立ち会って気づいた。ポスターとなったスタッフは大丸・松坂屋のオールスターなのである。どこの企業でも１００人を代表で選び出すとなると、それ相応の人が選ばれることだろう。そんな個性あふれる優秀な人々をポスターにできたこと自体がそもそもラッキーだった。

大丸梅田店の贈呈式にて小山店長が「ブランドは各個人が作る。今回のプロジェクトはまさにそれを如実に表現した」と語った。３００年の歴史を持つ企業がこれを言うのは重みがあった。百貨店はブランドが勝負である。ブランド管理というものは本社が決定し、それを各支社、各店舗に拡散、浸透させるのが普通である。しかし、このプロジェクトは各地域の店舗の、各個人の積み重ねからブランドを形作った。普通のブランディングが演繹《えんえき》であるとすると、これは帰納である。トップダウンではなく、ボトムアップである。そんなやり方で大丸は３００年目を飾ったのだ。

会社の頭脳明晰な先輩である藤野さんは「ポスター展はエスノクリエーティブだね」と評した。文化人類学、社会学の用語で、集団や社会の行動様式をフィールドワークによって調査・記録する手法のことを「エスノグラフィー」といい、近頃はマーケティングでも有効な調査手法として注目されている。ぼくたちは図らずも各地域の大丸・松坂屋で働くスタッフをフィールドワークし、エスノグラフィー的手法でもってポスターというものをクリエーティブしたのだった。さら

300th
京都のお客さんは、
目がこえたはります。
だから、私は
今日も走る。
大丸 京都店
外商担当
森本
大丸・松坂屋
輝く100人のポスター
27
100

300th
京都のお客さんは、
目がこえたはります。
私は、今日もゆく。
大丸京都店
外商担当
森 本
大丸・松坂屋
輝く100人のポスター
27
100

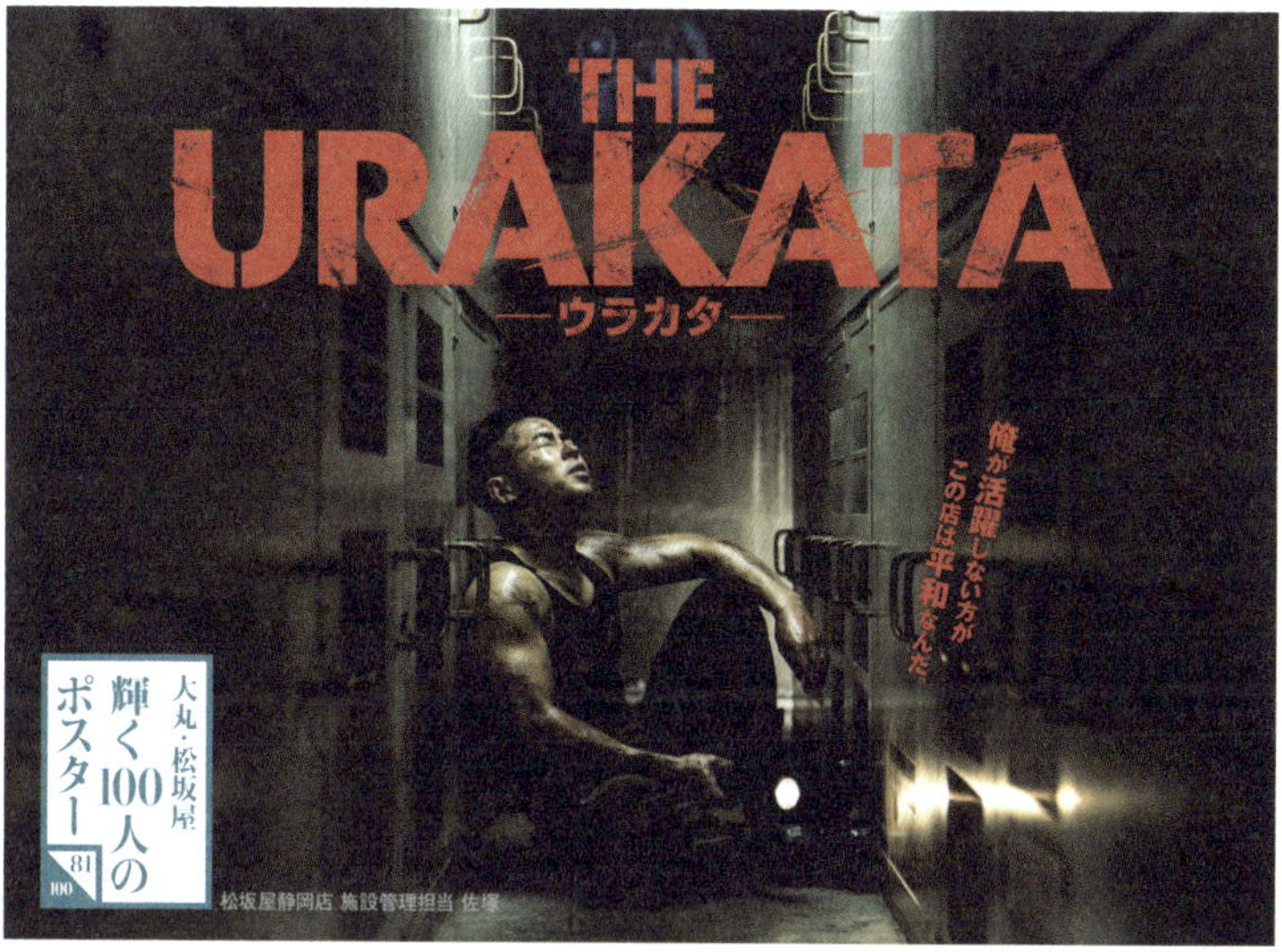
THE
URAKATA
―ウラカタ―
俺が活躍しない方が
この店は平和なんだ。
大丸・松坂屋
輝く100人のポスター
81
100
松坂屋静岡店 施設管理担当 佐塚

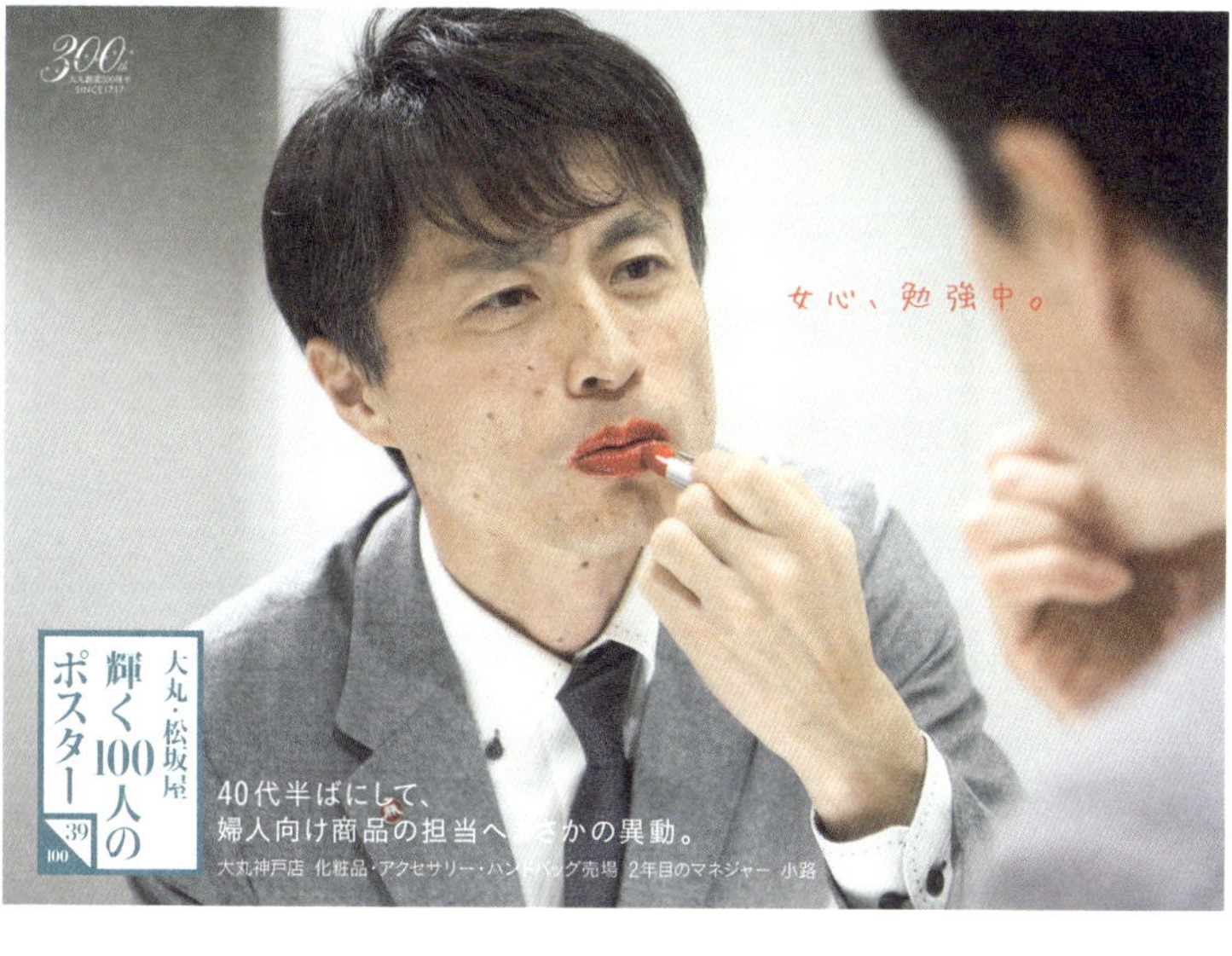
女心、勉強中。
大丸・松坂屋
輝く100人のポスター
39
100
40代半ばにして、
婦人向け商品の担当へまさかの異動。
大丸神戸店 化粧品・アクセサリー・ハンドバッグ売場 2年目のマネジャー 小路

に、それは「エスノブランディング」になった。つまり、大丸・松坂屋個人の集積から大丸・松坂屋というブランドが見えた。大丸・松坂屋という企業全体から発想して表現するのとはまったく違う結果になっただろう。

東京や中央が主導ではなく、地方が主役となる。自分が目指していたことだった。それが歴史ある百貨店でできたことは非常にうれしい。さらには、お金をもらいながらも、広告はどこまで自由に制作ができるかということの一つのテストケースになった。サムネールまではきちんとOKをもらう。そこから先は自由に制作をする。この手順はぼくの広告制作の大きな指標となった。

◆MV作りすぎた

切り揃えられた前髪の下から丸い形のきれいなおでこが見えている。すべてをニュートラルに見ている大きな目。体が小さな割にはご飯をガツガツ食べている。ぼくは新宿でスタジオ練習帰りの三戸なつめちゃんとファミレスでご飯を食べていた。三戸ちゃんの好きなマンガやお笑いの話を聞いていた。

真冬の暖房のないピカスペースに、ソニー・ミュージックレーベルズの藪下さん、佐藤さん、鈴木さんがやってきた。モデルから歌手へと転身する三戸なつめのデビューに力を貸してくれないかという依頼だった。プロデュースしているのは中田ヤスタカ氏である。きゃりーぱみゅぱみゅや、Perfumeに次ぐ、中田さんの第三の刺客が三戸なつめである。こりゃあ、えらいこっちゃ、えらいこっちゃである。ぼくでいいのか。ぼくでいいからここに来ているのか。

三戸ちゃんはアソビシステムに所属している。アソビシステムといえばきゃりーぱみゅぱみゅが所属し、原宿の「かわいい」カルチャーを創出しているとても勢いがある会社だ。原宿の真ん中から新世界の真ん中にいるぼくのところへ仕事が来た。うれしかった。

しかし、一体何をすればよいか、中田さんがすでにプロデュースしているアーティストはそれぞれ個性があるだけに、下手をすると三番煎じになってしまう。今までとは違うことをしなくてはならない。それを求めていたからこそぼくに白羽の矢が立ったともいえる。

三戸ちゃんは東京で大人気のモデルであったが、奈良出身であった。大阪の服飾の学校を出ていて、お笑いと粉もんが大好きである。「うちな～」と関西弁の主語を使い、気さくでまったく飾らない。その前髪ぱっつんの髪型が、かわいいだけでなくおもしろさも兼ね備えた存在であることを示していた。

ぼくは企画書に「中田ヤスタカ×関西のノリ」と書いて提案をした。彼女の関西のノリを中田さんにかけ合わせると新しいものが生まれる。では、関西のノリとはなんなのか。すぐに浮かぶのはお笑いだが安易にそこにいくのはやめた。お笑いではなく関西のアートのノリでやる。そう決めた。そのノリとは、「とりあえずやってまう精神」である。電通のアートディレクターたちは、東京藝大、武蔵野美大、多摩美大、金沢美大など有名美大の、その中でも優秀な成績を収めたエリートが多い。知識もあって、絵が上手いという確かな技術の裏打ちがあって制作をしてい

る。しかし、ぼくが大阪で出会う人々は、知識もないし絵は下手だが「とりあえず描いてまえ」「作ってまえ」「歌ってまえ」といった勢いがあった。技術はなくても表現欲にあふれていた。それはそれである境地に達する。そういう精神から、大阪のアートや音楽といったカルチャーができているところもある。ギターを持てば技術がなくてもとりあえずかき鳴らすという、パンク・ミュージックに似ているといえる。パンクはそのエネルギーのぶつける先が反逆であるが、大阪はユーモアにいきがちだ。イラストを描いたり、ファッションを独自で考案したりと、三戸ちゃん自身もそうだった。だから、その「とりあえずやってまう精神」でもって三戸なつめをプロデュースする。

まずはアーティスト写真である。三戸ちゃんといえば、奈良。奈良といえば鹿。ぼくがカメラマンとなって奈良公園で写真を撮った。

次にジャケットにとりかかった。デビューなのでインパクトがあるものを、店頭で並んで強いもの、何より三戸ちゃんらしいものをと頭を回した結果、後輩のデザイナー市野護が「CDの帯を前髪にしたい」と目をるんるんと輝かせて言い出して、それはそのまま形になった。

次にデビュー曲『前髪切りすぎた』のミュージックビデオである。「とりあえずやってまう精神」を持ったアーティストにミュージックビデオをお願いすることは決めていた。しかし、1本のミュージックビデオでは心もとない。今まで数を作りすぎたからだろうか、複数作らなければ気が済まなくなっていた。ビョーキかもしれない。結局11人の映像作家に依頼した。すべて関西ゆかりの人間である。神田旭莉は百貨店でオシャレではないケーキを売りながら映像を作っている駆け出しの映像作家であった。めりんぬはスタイリストでありながら趣味でわちゃわちゃした映像を作っていた。会社の後輩である藤井亮は武蔵美出身のアートディレクターでありながら、映像ディレクターとしてずっといじわるなB級映像を作っていた。小路翼は2年目の駆け出しアートディレクターだった。学生時代に奇妙な映像を作っていたので映像作家として入ってもらった。宮本杜朗は関西の若手映画界のホープ。大熊一弘は東京時代の遊び仲間で、東京に20年以上住んでも関西丸出しの奈良出身のCMディレクターだ。坂本渉太は「とりあえずやってまう精神」で関西のインディーズバンドの映像を作ってそのまま売れっ子になって東京で活躍していた。ベンちゃんは、作る世界観がいちばん三戸ちゃんと合っていた。かわいく、ユーモアあふれ、ぶっとんだ映像を作っていた。セルフ祭のメインメンバーでもあるまこねはんは、ただの素人と思っていたら実は『みんなのうた』の映像を作ったことがあるアニメーション作家だった。一体、何が出るかわからない自動販売機の「?」のドリンクのような枠にコタケマンを配した。

ディレクター全員に11人が映像を作るという趣旨を説明してお願いをすると「作品の一部を作るということですね?」「違う、一人で1本作って」「え、ほんまですか!」という反応だった。

伊勢田勝行さんは普段はビル管理会社に勤めながら、マンガを描いている。年齢は40代後半ぐらいだろうか、学生の頃からずっと少女マンガ誌に投稿している。しかし、その投稿はそこまでは認められず、デビューには至っていない。しかし、伊勢田さんはめげることなく、どんどん作品を生み出している。マンガでは止まらずに自分のマンガをアニメ化している。セル画を描き、それをホームビデオで撮影して編集をしている。声はすべて伊勢田さんが一人でやっている。男子生徒も女子生徒も子どもも刑事も宇宙人もすべて伊勢田さんの声だ。だから、何を言っているかわかりにくい。アニメのテーマソングも自分で作詞作曲をして歌っている。そして、自身のアニメのコスプレをして人前で歌う。完全に伊勢田さんの宇宙は完結しているのである。その伊勢田さんに「三戸ちゃんが主人公の少女漫画を描いてそれをアニメ化してほしい」と依頼した。2

週間後、伊勢田さんは完成品のＤＶＤを大丸の使い古しの包装紙に包んで送ってきた。11本の映像のトップバッターはこれだった。Youtubeにアップした。「これ、やばい」「誰かファンが勝手に作ったの？」と世間がざわつき、凍りついた。完璧だった。伊勢田さんを中田さんと結びつけた時点でこのプロジェクトは成功だと確信した。

他の10人にとって伊勢田さんの作品は大きなプレッシャーだった。普通のことをしていては負けてしまう。みんな独自の切り口と手法で個性あふれる企画をあげてきた。

撮影祭りが始まった。２週間ずっと撮影だった。何しろ残り10本もある。三戸ちゃんには、白

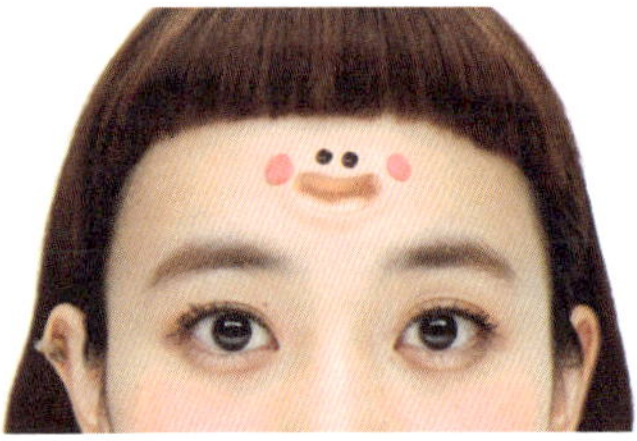

ちょうどいい

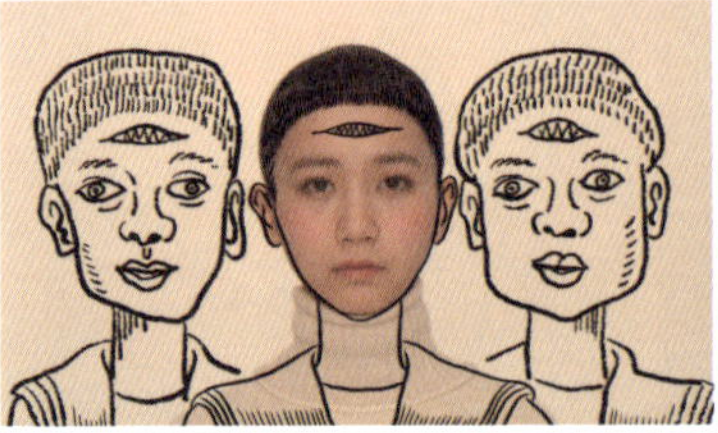

菜を持って踊ったり、顔に落書きされたり、バスケットゴールにはまったり、奈良の山奥でダルマを持ったり、中野の商店街を走り回ったりと、本当にいろんなことをしてもらった。

「前髪切りすぎた」のMVは3日ごとに1本公開された。次から次へとわけのわからない映像が公開される。しかもそれがすべて同じ曲である。ムダが多いにもほどがある。MV奇襲作戦は功を奏し、三戸ちゃんはいいデビューを飾った。今はもうテレビやCM出演がたくさんの売れっ子タレントである。

MV集は『前髪切りすぎたのMV作りすぎた』というタイトルでDVD化された。『監督呼びすぎた』と称した発売イベントでは監督一人一人が一芸を披露するというわけのわからないことになった。終了後はサイン会に突入した。三戸ちゃんに加えて、監督一人一人もDVDのパッケージににサインをしていくという展開になった。みんなサインなどしたことがないから、書体は一つ書くごとに違った。監督の一人であった小路翼は、女子高生に「あなたのサインだけはいらないです」と断られた。もっとがんばろうと、彼は思ったそうだ。

◆美しい田舎の悩み

大阪から特急サンダーバードで琵琶湖の西側を走り、福井まで2時間。その後、数時間に1本ほどの越美北線という単線に乗り換えて、山を三つほど越えて、このままどこに連れていかれるんだと思っていると突然平野が開けてくる。福井県大野市、人口3万3千人ほどの盆地だ。田んぼが広がり、田舎というイメージがぴったりの田舎である。

大野市では、20代で2割、30代で4割の市民が市外へと転出していた。子育て層の流出は、つまり、子どもを産む層の流出であり、人口減少に拍車をかけるので特に問題であった。このままでは大野市という自治体そのものがなくなってしまうかもしれない。そんな悩みを引き受けることになった。「人口減少」という大きな問題にぼくは取り組むことになった。

商店街の活性とはわけが違う。より長期的、本質的な解決が求められる。まずは自分の目で確かめようと初夏の大野に足を運んだ。盆地という呼称がぴったりの見事なまでに山に囲まれている平野には、田んぼが広がり、大きな里芋の葉が揺れている。田んぼや畑で作業しているのは「おじいちゃん、そんなに働いたら大変やで」と思う高齢の人ばかりである。町行く通行人もバギーを押すおばあちゃんであったり、軽トラに乗るおじいちゃんが多い。メインストリートの七間通りはガラガラだった。

市役所の人たちは悲観もせず、楽観もせず冷静に現状を見ていた。日本全体の人口が減っていく。これはもう致し方ないことだ。だからある程度の自然減は致し方ない。無理に増やしてくれというわけではない。ただ、減少率をもう少しマシにしたい。他の自治体が移住中心の施策を行う中、ぼくたちはIターンよりもUターンを狙うことにした。名前が平凡なこともあって、大野市の知名度は高くない。移住先の候補として挙がるには知名度が高い必要がある。そして、盆地という土地柄、部外者にあまりオープンではない（一部の人はとてもオープンであるが）。空き屋などは多いもののまだ所有の状態にあり、売買や譲渡できるものが少ない。しかし、出身者であれば大野に家族がある。家がある。大野への抵抗はない。決して仕事がないわけではない。まずはＵターンから始めることでぼくたちは合意した。

Ｕターンのプロジェクト名は『大野へかえろう』とした。言いたいことはそのまんまのシンプルなものである。『大野』という名前も大きく構えた、度量のある地名であったこともある。母なる大地へ帰ろう、といったニュアンスも感じなくもない。

合言葉は決まったものの、ロゴはなかなか決まらなかった。初めての試みだけに、みんなとても慎重だった。「ロゴが決まるまで他の施策はやる気になりません」と市の担当者の雨山くんは言った。何度もやりとりを重ね、後輩のデザイナー、河野愛が「へ」という文字を重ねて大野の象徴である荒島岳のシルエットを作るというロゴを作った。カンペキだ。これで『大野へかえろう』はスタート地点に立った。

だいたいの大野市民は「大野は何もない」と言う。「お先真っ暗だ」という人もいた。しかし、ぼくには大野は魅力的に見えた。豊かな自然があった。おいしい水があった。その水が染み込んだ食べ物は甘くておいしかった。人々は優しくおおらかだった。

大野には田舎型進歩人といった、質の高い生活を送っている人たちがいた。モモンガコーヒーの牧野くんは、大野のおいしい水にこだわってコーヒーを作って

大野へかえろう

いる。他の場所では飲めないすばらしくおいしいコーヒーを提供している。ホオズキ舎の長谷川くんはどこでも通用するハイクオリティなデザインと映像を作り、大野にいながら東京からの仕事も受注している。自身でコミュニティスペース、音楽フェスなども主催している。鉢植え作家の髙見瑛美ちゃんは、大野の山に入り、そこで自生している植物を鉢植えにして作品として販売しつつ、大野の古い伝統を守る活動をしている。建築士の川端さんは、大野ならではのユニークな住居や店舗を設計・建築しつつ、小さな映画館を作って映画を上映している。ダンサーの森田真由ちゃんは、雪国らしからぬ、大阪人さえも負けてしまいそうな陽気さで、子どもたちにダンスを教え、大野を元気にしている。たくろーは設計士として図面を書きながら、隙あらば川に入って渓流釣りをしているか、世界の真実をYoutubeで探している。仏壇店の清

水くんは、釣りのルアーを修理するために、仏壇で使う金箔を使用して親に怒られている。金箔のルアーは重くなりすぎて動きが悪いそうだ。都会と遜色のない、むしろ、都会よりもよいクオリティの生活を送っている人たちが大野にはたくさんいた。

どうして、大野へ帰ってきたのかと様々な人に聞いてみた。「ずっと大野が好きだったから」「家族とずっといたかった」と自発的に帰ってきた人もいれば、「就職が決まらなかったから」「会社が倒産した」「親が病気になった」といったやむをえず戻ってきている人もいた。一つのケーススタディがぼくとガッツリと組むことになる大野市役所の雨山直人くんだった。雨山くんは京都の大学を出て、就職活動をしたがうまくいかず、失意のまま故郷に帰ってきて、姉から勧められて軽い気持ちで受けた市役所の試験に受かって今に至る。「大野なんかつまらない。どうしておれはこんなところにいるんだ」と彼はやさぐれた20代を送る。しかし、30代前半の今は、市役所で働きながら仲間たちとプライベートでSONOUというコミュニティスペースを作り、郷土を考える様々なイベントをしている。公私共々で町おこしを考えている。モモンガコーヒーの牧野くんも、東京で意気揚々と働いていたが家庭の事情でやむをえず大野へ戻った。20代に迷い、様々な仕事を経験したあげく、現在のコーヒー店をオープンするに至る。この二人の共通点は出会いだった。地元をおもしろくしようとしている若者たちと出会い「地元にこんな人たちがいるんだ」「大野って楽しいかも」と意識を改めたことだった。ここにヒントがあるように思えた。

◆高校生とポスター

今までの商店街ポスター展は広告制作者が作っていた。今回は地元の高校生たちがポスターを作る。今までは商店が主役であるが、今回は第一に学生たちが主役である。『大野へかえろう』のはじめの施策として『大野ポスター展』を開催した。

狙いは三つあった。一つ目は、地元の魅力を再発見するということ。大野市には大学も専門学校もないので、外に出ていく子が多い。だから「出ていくな」とは言えなかった。ただ、地元の魅力を知ってから出るのと、知らないで出るのは大きく違う。生まれてずっと大野にいても、いや、いるからこそ地元の魅力に気づかないものである。市内にいるうちに、ポスター制作を通じて地元を理解してもらおうと考えた。広告を制作するにあたってまずはその商品や企業の魅力を発見しなくてはいけない。いくら魅力がなかったとしてもそれを半ば強引に見つけなくてはいけない。そうしないと広告が作れないからである。魅力を見つけるのと、見つけた魅力をよりわかりやすく人々に伝えること、それが広告の仕事である(広告制作者はなんとか魅力を見つけようとするので性格がよくなる。対象を蔑《さげす》んでいては仕事が終わらないのである。斜に構え、しらけた若者だったぼくも、広告をすることで性格がよくなった)。ポスター作りは地元を見直すには最適である。

二つ目は、ポスター制作を通して、地元のいい大人たちと繋がるということ。Uターンしておもしろいことをしている人間はたくさんいる。しかし、高校生が知っている大人は親、親戚、学校の先生ぐらいである。地元で働く大人のモデルが極端に少なすぎる。大野のいい大人たちはいい見本になる。大野に戻ってきたときの仕事のイメージができる。都会へ行かずとも、大野で自己実現ができることが理解できる。

三つ目は、自分には自身が住む町を元気にする力があることに気づくこと。ポスターは商店主や、それを見る市民などいろんな人を元気にしたり、笑わせたりして、町までも元気にする。そういうことを自分もできるんだと摑むと、いつか戻ってきたときに、自分の力で町を元気にしよう、町を変えてみよう、と思えるようになる。

地元にとっても、さらには高校生にとってもよい企画である。だから、簡単に協力してくれるだろうと思っていた。それは甘い見込みであった。ポスター展を学校の授業の一環にしてほしかったのだがカリキュラムがすでに決まっていて無理であった。授業中にポスターの取材などに行って何かあったら学校側としても責任が持てない。結局、生徒の自主参加という形で夏休みにやることになった。学校行事や補講がない8月の第1週の数日をなんとかもらった。高校生は忙しい。

日程は決まった。しかし、生徒が来てくれるかわからない。ポスター作りに興味を持ってもらわなくてはと学校に何度も説明に行った。創立記念日の朝礼なら全校生徒の前で説明できると、大阪から駆けつけ、朝8時45分からはじめの5分だけ時間をもらい、数百人の全校生徒が体育館で三角座りをする前で説明をした。昼下がりの優しい光が差し込む放課後の理科室で個別に説明

買わんでええで
見てってのぉ
大野ポスター展
大野の高校生たちが作った大野のお店のポスター36点
9.19-11.23

をした。何人集まるか本当に不安であったが、結局36名の応募があり、それぞれが1店舗のポスターを担当して合計36店舗のポスターを作ることになった。

真夏の4日間にワークショップを行った。講師は電通のコピーライターとアートディレクターの6名、地元のデザイナーが1名である。電通の講師のうちの2名、江上さんと植村さんはなんと大野市出身であった。しかも二人とも大野高校時代に同級生で、ともに美大に入学し、ともに電通に入社するという、大野市の人口を考えると天文学的な確率である。そんな二人が故郷に錦を飾り、故郷にポスターを飾った。

取材、企画、撮影まで生徒がやる。一眼デジタルカメラをレンタルでこちらが用意し、生徒が撮る。ほとんどが一眼レフが初めてだ。最後のデザインはMacを使えない生徒たちがほとんどなのでぼくたちが引き取る。ぼくが受け持つ生徒の一人は写真館を担当した。自分のおばあちゃんをモデルにして、撮影をした。高齢化が進む大野らしいポスターだった。もう一人の生徒はBARUというアジア家具屋を担当した。コピーも見事ながら写真がすばらしかった。江上さんが受け持つ生徒の一人は水引の製作所を担当した。ポスターで水引の世界を伝えた。美しく、涼しく、透明感があるポスターは大野そのものだった。

ポスターは町の中心部や、駅、ショッピングセンターに掲出された。「広告にするだけで地元がこんなにもステキに見えるとは思いませんでした」「こういうポスター展ができるような町、移住したくなります」と反響は大きかった。人気投票の投票総数は1万を超え、たくさんの市民が投票した。先の写真館のポスターは人気投票1位となった。1位になった生徒は「大好きなアーティストのライブがある」と、大阪に行っていた。授賞式は欠席となったが、祝福に包まれたよい表彰式だった。

翌2016年、また大野ポスター展が開催された。作品は前年と同様瑞々しかった。花垣という地元の酒造メーカーを担当した生徒は、大野人が愛する荒島岳を背景に商品を撮る企画を決めた。現地に行ったものの、ずっと曇っていて山頂が隠れており、2時間待ってようやく撮影した。その甲斐あってとてもすばらしいものに仕上がっている。店主も大いに気に入り、店や駐車場の看板など、ポスター展以外の場所でも活用されている。大野ポスター展は特に写真が瑞々しくてとてもいい。初めて一眼レフに触れる人がほとんどだ。写真は撮る楽しみにあふれている。

大野ポスター展は2017年も開催し2018年も開催予定である。真夏の美しい里芋畑で撮影したり、開店前のラーメン屋で女子高生と二人きりで何も共通の会話が見出せなくて、1時間

べっぴんに
撮ってやぁ
仏壇に飾るんやで
きれいな人をもっときれいに
フォトサロン
高宮

アジアの田舎でアジアの田舎
アジアで見つけた雑貨と家具
BARU

飲むと、
そこには大野があった。
花垣
花垣

楽しみ
喜び
想い
伝えます。
「水引」という
水に住んで
四百年。
喜久優

沈黙していたりと貴重な経験ができた。高校生と仲良くなるにはすぐにあだ名で呼ぶ、それが今回得たいちばんの教訓である。

◆言い出せないけど歌にする

子どもたちが大野へ帰りたいと思う気持ちは大事だが、親たちが子どもたちに帰ってきてほしいと思う気持ちも大事である。ほとんどの親たちは、本心では「帰ってきてほしい」と思っていた。しかし、それを子どもに伝えていなかった。恥ずかしいという思いから、戻っても仕事が多くないから苦労させるという思いから、言えずにいた。就職のタイミングで「こっちで働いてほしい」と言う親も少なからずいた。しかし子どもにとっては大学生活も終盤にさしかかり進路をほぼ決めたタイミングで言われても、すでに自分の中で進路を決めていて、どうしようもないといったケースがよく見られた。とはいえ、親に「戻ってきてくれ」と土下座されたが故に、大野へ帰ってきた人がいた。土下座まではいかないものの、親が帰ってきてほしいと思っているから、帰ってきたケースもいくつかあった。当たり前のことながら、親の気持ちは子どもに強い影響を与える。「帰ってきてほしい」という親心をきちんと子どもに伝えると、帰ってくる子どもたちが増えるかもしれない。

親の気持ちをどう伝えるか。どう強い印象を持たせて伝えるか。歌で伝えるのがよいのではと思いついた。『大野へかえろう』というオリジナルソングを作ってそれを卒業式に父母から生徒たちへ歌ってもらおうというものである。大人たちが声を大にしておおっぴらに「帰ってきて」とお願いするのは今までにないもので新しい。吉幾三の『俺ら東京さ行ぐだ』の逆である。

曲作りは盟友であり、音楽制作会社PIANOのプロデューサーである、冨永恵介に相談した。伝えたいメッセージがはっきりしている。詩を作ってから曲を作るほうがいいだろうということで、まずはぼくが歌詞を書いた。

大野にもう50回ぐらい足を運んでいた。たくさんの大野人の話を聞いていた。そんな思いをまとめて歌詞を書いた。自分の「これがおもしろいだろう」といった企みの気持ちは捨てた。ただの媒介になったように、人と自然の声に耳を澄ました。出だしは相当悩んだが、満足のいく歌詞が書けた。

作曲は、PIANOに所属し、芥川作曲賞に輝いた若手のホープ、坂東祐大（ペンネーム：松司馬拓）にお願いした。実際に大野へ足を運び、大野を感じてメロディをつけてもらった。注文は二つだけだった。一つ目はずっと歌い繋いでもらえるような、スタンダードな曲にしてほしいということ。二つ目は、明るい曲にしてほしい、旅立つ高校生たちの応援歌にしてほしい、ということ。この歌詞で曲が悲しいとあまりにしんみりしてしまう。

曲のデモができあがってきた。完璧だった。1回聴いただけで2歳の娘がずっと歌っていた。子どもがすぐに歌う曲はいい曲だ。自信を持って提案した。しかし、大野市民の反応は真二つに分かれた。「感動した。泣いた」という人間もいれば、「うちの町はこんなんじゃない」「メロディ

大野へかえろう

作詞：日下慶太
作曲：松司馬拓

山が世界を切り離し
世界はこの町だけのよう
自然にあわせて時は過ぎ
人はゆっくり生きている

夕日が田んぼを照らしてる
里芋の葉が揺れている
小さな町の子どもたち
夢を求めて旅立つよ

大野へかえろう
言い出せないから歌にする
大野へかえろう
広い世界に出るといい
いつでも大野は待っているから

川が盆地を駆け巡り
すべてに水はしみわたる
雪が積もれば雪をかき
毎日変わらず生きてゆく

長い冬が揺らぎ出し
雪が水へ変わる頃
大人になりつつある君は
この町から巣立ってく

大野へかえろう
言い出せないから歌にする
大野へかえろう
広い世界に出るといい
いつでも大野は待っているから

夢を追い
友と出会い
恋をして
大きくなれ
時には思い出してほしい
わたしたちがいることを

大野へかえろう
言い出せないから歌にする
大野へかえろう
広い世界に出るといい
いつでも大野は待っているから

大野へかえろう
広い世界に出るといい
いつでも大野は待っているから

が違う」という意見もあった。ぼくは動じなかった。同じ会社のスタッフのみんなに「これは絶対泣く」と評判だったこと、大野出身の江上さんが最初の歌詞のフレーズを見て「おれは高校生のとき同じことを思っていた」と言ったことで揺るぎない自信があった。歌詞とメロディを変えるつもりはなかった。議論は平行線になった。ここで言い合いをしていても始まらない。最後の判断は市長に委ねることになった。

サンダーバードに乗り、大野へと向かった。鉛色の大阪の市街地を抜け、白く静かな京都を抜け、琵琶湖が右に大きく見えたあたりから、雪が強く降り始めた。車窓から琵琶湖を眺めながら、うまくいくよう祈っていた。琵琶湖が終わると、列車は山を登る。滋賀からも福井からも見放されたような村を過ぎ、敦賀に出て、また山に入り、長いトンネルを抜けて、平野部になった。雪が止んでいた。真っ白な田んぼの上には虹が出ていた。いい兆しだ。きっと市長は気に入ってくれるはずだ。

市長室を訪れた。市長、副市長、市役所の幹部が見守る中、音楽を再生した。市長は顔をしかめていた。しかし2番になると口ずさみ始めた。「いい曲だなあ。カラオケで歌いたい」と市長は言った。完璧だ。

次の問題は卒業生の親たち(PTA)が承諾してくれるかどうかであった。ここで気に入らないと言われたらもう終わりであったが、PTA会長他、みんな快諾してくれた。

曲はできた。あとは卒業式で歌うことをどう実現するか。すべてが初めての試みだった。卒業式で時間をもらえるのかどうかも定かではなかった。雨山くんをはじめ、大野市役所のチームが学校に何度も足を運び、卒業式の最後の数分の時間をもらうことができた。企画はたやすいが実現は大変。先の大野ポスター展と同じである。これが地方の仕事である。

楽曲のCDと歌詞を各家庭に配った。そして、2回の練習を設けた。それぞれ20名ほどが来てくれた。ＰＴＡの役員たちが率先して連れてきてくれた。とはいえ、来たのは父兄の1割ほど。残り9割は果たして歌ってくれるのだろうか。不安は広がった。


卒業式当日、雲一つない青い空の下には白い雪。春の始まりを感じる大阪とは違い、大野では3月の上旬とはいえ雪が残っていた。体育館は日もあたらず、暖房器具もなく、広々として寒かった。生徒が入場してきた。女子生徒はこれが最後だという顔をして、男子生徒はさみしいはずだろうに、それを隠すかのように笑いながら、体育館の中を歩いてきた。

校長や来賓の挨拶、卒業証書の授与、『君が代』の斉唱、『仰げば尊し』の合唱、卒業生代表と在校生代表の答辞とつつがなく進み、卒業式の演目がすべて終わった。

「最後に、卒業生のみなさんにプレゼントがあります。回れ右」

卒業式の司会の教諭が式の終わり際に突然言った。父母が一斉に立ち上がった。生徒たちは「え、何が始まるの?」と笑っている。会場がどよめく中、『大野へかえろう』のピアノのイントロが流れた。しかし、歌声が聞こえてこない。じっとしていた寒さからか、父母たちの歌声はとても小さかった。生徒に歌が聞こえていない。これは失敗したと思った。近くにいた雨山くんを見た。目が合った。彼も同じことを考えていた。ずっと長い間準備してきたのにスベってしまったぞ、と。しかし、一小節ごとに歌声は大きく伸びやかになっていった。生徒たちに歌声は確実に届き始めた。最初は何が起こったかわからないと呆然と立っていた生徒は、だんだんとその状況を呑み込んだ。サビにきた。歌声は完璧だった。生徒たちの心を揺さぶっていた。よそ見している生徒など一人もいなかった。はるか遠くを見つめるように、親たちを見ていた。3年間を振り返っているのだろうか。これから去りゆく大野を愛しく思っているのだろうか。曲は大きな体育館に響き渡る。間奏で気持ちを整理するかのように親たちは姿勢を正した。また歌が始まった。歌声はもう小さくはない。きれいなピアノの音色がそこにいる人々に染み渡る。曲はクライマックスに向かっていく。何人かの親が涙を流していた。それをぬぐいながら歌っていた。生徒も数名涙ぐんでいる。最後は、たくさんの人が涙を流していた。曲が終わった。拍手は鳴り止まなかった。

「ぼくの想いは本当に歌詞の通りでした」とＰＴＡ会長は語った。

「私が卒業するときにも歌ってね」と高校2年生は親にお願いした。

「孫が2年後に卒業するから今から練習しておく」とおじいちゃんがＣＤを取りに来た。

「来年は私たちが演奏したい」と吹奏楽部の生徒が音源を取りに来た。

翌日の福井新聞と福井県民新聞が大きく報道した。「作曲：松司馬拓」とあった。坂東くんの松司馬名義の初めての作品が『大野へかえろう』となった。「作詞：日下慶太」と記載があった。歌詞をすべて掲載してくれた。言葉に携わる者の冥利につきる。

歌は、高校生以外の大野市民に、さらには市外に出ている大野人たちにも伝わった。大野へ帰っても望み通りの仕事はないかもしれない。でも、ふるさとが声を大にして「帰っておいで」と言っていることをわかっておくことはとても大事だ。いつか何かのきっかけがあれば「大野へかえる」ことを検討することになる。

翌年の卒業式では吹奏楽部の生演奏とともに演奏された。翌々年は父母が制作した映像とともに歌われた。きっとこれから毎年、この曲は歌い継がれていくことだろう。

◆成人式の贈り物

『大野へかえろう』の集大成として作りあげたもの。それは写真集である。「大野へかえりたくなる」写真集を作って、成人式で贈呈することとなった。

大野市民と電通スタッフからなる編集チームを作り、月に一度、編集会議を開催した。内容をどうするか、侃々諤々《かんかんがくがく》と議論した。まずは写真である。「かえりたくなる写真」とはどういうものなのか。大野のいちばん有名な写真といえば「天空の城」と称され、雲海の上に越前大野城の天守閣だけ浮かびあがっている写真である。テレビでも数々取り上げられている。それは観光客にとってはよいが、地元の人はほとんど見たことがなく、懐かしい写真ではない。行楽地の紅葉や花などもそうであった。観光名所は出てこなかった。通学路、学校のグラウンド、田植え、祭り、里芋の収穫、降りしきる雪、おばあちゃんなど、撮るべきものはごくごく普通のものだった。ぼくたちよそ者にはまったくわからないシーンだった。ここにしかないものを作ろうと写真１枚１枚に言葉を１文添えることにした。それに加え、大野ゆかりのアーティストの作品や、大野らしい料理のレシピも入れることとなった。

内容が決まってからはひたすら制作だった。写真撮影は地元の映像作家・デザイナーである長谷川くん、アシスタントに鉢植え作家の髙見瑛美ちゃん。コピーライターは大野市で酒屋を営む源内啓志朗さん、地元のグラフィックデザイナー桑原圭くん、大野市役所の雨山くん、廣作力さん、鈴木翔太くん、岸本峰波さんである。ぼくは編集長としてチームをまとめた。

長谷川くんの撮る写真は方向性を探りながら見切り発車で始めた。はじめは迷ったが、方向が決まるとすばらしい写真ばかりがあがってきた。編集会議で写真をセレクトし、言葉を追加していった。大野市民のコピーライターが書く言葉は、はじめは絵の説明ばかりでつまらなかった。「もっと言葉に感情を乗せて。その感情は個人的であればあるほどいい」と方向づけをすると、すばらしい言葉がたくさん出てきた。ぼくたち電通のスタッフが言葉を書いたり絵を決めることは極力しなかった。外部の人間は大野の魅力の一部しか知らない。大野の長い冬、雪の白さ、荒島岳の雄大さはぼくたちにはわからなかった。大野市民に作ってもらうしかなかった。ただ、ぼくたちは普段の広告のスキルを使ってより伝わるよう、わかりやすくなるよう、表現が強くなるように手伝った。約１年をかけて、２００ページの立派な写真集が完成した。

写真集は成人式に贈呈した。新成人たちは「大野の懐かしい風景ばかり」「下宿に持って帰ります」と喜んでくれたが、それよりもこれから行く飲み会が楽しみで仕方なさそうだった。むしろ成人の親に「これを見れば大野の守るべきものが見えてくる」「東京に出ている上の兄弟にも送りたい」「写真集はどこで買えるのか?」と評判だった。まだまだ成人には故郷のよさを振り返るのは早いのかもしれない。しかし、いつかきっと効果が出ると信じている。写真集は非売品であり、2017年の成人式から3年間配られることとなっている。写真集の最後に文章が添えられた。

最後に

大野でずっと暮らす人
大野から旅立ち　いつか帰ってくる人
そのままどこかの町で暮らす人
ふるさとへの距離感はさまざま

どんな人もまずは本棚の片隅にこの写真集を置いておいてほしい
たまにはページをめくって大野に思いを馳せてほしい
人生の岐路でふと手にとって大野のことをゆっくりと考えてほしい
きっとこの本はみんなを少しセンチメンタルにして　元気にするはずです

大野はあなたを待っています

『大野へかえろう』の本当の効果は、大野に戻ってくる若者が増えるということ。結果が出るのは何年も先になる。ぼくらがやったことは感動を呼び起こしたが、成功なのかどうかはわからない。ただ、大野の夏祭りで、ポスター展に参加した大学生が、大人たちと楽しそうに飲んでいるのを見たとき、やってきたことは間違ってはいないと確信した。彼女は大野にはいい大人たちがいて「帰るのも悪くないな」と思ったはずだ。こういうことをこつこつ続けると、きっと何人かが大野の町に残ったり、戻ってきたりして、この町を引っ張っていく大人の一人になるのだろう。

これはぼくにとって失われた田舎を作ることだったのかもしれない。大阪の千里ニュータウンという歴史と血縁のない場所に生まれ、マンションで育ち、祖父母の家も都会の近郊、家族は引越してしまい、帰るべき実家はもうない。大野には仕事は少なく、しがらみは多い。しかし、美しい帰るべき場所がある。春が来て、田植えが始まり、分厚い雲とともに夏が来て、川で泳ぎ、稲を刈り、里芋を収穫し、冬の準備を入念にして、雪が降り、長い冬を耐えて、雪が解けて、また春が来る。そんな大野の1年がある。大野が「田舎」とはどういうことなのか教えてくれた。日本の一つのあるべき姿を教えてくれた。帰る場所を失った都会人はどこかに美しい田舎を作ればいいのだ。そんなことを大野で考えた。

機械も届かない田んぼの端に　苗を植えるのは子どもたち

雪の日はお母さんが送ってくれた　不安な気持ちと車に乗ってる安心感

注1　2013TCC新人賞：永井史子　2013OCC賞：山口有紀・中尾香那　2013OCC新人賞：見市沖・石本藍子・永井史子　2012FCC仲畑貴志賞：永井史子　プロジェクト全体は電通賞プロモメディア部門優秀賞

注2　2014CCN赤松隆一郎賞：上野由加里　CCN賞：前田将多・上野由加里・小堀友樹　2013FCC賞：前田将多・瀧上陽一・宮浦恵奈・見市沖・倉光真以・小堀友樹・茗荷恭平　カンヌライオンズ デザイン部門ファイナリスト：茗荷恭平・小堀友樹　プロジェクト全体は2014大阪日日新聞元気大賞 金賞　第1回若手が選ぶ広告コミュニケーション大賞 優秀賞

第五章 アホになる

◆新世界の新しい世界

全盛期を過ぎたストリッパーのようにぼくは地方を回っていた。大野、女川、大分、鹿児島、松山、加美町、佐野、紀北町、岡崎、彦根、倉吉、舞鶴、熊本と。東京などの大都市にはなぜか呼ばれないのである。その間、新世界市場を放置していたわけではない。新世界は母港だった。帰るべき汚れたあたたかい田舎だった。

ポスター展のためにオープンさせた「いちばギャラリー」はその後、セルフ祭の仲間オカちゃんが切り盛りし、カフェ兼ギャラリーとなった。アーティストが作品を展示したり、時折、三味線教室、カレー教室なども開かれ、いわゆるコミュニティスペースとなった。オカちゃんが彼氏の住む石巻に行くまで都合1年間オープンした。オカちゃんは今、石巻で人気の居酒屋スイスイを営んでいる。手作りのおいしい料理と東北にはない大阪のノリとオカちゃんのキャラが現地でうけ、地元のいい若者たちが毎晩やってくる。本当にいい店だ。

セルフ祭の事務所は2013年8月、「イマジネーション ピカスペース」と元にあった古着屋の屋号のまま、カフェのような、居酒屋のような、イベントスペースのような、不思議なスペースとしてオープンした。数ヶ月をかけて古い民家を自分たちの手で作り変えた。天井を抜き、床をはがし、鏡餅柄の壁紙を壁に張り、たわし柄の壁紙を天井に張った。汚い事務所は見違えるほど奇妙になった。

2018年現在もオープンしている。売れないミュージシャン、映画監督、病院帰りの老人、乳児を抱える母親、生活保護のおっちゃん、自分を探している女子高生、すぐに脱ぎたがる京大生、酔えばエルビス・プレスリーのモノマネを始めるおっさん、元借金取り立て人のヒッピー、自分の人生をすべてかかしに捧げた女、インドネシアのイラストレーター、引きこもりのエチオピア系アメリカ人、日本のAVマニアのイギリス人映像作家、フィリピンのノイズミュージシャン、モザンビークのシンガーソングライターなど、様々な人がやってくる。

ピカスペースの常連の東さんはおそらく年齢は60代、いつからか、一人でピカスペースにやってくるようになった。年金生活であると思われる。滑舌が悪く、声が小さいので話していることの6割ぐらいしかわからない。下ネタを話すと必ず怒る。そんなシャイな東さんだがランバダをかけると一変する。東さんは踊り出す。手を広げ、細かく足を動かし、永遠を見ているかのような目をしながら。ランバダを再生し続ける限りずっと踊り続けている。踊りを絶対にやめない。ランバダ以外では踊らない。その東さんのダンスがあまりにすばらしいもので、一度、セルフ祭の際にみんなでランバダの生演奏をして東さんを踊らせたことがある。数十名が見守る中、東さんは永遠を見ながら踊り続けていた。そんな姿を見た20代の女性が東さんを好きになった。東さんはその女性と付き合うことになった。年の差40歳ほどのカップルである。ランバダが奇跡を起こした。

田代さんは東京の下町生まれである。生まれて3日で父親が蒸発し、母親が女手一つで育てた。実家は母親の経営するラブホテルである。ラブホテルから学校に通うのはよくないということで、小1から家を出て一人暮らしをさせられた。そこには友達が入り浸った。初体験は小4だった。中1で暴走族に加入し、さんざん悪さを続けた。高校に入学するが1日で退学。以降、地元にいられなくなり、16歳で大阪に出てきた。鳶職の中で特に重いものを扱う重量鳶の仕事に就く。その腕と現場を仕切る高い能力が認められて若くして数十人の頭になった。稼ぎに稼ぎまくり、24歳で独立し、プラント会社の社長になった。仕事は軌道に乗り、車は2台、ボートを1艘所有し、競馬で1億稼ぎ、マカオで7千万円負けるなど、ありとあらゆる道楽を極めた。しかしながら、重量鳶という非常に重いものを扱う職業であったことと、毎日の無茶がたたり、膝を壊した。満足に歩けなくなり、働けなくなってしまった。そこから鬱になり、アルコールに依存し、今度は体を壊し、生活保護を受けている。毎日ピカスペースに来ては「おれ、酒飲んだら死ぬ」と言いながら酒を飲んでいる。たまに一緒に釣りに行く。

音楽ライブ(モザンビーク人からその辺のおっさんまで)、自主映画の上映会、織田作之助の研究会、お坊さん3人の仏教講義、日本在住の外国人たちのコアなパーティー、料理対決、一夜スナック、SM流しそうめん、誰かの送別会など、毎月イベントがあり、ごった煮で整理されないまま、店は放電を続けている。

　さらに新世界市場に店をオープンさせようと、ぼくは『セルフ不動産』を始めた。商店主のおっちゃんたちが持っている空き店舗を聞いて、二つの物件をFacebookで公開した。ぼくは自分がやりだした手前、物件の内見に立ち会わなくてはいけなかった。朝8時に商店街に行きシャッターをガラガラと開ける。一部屋ずつ間取りを説明し、水回りの設備を説明し、値段を伝えた。7組ぐらいの人が来た。だいたいが「もっと安くなれへんの?」だった。不動産は、結局最後は金の話になる。なぜか、ぼくが大家との間に立って金額交渉をしていた。つらかった。不動産屋の大変さがわかった。仲介料は一切もらっていない。千日前ですばらしいスナックをやっていた愛ちゃんとデンマーク人の包丁屋ビヨンさんという個性あふれる二人が借りてくれた。

　商店街の隣に、市場で食料品店を営む松本さんの倉庫があった。松本さんの奥さんに「あんた、誰かここ借りてくれそうな子おれへん?」と聞かれた。思い当たる人はいた。大阪の福島で由苑というゲストハウスをしているアチャコ&さきちゃんの濱本夫妻が以前、日本橋《にっぽんばし》でゲストハウスをオープンしようとしていたが、結局たち消えた話を覚えていた。本人たちに話をしてみると、「おもしろそう!　一度物件を見たい」という返事があった。本人たちをぼくが引き合わせ、トントン拍子でことが進み、ゲストハウス「THE PAX」が2016年8月にオープンした。1階がカフェとレコード店。劇団維新派の大工が施工を手がけた、クールでおしゃれであたたかいゲストハウスである。その客がピカスペースにやってきて、日本人の客たちと交流をする。客は外国人だけしかいないときもある。

ポスター展のあと、いちばギャラリー、ピカスペース、ビヨンさんの包丁屋、愛ちゃんのスナック、リサイクルショップ、バリ雑貨店、服屋、魚屋、串カツ屋、韓国料理店、ゲストハウスがオープンし、スナック、豆腐屋、花屋、魚屋（先とは別の）、八百屋、串カツ屋、ギャラリーが閉店した。ギャラリーとピカスペースを加えると、11店舗ができて、7店舗が閉まったことになる。さびれた商店街が少しずつながらも、変わってきた。新世界という街の一角だけれども、ぼくたちが街を作っている、シーンを作っている、そんな感覚を抱いている。

◆姉妹商店街

新世界市場は台湾の商店街と友好条約を結ぶことになった。台南市にある300メートルほどの通り、『正興街《ジャンシンジェ》』には南国風の古い住居と商店が混在している。7年前は閑散としていた通りは、今やたくさんの観光客であふれる人気スポットになっていた。ぼくが台湾を旅した際に、代表の高《カオ》耀威《ヤオウェイ》（あだ名はエリック）が街を案内してくれた。正興街の住人を猫に仕立てたイラストの看板を作って一つ一つの商店の軒先に置いていた。『正興聞』というユニークなフリーペーパーを作っていた。しかもそれを販売して町の資金にしていた。空地を勝手に公園にしていた。たくさんのイベントを仕掛けに仕掛けて街を元気にしていた。すべての根底には自分たちがまず楽しむという姿勢があった。優しいユーモアがあった。ぼくたちは似ていた。しかもエリックとぼく

は同い年だった。ぼくはコピーライターであり、エリックは元コピーライターだった。新世界市場と姉妹商店街になろうと持ちかけると「おもしろい！　今度、みんなで日本に行くよ」と返事があった。数ヶ月後、正興街から、代表のエリック、喧嘩っぱやいマカロン屋のアッキャン、革細工職人でありケン玉の達人であるファイア、服飾デザイナー兼通訳のユウちゃん、いつも酔っ払っているおでん屋のアニキなど14人が新世界市場にやってきた。商店街対抗の卓球対決、料理対決、パフォーマンス対決を行った。パフォーマンスでは勝利を収めたものの卓球と料理で完敗だった。しかし、これは余興である。メインイベントは友好条約調印式だ。みんなが見守る中、新世界市場の宮浦克巳代表、正興街の高耀威代表が条約に署名をした。条約文は実際の書き方に習い以下のようにした。

我々、大阪の新世界市場と台南の正興街は互いに国が違えど、地域をユニークなアイデアで活性化してきたということを認識し、野良猫が多いという共通点を持つことを深く心に留め、互いの関係性の発展、互いの交流による日台関係の深化、ユーモアと斬新なアイデアを以って地域を元気にするという我々の方法が全世界に広がって行くことを強く望み、条約を締結する。

締結した条約は守らなくてならない。次は新世界市場のメンバーで台南に乗り込む予定である。

◆己を祭れ

セルフ祭は2012年から毎年1回以上は行われている。今はもう10回を超えた。はじめはぼくも中心となっていろいろと携わったが、ここ数年はサポートに回り、コタケマンとより若い人を中心に毎年続いている。毎年1枚の長いふんどしを二人の男たちが引っ張り合い、それを商店街のおばあちゃんがカットする「ふんどしテープカット」で幕を開け、仮装行列をして、相撲をして、UFOを呼んで幕が閉じる。

はじめは名の知られたアーティストに声をかけていたが、ギャラを払えないことと、場合によっては作品を置いていくだけで本人は来ないといったことがあった。結局、ぼくらが作品の搬入を、終わればば搬出をする。「もう有名な人はええやろ〜」といったことになった。表現の完成度よりも、表現者の表現したい気持ちを大切にする。イベントに慣れた有名アーティストよりも、表現したくて仕方ない素人を大切にした。ポール・マッカートニーの16枚目のアルバムよりも、無名のアーティストのファーストアルバムのほうがおもしろい。「ファーストアルバムの衝撃」をたくさん集めるのだ。

子ども、高校生、大学生、サラリーマン、おじいちゃんなど様々な年代が参加した。80歳を超えたおばあちゃんも参加した。旦那さんに先立たれ、子どもも巣立ち、家に一人でいる時間が長いので趣味で布草履を作っていた。勇気を出して初めて出店すると、その質の高さと値段がお手頃なのですぐに売り切れた。「若い人にパワーをいただきました」と長文の手紙が後日届いた。

よりユニークな出演者を集めようと、街に出て変な人間がいたらそれぞれがスカウトをすることになった。いつも最終のバスが終わったバス停でハーモニカを吹いているおじさんに声をかけた。「まだ人前でできないから深夜ここで練習しているんです」と言われて断られた。難波の駅前で、メガネにネクタイとシャツという真面目そうなサラリーマンのスタイルで巨大なポリバケツをベースのように操っていた男に声をかけた。自らをナランチャと名乗り、その後セルフ祭に参加してくれることになった。

仕事の帰り道に、梅田の駅前の路上で太鼓と鉦《かね》を大音量で鳴らしていたグループがいた。メンバーのほとんどが茶髪で歯がなかった。勇気を出して声をかけてみた。地車《だんじり》囃子《ばやし》神龍《しんりゅう》というグループだった。みんなバリバリのヤンキーだ。育ってきた環境は大いに違うが、祭りが好きということで意気投合し、祭りに積極的に関わってくれるようになった。神龍を初めて呼んだセルフ祭では、10畳ほどの小さな空き店舗で神龍が爆音で太鼓を叩きまくり、ナランチャがベースを弾

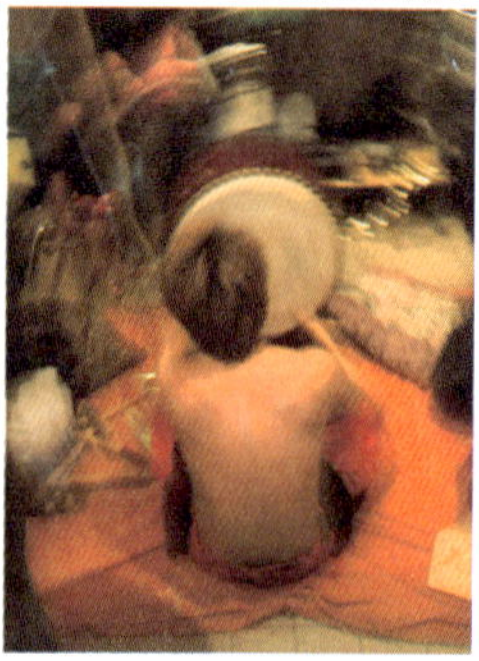
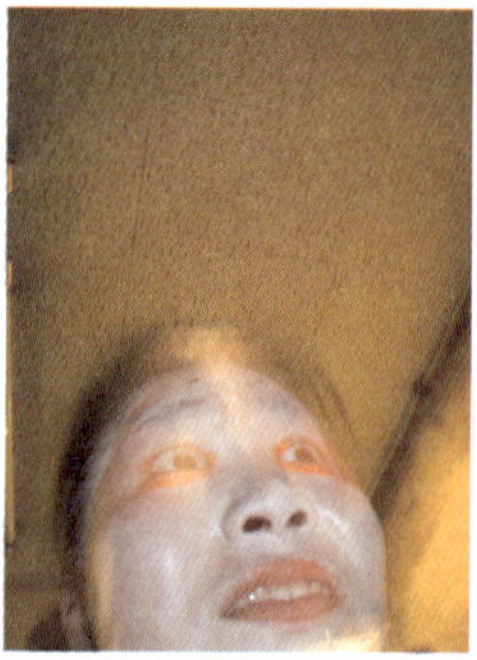

き、みんながだんじりに合わせて龍踊りを踊りまくった。地下のアンダーグラウンドのライブハウスで地車囃子が演奏されているようだった。汗だくになって店を出るとそこは電気が消えた商店街だった。こんな場所はどこかの世界にあるのだろうか。

当日客としてやってきても、参加者となれるように飛び入りの敷居も極端に低くしている。参加するのと、ただ見ているのでは楽しさがはるかに違う。初めて表現する人には「おもろいからなんでもやってみたら」と勇気づけ、手助けをする。恥ずかしがっている人には、手を差し伸べて一緒に踊る。一線を越えるのをためらっている人には、背中をそっと押す。より自我を脱ぎ捨てられるようにと仮装用の衣装とドーランを常備している。事実、仮装した人間はスイッチが入り、結局祭りの最後までいる人が多い。鳥取からやってきた得田くんは祭りを少し見て帰るつもりだったが、仮装をしたものだからテンションがあがってしまい、結局夜まで大阪に残った。博多から来た女性二人組は仮装したまま一夜を越して、仮装したまま翌日の最終の新幹線で帰っていった。

セルフ祭はアートイベントでも、音楽フェスでもなかった。祭りであった。「祭り」ということにこだわった。メンバーおのおのが祭りを見に行った。ぼくは、大阪の天神祭、岸和田のだんじり祭りなどはもちろんのこと、笑い男というピエロのような人間が「笑えや～」と言いながら町を練り歩く和歌山県日高川町の『笑い祭り』、法螺貝を吹いている男が藁で巻かれて地面を転がされ、ずっと水をかけられる品川区厳正寺の『水止舞』、地上15メートルほどの柱の上で命綱もなしで曲芸を繰り広げる茨城県龍ケ崎市八坂神社の『撞舞』、真冬にふんどしでお札を取り合う岡山市西大寺の『西大寺会陽』など奇祭を中心に見て回った。祭りの日は、1年で1回だけ、その地域の人たちが主役になる。みんなからカメラを向けられヒーロになる。決してタレントや有名人ではない。みんなとてもかっこいい。日本にはもっと祭りが必要である。祭りをして気づいたことがある。ドラムの音はすぐにクレームが来るが太鼓の音はなぜかクレームが来ない。日本人は祭りに寛容である。アートはより賢く、デザインはよりスマートになっている。セルフ祭には洗練されたアートやデザインが失いつつあるプリミティブな力がある。「祭り」はそもそも人間の根源的な力を解放するものだ。「人間の祝祭の力」を一つの表現物にしたものが太陽の塔。セルフ祭の造形物にもそんなノリがある。同じ大阪だからか、ああいったノリがどこか体に染み込んでいるのかもしれない。

「祭りおこして街おこす」という言葉の通り、セルフ祭とポスター展の大きなエネルギーがシャッターを開けた。現在のセルフ祭のキャッチコピーは「己を祭れ」。その言葉はぼくが編み出した。セルフ祭に言葉を用いて物語をのせる、それがぼくの役目だ。奇しくもその言葉は釜ヶ崎夏祭りの「我らまつろわぬ民、ここに自らを祭らむ」という言葉と非常に似ていた。

3ヶ月の赤子から83歳のおばあちゃんまで。フリーターから医者まで。釜ヶ崎のホームレスからハリウッド男優まで。アマチュア画家からプロの絵描きまで。だんじりヤンキーから渋谷系のミュージシャンまで。ガーナ人から宇宙人まで。様々な人が祭りに参加し、ピカスペースで繋がり、そこで繋がった人たちがまた別のイベントをする。変が変を集めてポップな化学反応が起きている。大阪に来たらぜひ一度、新世界市場に遊びに来てほしい。ポスターを見に来てほしい。ピカスペースに飲みに来てほしい。セルフ祭に来てほしい。出演者として参加してほしい。セルフ祭のキャッチフレーズは「己を祭れ」。そう、神様はあなたなのだ。

◆そしてアホになる

なぜか知らないがセルフ祭の仮装の流れに巻き込まれてぼくも仮装をすることになった。サハラ砂漠で買ったモロッコのトゥアレグ族の衣装を着てパレードをした。ホームレスにも扮した。街中であるにもかかわらず、俗とはるか隔てて暮らす人々に強く興味があった。路上から見える風景がどんなものか見てみたかった。せっかくなので少し変わったホームレスになってみようと、妻のシャネルの香水を入念につけて「いいにおいのするホームレス」というパフォーマンスを行った。新世界市場の路上にダンボールの家を作った。そこで寝て、通りをうろついた。ダン

流しそーめん

ボールの家の中で寝ているときにおばあちゃんが声をかけてきた。「私はな、家庭がごたごたで、ずっと貧乏やったんや。学校もちゃんと行ってへんかったから、ええ仕事も就けんかった。水商売しよかなとまで思ってたんよ。でもな、公団住宅の抽選に運良くあたったんよ、もうそっからきちんと生きなあかんと思って今までやってきた。あんたもがんばってたらええことあるから、まずはきちんと働くんやで、若いんやから」とぼくにコロッケをくれた。インドの修行僧、サドゥーにも憧れていたのでやってみた。片目が盲目のサドゥーを見たことがあったので、グレーのコンタクトを片目に入れた。人生初のコンタクトレンズである。友達にそこまでやると気持ち悪いと言われた。『太陽のおっさん』という吹けば吹き戻しが一斉に飛び出るというキャラクターにも扮した。この帽子は週4回ホームセンターに通って作った力作である。

◆宇宙へ

2015年のセルフ祭からぼくは宇宙人の格好をしている。以降は毎年、UFOを呼ぶパフォーマンスをしている。そもそもどうしてぼくがこういうことをし始めたかというと、UFOを見たことがないからである。一度は絶対にUFOを見ておきたい。UFOを見たという人生のスタンプカードはぜひとも押しておきたいのである。ぼくはUFOを呼ぶ儀式をしようと思った。そのためには、宇宙人に扮さなくてはならない。宇宙人といえば「グレイ」といわれる銀色で目が大きい丸坊主の宇宙人が一般的である。しかし、それは舶来の宇宙人像である。日本固有の宇宙人とは何なのか。考えたあげく、縄文時代の遮光器土偶に行き着いた。時代の流れを分断して突如現れた土偶は宇宙人に違いないとぼくは思っている。土偶の格好をしようと決めた。週3でホームセンターに通い、自作で衣装を作った。

セルフ祭の最後にUFOを呼ぶために儀式を行う。UFOを呼ぶ歌を歌い、映画『未知との遭遇』の宇宙船を呼ぶための音「五音階」をおもちゃのオルガンで奏でた。「レミドドソレミドドソ」みんなでその旋律に合わせて歌ったあと、最後に焼きそばU.F.Oが空から落ちてくるという茶番であった。

2015年、『のせでんアートライン』というイベントへの出演依頼があった。大阪府北部にある能勢方面に向かって走る能勢電鉄とその沿線自治体で構成された『のせでんアートライン妙見の森 実行委委員』が主催するアートイベントであった。一体、何をすべきか、いろいろと考えていたところ、能勢の文化の中心、能勢妙見山と出会った。妙見山は古代より霊山として崇められ、そこには北極星信仰が今も息づいている。北極星はいつも北の空にあるので旅人に方角を教える。そこから人生の方向を指し示す星として信仰を集めている。また、北極星はいつになっても場所が変わらず、天の中心にあることから、天帝の星とされている。時代の変わり目、世の中が乱れる頃、新たな時代の方角を指し示すかのように北極星信仰が現れるという。平将門、源頼朝、坂本龍馬、勝海舟も妙見を信仰していた。今が、まさにそうである。震災以降のこのもやもやした世の中、今こそ北極星への信仰が必要なのではないだろうか。ぼくは北極星信仰を復活さ

せようと思った。北極星を信仰するポップな宗教集団みたいなものを作る。そして『北極星祭り』というのを考えた。北極星を祀るのだ。まずは能勢妙見山への巡礼の旅である。能勢電鉄の主要駅である川西能勢口駅から仮装をした数十名の団体が列車に乗り込んだ。妙見口駅で降りた。吉川という日本昔ばなしに出てきそうな山あいの集落を練り歩いた。地元の吉川八幡神社で神事をした。ケーブルカー、リフトを乗り継ぎ、山頂の能勢妙見山に辿り着いた。妙見菩薩に祈願をしたあと、初日が終わった。神も仏も宇宙人も美女も一緒になった。

　能勢妙見山には星の王様が宇宙から降りてきたという伝説があった。その伝説を現実にするのである。2日目の夕刻より我々はUFO召喚の儀式に入った。場所は妙見山の山頂。大阪平野と淡路島まで見渡せる絶好の場所である。能勢妙見山のシンボルである矢筈の形に演者を配

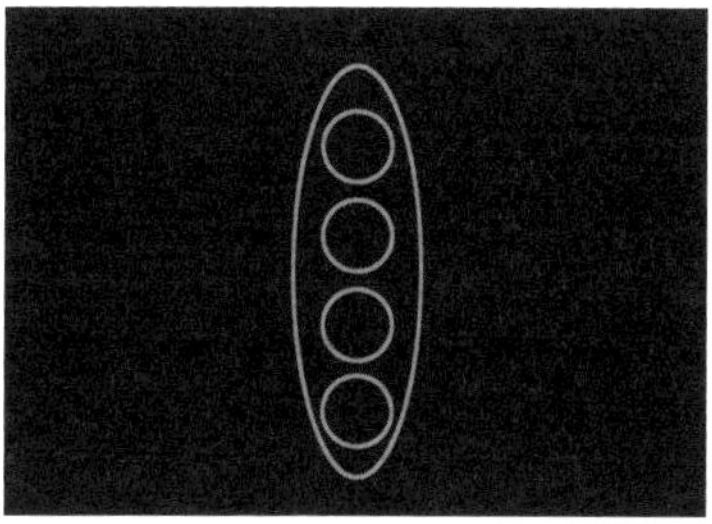

した。2週間前に、伝説そのもののように空から光が降りてくる夢を見たメンバーがいた。彼は夢で「8つの子を祀れ」と啓示を受けた。これは何かの予兆に違いない。「8つの子を祀れ」とみんなで8回言ってから演奏を始めた。日が完全に暮れ、夜空に星が出てきた。それぞれが空に向かって、歌い、叫び、祈った。吉川八幡神社の宮司と能勢妙見山の僧侶が祝詞奏上とお経でコラボをするという奇跡的な演奏もあった。能勢電鉄の社長も夜空に向かって叫んだ。しかし、星の王様はやってこない。しかし、夜空に四つ目のシルエットが見えた気がした。その四つ目に見られている感覚があった。もう少し粘ればそれがやってきそうな気がした。しかし、終了時間が迫っていた。演奏を止めないと帰れなくなる人もいた。致し方ない。「UFOが見えなかった人にはお詫びとして焼きそばU.F.Oをお渡しします」とその場を締めた。ほとんどの人が焼きそばU.F.Oを取りにきた。

能勢妙見山の植田観肇副住職は以下のように感想を述べた。「最後の祈りの時間は、吉川八幡神社の宮司である久次米さんはじめ、多くの方と祈りのコラボレーションを行い、大変貴重な経験をいたしました。この中にかつてあったであろう原初の『祭り』を感じました。それぞれが、様々な形で祈りを捧げる。それはまさにカオスの祈りです。きっとそれが時代とともに洗練され、神道や仏教など宗教というところまで昇華されてきたのかもしれません。今回の試みで、自分たちの祈りがいかに洗練されているかということを感じるとともに、カオスの祈りの中に洗練する過程でそぎ落としてきた何かを見たように思います。自分の固定観念が崩れていく本当に楽しい時間を過ごすことができました。すばらしい祈りができたこと、みなさまに感謝いたします」

地元の人々が主人公となって歌い、祈り、踊り、叫んだ。ハレの場で何かを気づき、普通の生活に戻っていく。みんながそうなっていくのを見るのが祭りをやっている大きな醍醐味の一つである。祭りのダイナミズムは新世界だけでなく大阪の北の果てでもうまく動いたのである。

UFOははっきりとは見えなかった。しかし、しかしである。ぼくが見たシルエットの形をその場にいた友人ツヤダマに伝えると、彼もまったく同じ形を見ていた。他にも4名がこの形を見ていた。ぼくはシルエットとしてしか見えなかったが、何人かはそれが光っていたと言っていた。こんな奇妙な形が一致するのはありえないことだ。UFOは来ていた。確実に来ていた。

このときから、エンバーンというバンドが誕生した。ぼくは40歳にしてバンドを始めた。UFOを呼ぶためのバンドである。それ以外の目的はない。メンバーは10人ほどである。テクニシャンもいれば、素人もいる。早速オファーがあり、2016年2月に大阪難波の宗右衛門町にあるロフトプラスワンウエストでUFO祭りが行われた。その際、エンバーンが演奏をしたのだが、UFOを呼ぶことに成功したのだ。何名かがUFOを目撃し、ぼくも謎の発光体を目撃した。

ここから、エンバーンはオファーを多く受けるようになった。地下アイドルのイベントに呼ばれたこともある。十代半ばのアイドルと一緒の控え室で待機していた。若くて甘いにおいが充満する楽屋で、数時間待機していた。アイドルが次々と演奏したあとに、ぼくたちは演奏した。客

はドン引きだった。アイドルの物販コーナーへとみんな行ってしまった。会場には誰もいなくなった。

２０１７年８月、兵庫県猪名川町の大野山《おおやさん》にて「大野山　大宇宙祭」を主催した。のせでんアートラインの続編である。標高が７５３メートルの大野山。その山頂付近に天文台とキャンプ場がある。周囲では大野山が最も高いので３６０度、景色を見下ろすことができる。北は綾部と福知山、東には亀岡、西は篠山の山並みが広がる。南には煌々とした、悪の帝国のような大阪平野が見渡せる。上空は満天の星空。山頂の猪名川天文台からはいくつか新しい小惑星が発見されている。場所としては完璧だ。『宇宙へヤッホー！　大野山大宇宙祭』と題し、ぼくたちはＵＦＯを呼ぶこととなった。

お祭りは昼過ぎより始まり、まずはウォーミングアップということで、大人や子どもも一緒になって、宇宙語の曲を作り、宇宙服と宇宙人に向けたダンスを作った。夕暮れになり、ライブが始まった。我々は衣装に着替えてライブを知らせるために場内を練り歩いた。キャンプ場の緑の芝生の中を光る奇妙な一団が練り歩いた。会場の山頂に着いた。雲の中から夕日が放射状に広がっていた。天国のような風景だった。山頂に設置されたステージで、まずは一つ目の催し物が始まった。「宇宙人への一発芸」である。宇宙に向かって叫ぶ男、サラリーマンの忘年会の宴会芸のようなどうでもいい歌、ジャグリング、3日前に男にふられた女性が歌う失恋の歌など、飛び込みで様々な芸が宇宙に向けて披露された。佐伯慎亮が半裸で法螺貝を高らかに吹き、植田観肇副住職がステージに上がってお経を奉納しようとしたときだった。夕暮れの空に謎の発光体が現れた。飛行機かと思ったが、まるで比較せよと言わんばかりに近くに飛行機が飛んでいた。飛行機とそれとはまったく異質なものだった。

夕暮れの空をバックにオニちゃんこと、佐伯真有美の歌が始まった。美しく力強い声は宇宙へ向けての美しい祈りのようで、夕日に溶けていった。夜のとばりが下りようとするときにまた謎の発光体が現れた。今度のものは同じ場所にいながら少し移動しては、光がつき、消え、またついた。まるで人々の心に呼応するようだった。

神田旭莉とめりんぬからなるセクシー茶番ユニット、蝶惑星は天空に向かって股を開けては閉めた。その馬鹿らしさに山頂は笑いに包まれた。まるで天の岩戸に隠れた天照大神をおびき出そうと、ストリップを披露して神々の笑いをとったアメノウズメのようだった。西の空には花火が見えた。今日は猪名川の花火大会とのことだ。ここから見る花火は随分、下のほうにあった。見下ろす花火は初めてだ。

グレゴリー・サリバンの演奏が始まった。ライアーという弦楽器はとても優しく、全体を包み込むようだった。宇宙と人間の感性のチューニングを合わせていった。人の心を開いて、宇宙へぱっかりと心の中を公開させるかのような不思議な音だ。グレッグが3曲目の音楽の演奏をしているとき、柴田剛が天空に「何かいる」と指差した。天空を光がぎゅーっと横切った。人工衛星のような動きだったが、一直線ではなくゆらゆらとうごめいていた。そこにいた100人ぐらいの人全員が目撃をした。

そのあとはわれわれエンバーンであった。おバカで奇妙な宇宙に向けられたわれわれの演奏は会場を一つにした。この日に向けて作った『宇宙へヤッホー』という曲で、みんなが「ヤッホー！UFO！」と歌い、踊り、手を取り、円になった。世界は完璧だった。ぼくたちは演奏に集中して何も見えなかったが、ぼくらのライブ中に何か不思議な光が撮影されている。

ぼくが見たものをすべてUFOだと仮定すると、5種類の光を10回ほど見たことになる。夏の夜のすばらしい天体ショーだった。ぼくたちが見たものはどうであれ、大人も子どももみんなが一緒になって空に向かって叫び、感動し、待っている間も星や空の話をしていた。それが本当に素敵なことだった。奇跡の夜だった。

後日、とあるテレビ局が別の取材で猪名川町を訪れ、地元の子どもに「夏休みの楽しかった思い出は？」と尋ねると「みんなでUFOを呼んだこと」と答えが返ってきた。それに驚いたテレビ局から、番組で紹介させてほしいと依頼があった。オンエアを見ると子どもたちとその母親が

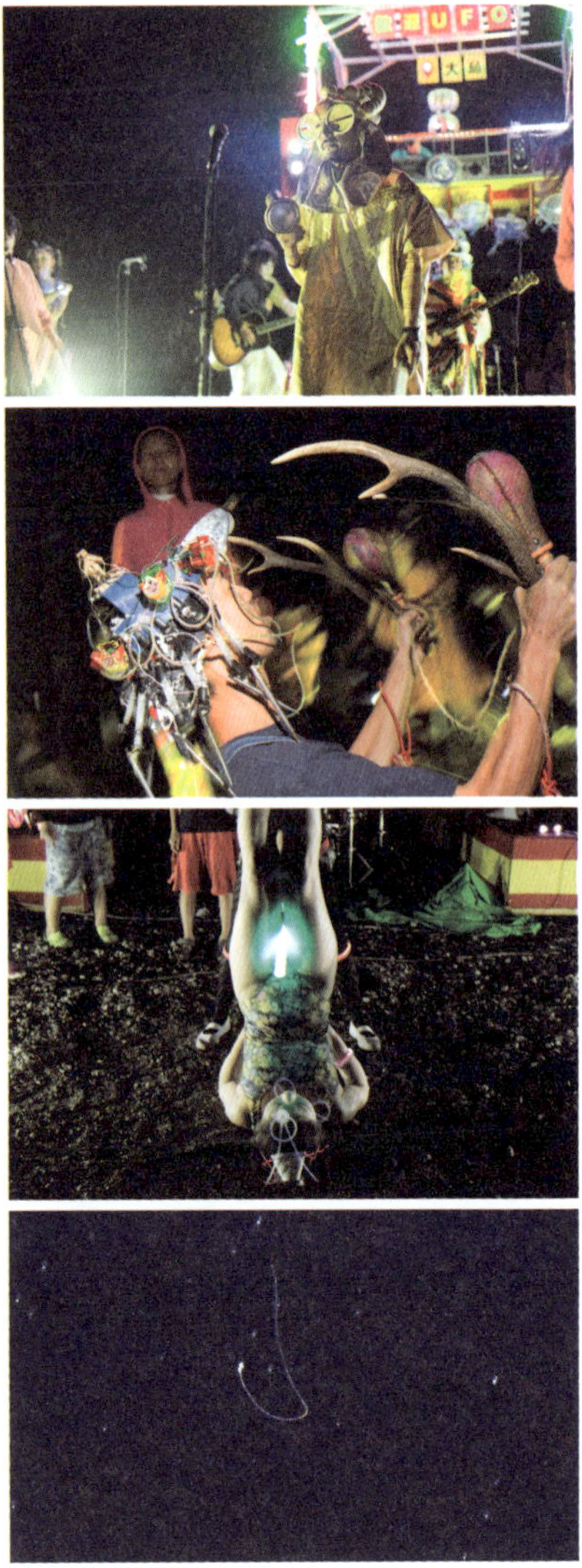

撮映された謎の発光体

「『ヤッホー！　UFO！』ってみんなで言いながらみんなでUFO呼んでんな」と楽しそうに大野山山頂の出来事を語っていた。

大野山大宇宙祭は評判になり、たくさんのオファーがエンバーンに来ている。スタートアップの企業を集めたピッチイベントが自社で開催された。そのとき、エンバーンとして出演した。つまり、自身の勤務先でUFO召喚を行うことになったのである。残念ながらUFOは来なかった。

ぼくの子どもたちは何度か、エンバーンの一員として一緒にステージに立った。何曲かは歌と振り付けを覚えている。妻は時折ステージを見てはダメ出しとアドバイスをする。義母はステージ衣装を縫ってくれた。家族はＵＦＯを呼ぶ父親を今のところ、温かく見守っている。これからもＵＦＯは呼び続けていきたい。夢は宇宙ツアーである。

◆日下祭

２０１５年のことだった。商店街ポスター展などの功績が認められ、「やってみなはれ佐治敬三賞」という賞を受賞した。サントリーの会長であった佐治敬三氏の精神にあやかった、その年の関西の広告界で最も活躍していた者に贈られる賞だ。表彰盾には佐治さんの書いた「夢」という文字と、大阪広告協会会長の佐藤茂雄さんの署名が彫られていた。佐藤さんは京阪電鉄のＣＥＯでもあり、大阪商工会議所の会頭でもあった。文の里で一杯おごってくれた佐藤さんであった。その賞は佐藤さんからもらったようでうれしかった。

受賞したからには感謝の意を込めて盛大にパーティーをしなくてはならない。賞金の50万円をすべて注ぎ込んで、ぼくは『日下祭』という自分の名を冠した祭りを催した。会社の人々、商店街の人々、新世界の仲間たちを一堂に集めた。提供されるフードはすべて新世界市場と文の里商店街で仕入れた食べ物だ。会場はFLOWER OF LIFEがあった思い出の味園ビルの1階「味園ユニバース」。もともと大型キャバレーであったこの場所は大型のライブハウスとなった。ホールにはかつてお客とホステスが座ったであろう、ラシャづくりで欲望を吸いに吸ったソファがある。天井には備え付けの惑星のようなライトがぶら下がっている。ユニバースという名前の通りである。ステージの背景には平行に赤黄青緑の4色のネオン管が設置されてギラギラと光っている。ステージの上には「日下祭」と筆文字で書かれた看板が下がっている。ステージに脇には「日下」という大きな文字がギラギラと光っている。会場の空いている壁と外には今まで作った商店街のポスターを張った。千日前の賑やかな通りに商店街のポスターが張られていた。それにつられてなんだなんだと見知らぬ客が舞い込んできた。

ぼくの夢は王になることだった。今日は夢を実現させていい日だ。わがままになっていい日だ。まずは日本の王ということで殿様になった。自身の長い髪でちょんまげを結った。前頂部から頭頂部の髪も剃り上げた。時代劇スタジオから豪華な衣装をレンタルした。織田信長のようだ。準備はできた。北島三郎の『まつり』に合わせて、神輿に乗って登場した。客席を巡行し、ステージの脇に用意された豪華な籐の椅子に座った。両脇には、会社や新世界の美女たちが控えた。

日下王のために次々と芸が奉納される。これが日下祭の流れである。会社や新世界の仲間たちが代わる代わるに芸をする。伝説の宴会芸に始まり、フラダンス、フォークソング、謎の相撲、前衛舞踏などが披露された。演者には殿の手から直接、褒美の金貨が下賜《かし》された。金貨はチョコである。第1部が終わった。ぼくは、お色直しのために控え室へ戻った。

自身のマゲを切り落とし、すべて剃髪し、エジプトの王であるファラオになって登場した。第2部が始まった。新世界市場の会長、澤野さんと、文の里商店街の会長、江藤さんの挨拶があった。モノマネ、ラップ、まぶたを裏返す特技、トロンボーン演奏、鹿踊り、コスプレのアニソン熱唱、キン肉マンのワンシーンの再現、失敗に終わったブレイクダンスなどが次々と披露された。ロカビリーチーム、ザ・グレースのメンバー30名ぐらいがステージや会場で所狭しと踊りまくった。電通関西支社の前支社長、内海さんもネクタイを振り乱しツイストを踊りまくっていた。

オオトリは地車囃子神龍だ。大太鼓がずんずんと腰に伝わり、鉦の音色が会場にキンキン響く。遺伝子に組み込まれたお祭り魂が騒ぎ出す。みんながみんな踊りに踊った。ぼくも踊った。会場はカオスだった。フリーターもエリートも、ヤンキーも前支社長もすべてがごちゃ混ぜになった。

最後は挨拶だ。ぼくはふんどし1枚の姿でステージに上がった。ここに集まってくれた人に感謝の気持ちは多々あるが、それを普通に言っても仕方ない。最後は日下祭にふさわしく締め

なくてはいけない。

「今日は、佐治敬三賞の受賞パーティーということでしたが、ぼくはただその賞金50万円を使ってみんなと遊びたかった。それだけです。ぼくはね、佐治敬三賞を獲ってから確実に偉くなっています。ここにいる内海前支社長によく呼び出されて役員室に行っています。そんなやついますか？　誰もいない。マスコミへの露出も確実に増えました。マスコミのみなさん、ありがとう！　京阪電鉄のね、佐藤ＣＥＯとも飲んだりしています。そしてね、すぐにね、ホームレス同然のハンってやつと飲みに行ったりしてます。そんなやついますか、誰もいない！」

「おい、日下！」「何様やねん！」とヤジとモノが飛んできた。構わず続けた。「フリーターのみんなもね、ぼくとぜんぜん年収が違うけど、気後れしないでいいからね。『日下さん』と今まで通り話してくれたらいいから。いいですか、みなさん。ここにいるフリーターの仲間はね、年収はとても少ない。保険に入れていないヤツもいる。でもね、彼らはね、必死にね……」

　さらにモノが激しく飛んできた。「日下」と装飾用に作った銀色の大きな文字がステージにせりあがってきた。ぼくの体にぶつかってきた。日下は日下に飛ばされ、大きくよろめいた。ぼくはふらつきながらもマイクを離さずに話を続けた。ぼくにスポットライトがあたっている。とても眩しくあたたかい光だ。ぼくは足を開き、腕をピンと伸ばして、大の字になり、ふんどし1枚で全身でその光を受け止めた。全身金色のぼくは輝いていた。今までの人生でいちばん光輝いていた。ぼくの迷いは間違いではなかった。

自分を信じてよかった。広告を信じて

よかった。会社を辞めなくてよかった。みんなありがとう。世界よありがとう。ぼくは王だ。この日だけは王だ。裸の王様だ。見た目も裸だ。モノがたくさん飛んでくる。顔にあたっている。頭にあたっている。酒をかけられる。ふんどしを脱がそうとするやつがいる。抱きつこうとするやつがいる。人がステージにどんどん上がってくる。ぼくの人生の脇役たちがどんどん登場する。光の中から妻が上がってきた。来ていることは知らなかった。

ふんどし1枚のぼくの横で最後に妻が挨拶をした。「こんなこと言ってますがね、本当はみなさんに感謝してると思うんです。みなさんありがとうございました」。

ドラが高らかに鳴らされた。裸の王

は胴上げされて極彩色の味園ユニバースの宙を舞った。祭りは終わった。
己を祭れ。照れと遠慮を捨てて、アホになれ。

◆アホの果てに

2013年3月、母が亡くなった。妹が亡くなって2年半後だった。きっと妹の死が大きかったのだろう。新世界、文の里のポスター展が評判になり、波に乗り始めたところで人生がまた止まった。体温が3度ぐらい下がったようだった。ずっと寒かった。骨の髄まで寒かった。この寒さは誰も温められなかった。家族でさえも無理だった。ぼくは一人だった。

四十九日とはよく言ったもので、49日を過ぎると体温が上がってきた。しだいに体と心が動くようになってきた。死に少し慣れていたこともある。落ち込んでいられない。止まっていた潮が動き出すようにまた人生が動き出した。ぼくは止まっていられなかった。ぼくは、アホになった。狂ったようにアホだった。アホになることで母の死を乗り越えた。

人間は死んでしまう。遺体を触ったときの冷たさと硬さが、それが逃れられない現実であることを理解した。死とは物質になることである。

自身も病気になった。ずっと健康だと思っていたときに予兆もなく病気になった。ずっと健康で働き続けられるとは限らない。しかも、経験と技術に裏打ちされた、脂が乗っている時期は長くはない。人生は短い。本当に短い。残念なことに、そして、幸運なことにぼくは身を以ってそれを体感した。

ちょうど病気療養中に東日本大震災があった。もう以前のように時間を過ごすことができなくなった。そこに何か行動の意味を見出せない限り、体と心がうんとも動かなくなった。無駄なことをしている時間はない。

スティーブ・ジョブズはガンになってから毎朝洗面台の前に立って、鏡の中の自分に声をかけていた。「もし今日が人生最後の日だとしたら、今やろうとしていることは本当に自分のやりたいことだろうか？」と。ぼくもやってみた。朝起きて顔を洗ったあとに、「もし今日死ぬのなら、俺はこんなことをしてていいのか？」と自分に問うた。しかし、3日しか続かなかった。今日が人生最後の日とはどうしても思えなかった。しかし、それ以来ずっと心がけていることがある。「照れと遠慮を捨てる」ということだ。恥ずかしがって何かをしない。人に遠慮して何かをしない。そういうことはもう二度としないでおこうと心に決めた。また今後機会がある。今度やればいいと思っていた。しかし、そのチャンスはもう巡ってこない。もしラッキーなことに来たとしても、数年後、もしくは数十年後だ。それは時間の無駄でしかない。今、しなくてはいけないのだ。そう思ってからぼくは今にすべてをぶつけられるようになった。一歩を踏み出し、アホになれた。だから、ここでこんな本を書いている。

仏教では「大愚」という概念がある。大いに愚かになれば人生が拓かれる。これを英語にすると「Stay hungry, Stay foolish」そうスティーブ・ジョブズである。確かにぼくの道は開かれた。20代の頃は、愚かになりきれずにくよくよしていた。若さに任せてもっと愚かで、アホで、バカであっていいものをどこかカッコつけていた。今は照れと遠慮を捨てて、すべてをさらけ出している。アホになるととても楽だ。

アホになってから、コピーライターとして、佐治敬三賞、グッドデザイン賞、その他たくさんの賞を受賞した。普通のコピーライターとは立ち位置が違うが、珍種のコピーライターとしてよい感じで仕事ができている。

写真家としても活動をしている。ほぼ毎日撮影は欠かしていない。撮りためたものを『隙ある風景』という写真ブログで更新している。余裕があるときは展示もしている。写真家とのトークショーに出演する。たまに写真の専門学校で講師もする。毎日コツコツ写真をしていたことは幸運を呼んだ。編集者の都築響一さんの目に止まり、都築さんのメールマガジンで連載することにもなった。長い間、尖ったアートを見続けてきた都築さんに写真を認められたことは本当にうれしかった。誰の力も頼らず、自分一人の力で、おもしろいものを作るという一つの目標は達成された。そこから、広告の仕事が楽になった。広告でおもしろいことをしなくても、写真でやっていればいい、と。しかし、それだけリラックスしていると広告でもおもしろいことができてしまう。不思議なものである。

ＵＦＯを呼んでいる。ＵＦＯを呼ぶためのバンド、エンバーンとしてライブ活動も2ヶ月に一度のペースで行っている。２０１８年5月現在の成功率は40％。悪くない数字だ。ライブのファンは多い。夢は宇宙ツアーに出ることだ。

電通入社時の新入社員を紹介する冊子に会社での目標を書かなくてはいけなかった。ぼくは「前衛的サラリーマンになること」と書いた。そのときはなんとなく書いていた。今になってそれは予言のようだった。広告界、写真界、音楽界、映画界、新世界、宇宙の間を行き来している。サラリーマンとしては前衛的といっていいだろう。それぞれの力をまだまだ伸ばさなくてはならないが、20代の頃とは打って変わって今の自分には満足している。そうなれたのも、自分の心の声を正直に聞き、その問題に向かい合っていたからのように思える。広告の違和感、働くことの違和感、社会の違和感、自分の違和感をうやむやにせずそれを見つめ、解消しようとしたことが、今に繋がっている。

「二兎追う者は一兎をも得ず」という言葉が20代の頃、ずっと気になっていた。広告をやりながら写真をやっていた自分はどっちもモノにならないのではと悩んでいた。しかし、10年もやり続けるとそれが繋がってくる。今では大好きだった音楽や、文学や、社会的な関心までもが繋がった。20代は何でもできると思っていた。しかし、何もできなかった。30代はすべてのことはできないことがわかった。しかし、何かができるようになっていた。

支流が繋がって一つの大きな流れとなるように、今は太い川がぼくの中を流れている。その水量は多く、勢いは強く、様々な人やものを押し流している。この川は涸れることなくしばらくは流れそうだ。

あとがき

仕事ではないので会社でするのは憚《はばか》られる。家に帰ってこつこつと書こうとしたら、子どもが遊びたがるので集中できない。結局、カフェ、ファミレス、マンガ喫茶と転々としながら、この本を書き上げた。仕事の合間での執筆となったので、足掛け1年ぐらいかかっただろうか。ずっと出ないうんこをようやく排泄した気分で今は清々しい気持ちでいる。

東京から新世界にひょこっとやってきて、ぼくに本を書きませんかと言ってくれた編集の高部さんにまずお礼を言いたい。高部さんの目が間違っていなかったとなるようこの本が売れることを祈るばかりである。度重なる変更に対応してくださった本文をデザインしてくれた佐藤さん。新入社員の頃からの付き合いのデザイナーの市野くん。ぼくが世界でいちばん描かせているに違いないイラストレーターの小路くん。そして、いつも笑いとインスピレーションをくれる新世界の仲間たち。優秀であり、ライバルであり、気は置けないが、気が置ける会社の先輩や同期や後輩たち。好きにやっていいんだよと、教えてくれた都築さん。ぼくの人生をとっても華やかにしてくれた三戸ちゃん。文章や小説を書く憧れを与えてくれた偉大な作家たち。ぼくという人間に関わってくださったすべての方々。いつも支えてくれる家族。本当にありがとう。ずっと書いているのはつらかったけど、これが終わるのはとてもさみしい。

亡くなった母と妹へこの本を捧げる。

おまけ

アホがつくる街と広告

ここからはおまけということで、自身が様々なプロジェクトを行い、その経験から導き出された「仕事のいいやり方」のようなものを紹介していきます。普段、ぼくは「アホがつくる街と広告」というタイトルで講演をしているのですが、そこでもだいたいこんな話をします。みなさんの日常に役立ててもらえれば。直接聞きたいということでしたら、講演でもなんでも呼んでもらえたら。

おもしろい×社会にいい

商店街ポスター展の成功の理由は、ポスターそのものがおもしろかったということに尽きるのですが、ただおもしろいだけではここまでの広がりはありませんでした。そこには「おもしろい」と「社会にいい」がありました。つまり、「おもしろいポスター」と「商店街を活性化させる」ということです。この二つがあれば、プロジェクトは自然と広がっていきます。メディアがどんどん紹介してくれます。おかげで商店街ポスター展は金をかけずに大きなPR効果がありました。

テレビや新聞などのジャーナリストと接して思いました。彼らは好き好んで殺人や、政治や、ゴシップを報道したいわけではない。ずっといいニュースを探している。そのときに彼らにとって価値があるものは「おもしろい」と「社会にいい」が揃っていることです。「おもしろい＝話題性」「社会にいい＝公共性」と言い換えるとより整理できるでしょう。話題性がなくては人の興味を引けない。視聴率やビュー数が稼げない。しかし、話題性ばかりあって公共性がないと、ニュースで報道するに値しない。そういうのはバラエティに任せればいい。一方、「社会にいい」だけだと真面目すぎて話題にならない。でも、この二つがあると、非常にニュースの価値があがる。それぞれが最大限におもしろくなくても、おもしろい：社会にいい＝5：5、もしくは3：7でもいいです（ぼくはだいたい7：3を狙っています）。しかし、多くの人が10：0を狙っています。つまり、社会にまったく関連なく「おもしろい」企画を考えようとしている。しかし、おもしろいだけのものって世の中にたくさんある。映画、小説、お笑い、ネット動画、今やもうコンテンツすべてがライバルなか、広告がそれらにおもしろさで勝つのはとても難しい。だから、あえて、したたかに、「おもしろい×社会にいい」ことをして、プロジェクトが広がるようにする。おもしろいことに少し社会のためになるようなことを混ぜてみる。社会のためになるようなことに少しおもしろさを加味してみる。そうすることで、広がり方が全然違います。

もちろん、報道されるだけがすべてではありません。ニュース報道を目的とするのは本末転倒です。しかし、報道の効果は本当に大きいです。それを見て人が訪れるというのもありますが、報道されたという事実は信頼の獲得に大いに役立ちます。特に年配の人々には「うちの街がテレビに出てる!」というのは効きます。一気に信頼されるようになります。

さらに、「おもしろい×社会にいい」があることで参加者もどんどん広がっていきます。世の中をよりよくしたいという意識は誰しもが少しは持っています。かといってそういった活動に参加するのはいわゆる「意識高い系」と思われるような人ばかり。そういった人がNPOを作り、さらに「意識高い」活動をしている。そう思いがちです。ただ、そこに「おもしろい」があると、「あ、おれもやってみたい」という人がどんどん増えていきます。商店街ポスター展でいえば、「ユニークなポスターを作る」という「おもしろい」と「商店街を活性化させる」という「社会にいい」です。女川ポスター展でいえば「被災地支援をする」という社会にいいです。ソーシャルポスター展では「NPOのポスターを作る」という「社会にいい」です。広告クリエーターで「消費活動ばかり煽っている」という罪悪感を持つ人間は、ぼく同様少なくありません。世界の広告祭であるカンヌライオンズでは数年前から「for Good」ということが潮流になっています。広告の力、つまり、アイデアや高い品質のポスターや映像を作る力を、商品の売り上げやブランドの価値をあげるためでなく、社会や地球の問題を解決するためにも使用すべきである、という考え方です。確かにすばらしいことではあります。しかし、普段の仕事でそういったことはほとんどできません。広告によりいくら販売が伸びたのか、認知度は上がったのか、クリック数が増えたのか、ビュー数が伸びたのか、と結果をすぐに求められる広告人にとって、「クリック数は少なかったのですが、社会のためになりました」と言っていられるわけはありません。だからこそ、社会貢献の機会はクリエーターにとっては有意義なものとなります。

おもしろい×社会にいい×自分にいい

広告制作者にとって自由な創作の場は、広告賞を獲るチャンスです。次のよりよい仕事へと繋げるチャンスです。実際、参加した人間の多くが賞を獲った。「賞が欲しい」というと、名誉欲の塊のようで品がなく思えますが、広告制作に携わる者にとって、賞とは名誉欲を満たす以上に、精神安定剤としての機能が強いです。賞を獲ることで安心するのです。若いクリエーターたちにとって賞は「広告クリエーターとしてやっていける」お守りのようなものであり、いくつか賞を獲っているクリエーターたちにとっては「自分の考えていたことは間違いではなかった」「自身はまだまだできる」と安心する材料になる。その安心は心に余裕を生み、次の案件にリラックスして臨むことができ、またよりよいものを作ることができるようになり、すると、また賞を獲って、さらによい仕事ができる……プラスのスパイラルが生まれます。逆に賞が獲れないとかつての自分がそうだったように「自分ってつまらないんだ。才能ないんだ……」とダウンスパイラルに陥ってしまいます。そういった経験から、商店街ポスター展は若手にチャンスと成功体験を与える場であると考えていました。一度成功すると、「おれっておもしろいものを作れるんだ」と自分を信じられる。だから、どんどんよくなっていくんですね。

これは自身が「おもしろいものを作ることができる人間である」と社内や世間にアピールするチャンスでもありました。賞の獲得は「自身は優れたクリエーター」であるという営業材料になります。賞を獲れなかったとしても、自身のポテンシャルはそのポスターに現れます。「あのポスターの感じで企画して」と先輩から仕事に誘われたスタッフもいました。女川ポスター展の参加者はフリーや小さな組織に属している人が多いので、「あのおもしろいポスターを作った○○さんと仕事をしたい」と仕事を受注するきっかけとなりました。作品は大いに彼らのアピール、営業に役立ちました。

「自分にいい」は広告制作者にとっては「賞の獲得」でしたが、人それぞれの「自分にいい」があります。東北の被災地で、ボランティアの学生たち何名かに会いました。彼らはもちろん、被災地のために何かしたいという気持ちで来ていました。それに加え、ボランティアは就職に有利になるといった下心も時々垣間見られました。これも学生たちにとっての「自分にいい」です。他にも、何かプロジェクトに参加することによって、人脈が広がる、潜在顧客と知り合いになるということも、「自分にいい」ということです。たとえ、下心があったとしても、そのアクションが社会を少しでもよりよくしているのであれば、地域社会が動くのであれば、それはすばらしいことだとぼくは思います。

おもしろい×社会にいい×自分にいい×自分にしかできない

「自分にしかできない」という特異性はプロジェクトを他のものと差別化し、強くします。ポスターを作るのはコピーライターとアートディレクターという職種にしかできないこと。だから他と違って強いものができました。ぼくたちが商店街を掃除したとしても、何らニュースにはなっていなかったでしょう。

　プロボノという言葉があります。プロのスキルを社会のためにボランティアで提供するという意味です。ラテン語の「pro bono publico（社会にいいことのために）」に由来します。弁護士が

市民のために無料で法律相談に応じていたのがきっかけですが、商店街の活性化が課題であるとすると、大工であれば空き店舗を改装すればいい。会計士がいれば商店街の会計を助ければいい。そういった独自性が新たな違いを生みます。

「おもしろい」「社会にいい」「自分にいい」「自分にしかできない」という4つの輪が重なるところを軸にして企画を立てると芯の強いものになります。何かプロジェクトを考える際は参考にしてください。

供給の足りないところに供給を

大阪と東京の広告クリエーティブの現場にいたぼくはある問題意識を持っていました。東京にクリエーティブが集中しすぎている。しかも、それは需要を超えているのです。例えば、A社の新製品が発売される。新発売キャンペーンの競合プレゼンがあったとする。電通、博報堂、アサツーディ・ケイ、大広などの総合広告代理店から、クリエーティブ・ブティックとよばれる、小さなプランニング専門の会社まで、様々な広告会社が競合プレゼンに参加する。例えば、10社が呼ばれたとします。各社が3案ずつ提案する。そうすると30案提案されたことになります。そこから選ばれる案はたった1案。各社が出す3案以外にもっとたくさんの案が死んでいます。例えば、各チーム3人のクリエーターがいたとして、各人20案考えたとすると（20案でも少ないほうである）60案あることになる。そこから3案を提案する。10社がおのおの60案考えているとする

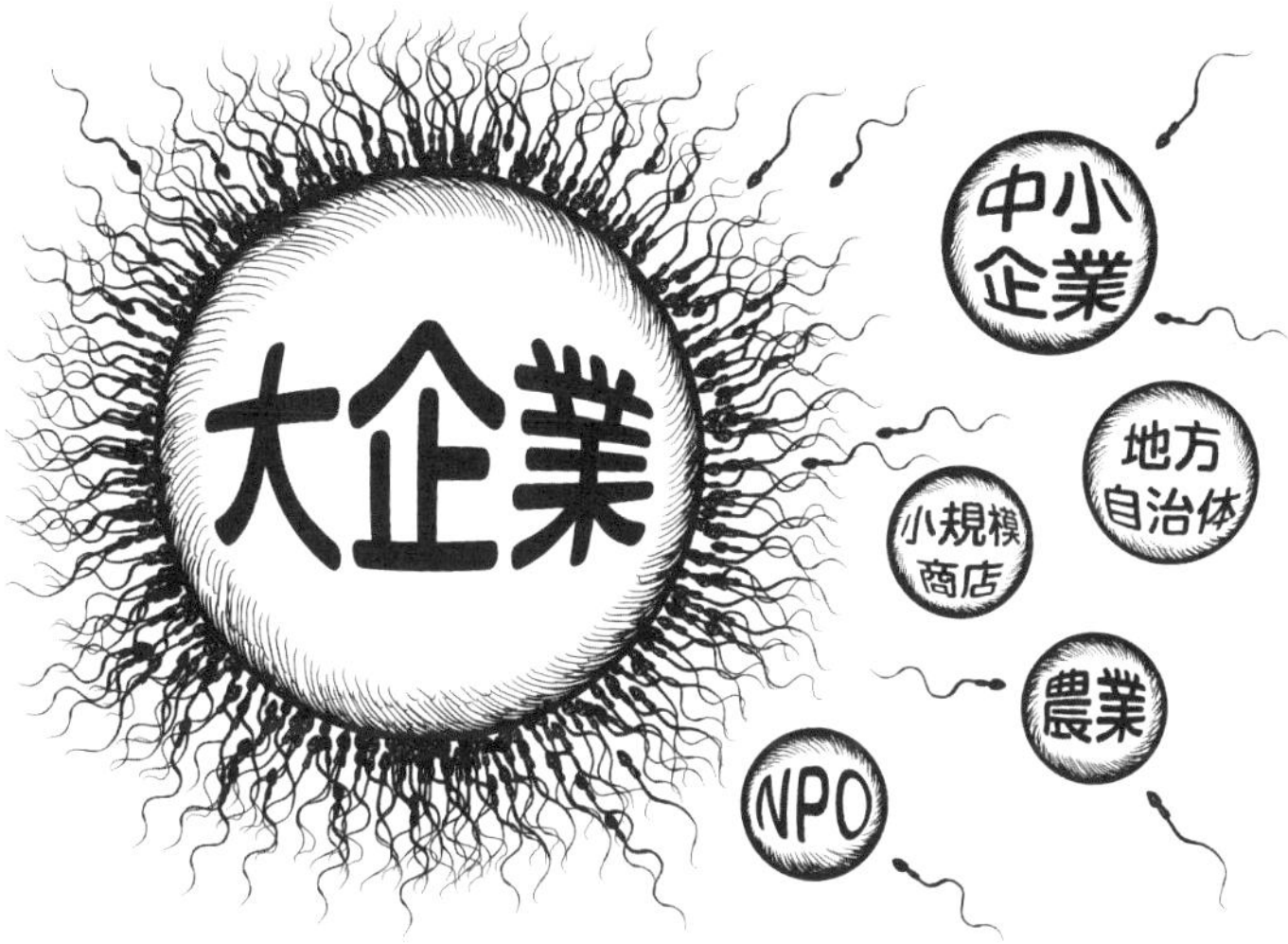

と、採用される確率は600分の1になります。しかもその1案によいものが選ばれるとは限らないのです。

　商品の需要より供給が多いと値段が下がるように、クリエーティブの供給過多が値段と質を下げています。しかし、地方にはクリエーティブの供給が圧倒的に少ない。しかし、需要はたくさんある。企業はもちろん、地方はたくさんの問題を抱えている。広告クリエーティブで解決できることは多々あります。しかし、供給はない。もし、少しでもクリエーティブの供給があれば、それはすぐに採用される。乾いたスポンジが水をたくさん吸うように、アイデアが吸収される。つまり、クリエーティブを地方に供給するとよい案が通る。東京に行かずとも、地方でおもしろいことができる。広告クリエーターはほとんどが東京に憧れます。東京に行けばもっとおもしろいものが作れるのではないか。

もっとクリエーティブなことに理解あるクライアントがいるのではないかと。実際にぼくもそう考えていました。しかし、地方には圧倒的な需要があるのです。だからこそ供給をしなくてはいけません。アイデアの供給があれば地域がよりよくなっていく。ぼくの手がけたものもそうですが、ぼく以外でもそうです。鹿児島のODKはまさにデザインがないところに押しかけてデザインを供給しています。

クリエーティブのプロセスをクリエーティブに

商店街ポスター展の成功でぼくは広告制作者のポテンシャルを信じられるようになりました。自身も含め広告制作者は、アート、テレビ、映画、漫画、文学などの他のジャンルの表現者に比べておもしろくないと思い込んでいたのですが、そうではないとわかったのです(事実、他ジャンルのクリエーターから広告制作者は蔑まれているところがある)。お金がなくても、タレントがいなくても、広告制作者が「通す」エネルギーを「作る」エネルギーに変えたならば、世の中を騒がせる強い表現ができる。有名クリエーターではなく、新入社員でもできるのです。広告クリエーターは他のジャンルの表現者たちに負けてはいなかったのです。

しかしながら、まだまだ「通す」ことにエネルギーを費やさなくてはいけないのが現状です。だからこそ、クリエーティブのプロセスをよりクリエーティブにしなくてはなりません。近畿大学の広告のときのようにお金をもらいながらも完全に自由にさせてもらう。すべてを「作る」に注ぎ込む。これが理想です。そこまでは難しくとも、大丸・松坂屋のようにサムネールまでは了解をもらってあとは自由にさせてもらう。「通す」に注ぐ力をなるべく減らす。ボランティアではなく、ビジネスの中でどこまでできるかを日々試しています。

質より量

ポスター展の作品量は、他の広告キャンペーンに比べてとても多いです。新世界で約120枚、文の里、伊丹では200枚ほどありました。選りすぐりの1枚や2枚を選んだとてこれだけ話題にはならなかったでしょう。200枚近いポスターがあったからこそ話題になりました。そのポスターの中にはあまりおもしろくないものも正直あります。でも、1枚1枚のポスターを吟味するよりも、連続してポスターを見て、その読後感がおもしろいならばそれでいいと思っています。三戸なつめのMVも1本だけなら話題にならなかったでしょう。質の高さよりも物量で圧倒する。

今やアイドルグループのメンバーも48名いる時代。質より量の時代なのかもしれません。広告は新聞の1ページ、駅や電車の1スペース、テレビCMは15秒か30秒など、メディアには限りがありました。しかし、商店街にはスペースがたくさんあります。ウェブ上であればスペースには限りがありません。だからこそできることでした。一つの超高品質のものを見せるよりも、複数の高品質のものを見せるほうが、心に引っかかりを残す。質より量というのは編集者の都築響一さんから学んだことでもありました。都築さんのメールマガジンで写真家として連載していたと

き、都築さんの指示は一つだけでした。「もっと写真を多く」。都築さんの原稿にはいつも膨大な写真の量があります。そこには1枚の写真だけでは到達できない域に達することができる世界がありました。
0点から70点のものを作る労力と、70点から100点にする労力は同じであると個人的に考えています。一つの合格点に達したものをさらに磨きあげていくのは時間がかかります。より細部にこだわらなくてはなりません。ポスターのレイアウトであれば数ミリ、映像でいうと0・1秒、文章であれば推敲に次ぐ推敲という調整作業です。そこには大きなエネルギーが必要になります。もちろん、最後の詰めは迫力を生みます。100点の作品は大きな力を持つ。それができてこそ職人です。一流です。しかし、ぼくはそれが苦手でした。細かな違いがあまり気にならないのです。必死になってそこにこだ

わっていても、見る人もその違いはわからないから力を注がなくていいではないかと思ってしまうのです。１００点のものを一つ作るのならば、70点のものを二つ作ろう。一つにずっとこだわってるんだったら、もう1本作ってしまおう。質より量、これがぼくのスタイルとなりつつあります。

たくさんの量を積み上げて、質の高い一つのものにする。それが商店街ポスター展でした。大丸・松坂屋の事例でも触れましたが、会社の先輩はそれを「ポスター展はエスノクリエーティブ」と評しました。企業、県、市、町というマクロから発想するのとは違う、個人や店というミクロの積み重ねから全体を表す。１００人の従業員の積み重ねから大丸松坂屋百貨店というブランドが見えてきました。

課外活動

商店街ポスター展はぼくがセルフ祭に関わっていたからこそ生まれました。さらにいうと、写真をずっと続けていたからセルフ祭に参加することになりました。会社と関係のない課外活動はずっと会社にいたらできないブレイクスルーを生みます。グーグルにはかつて20％ルールというものがありました。業務時間の20％は普段の業務と違うことをしなくてはならない。「しなくてはならない」つまり、義務なのです。電通にも、音楽、演劇、格闘技など課外活動をしている人は結構います。ぼくの課外活動は商店街ポスター展を生みました。ぼくのもう一つの課外活動、

UFOの召喚も仕事になりつつあります。

課外活動はもちろん、すぐには仕事になりません。お金にならないし、どうしようと思っていたときでした、新世界市場の会長であった澤野さんがぼくに名言をくれました。

「日下くん、ええか。今は金を稼いでへん。でも、人を稼いでるんや」

まさに澤野さんの言った通りでした。今、人との繋がりが仕事に繋がっています。

自分の舞台は自分で作る

「何かおもしろい仕事くださいよ」若かりし頃の愚かなぼくは、周りの人によくこう言いました。そしてまったく仕事は来ませんでした。今、振り返るにそりゃそうだと思います。ぼくという人間自体がおもしろいことをしていないのに、おもしろい仕事など来るはずがありません。何かおもしろいことをすることのすべてが他人頼みだったのです。

おもしろいことは自分で作る。待っていても何も来ない。運よく来たとしても、それは受注しているにすぎないので発注側の意見を多く聞かなくてはならない。自分が本当にしたいと思うことはできないかもしれません。だったら、もう自分で勝手にやってしまうのです。自分の舞台は自分で作るんです。それには誰も口を出せません。

パリコレクションなどのファッションショーでは「そんな服、普段誰が着るんだ」と思うような前衛的な服を着てモデルが歩いている。これは、各ブランドの最も尖ったクリエーティビティ

の発現です。しかし、ショーで発表された服はほとんど店頭に並んでいません。東京モーターショーでも「一体、どうやって乗るんだ」という未来の車が発表される。制作の場において、日常と祭りの部分という、ケとハレが切り分けられている。広告や他の仕事にもそんな舞台があっていいと思うのです。「そんなの、普通は無理だよ」といった尖った作品を作るお祭りの場があっていい。作り手の抑制のないクリエーティビティを存分に発揮する。そうすることは、仕事の営業活動にも繋がります。

自分のフィールドを作る

病気になるまで、ぼくはいわゆる広告クリエーターの道をひたすら歩いていました。コピーライターとして技術を磨き、賞を獲り、よりよいクライアントを担当し、最後はスターク

リエーターとなる。毎日一歩一歩歩いていました。しかし、その道はたくさんの人が歩いていました。スターへの道は大渋滞でした。しかし、歩くしかありません。それしか道が見えていなかったからです。そしてTCC最高新人賞を獲って、スタークリエーターの道が見えました。しかし病気になりました。
　復帰してまたこの道に戻ったとき、もうぼくはこの道を登っていくのは無理だと悟りました。まだ病気が完治していない身で人並みに働くことができなかったのです。ぼくより才能がある人が、ぼくより努力している世界です。勝てるわけはありません。だから、この道からドロップアウトしました。そして、道はないところでもがいていると、自分しかいない場所に辿り着いたのです。自分しかいない場所は楽です。なぜなら、自分一人しかいないから自分はずっと1番なのです。他者にとっても、ぼく以外にそ

の場所の人はいないから重宝されます。ぼくにしかできない仕事が来るのです。競争を勝ち抜くことも大事ですが、あえて、競争からドロップアウトすることもおすすめです。

残る

ぼくは仕事で「残る」ということをいつも考えています。広告では、新聞では1日で、駅貼りなどの交通広告はだいたい1〜2週間、テレビは最長でも3ヶ月ぐらいが寿命です。

しかしながら、新世界市場のポスターは初掲出してからもう5年経ちますがまだ残っています。未だに人の注目を集めています。新世界市場では初掲出から1年後に新聞の1面を飾りました。それも残っているからありえたことです。文の里も終了から5ヶ月後にネットでバズりました。そして、終了から3年経ってもまだニュースになっています。それもこれも残っているから起こりうることです。

大野市のプロジェクトもそうです。大野市にずっと関わっていたいとは思っていますが、いつまで携われるかわかりません。だから、大野で極力「残す」ことを考えました。歌を残すこと、ポスター展という仕組みを残すこと、写真集を残すこと、写真と言葉の技術を残すことです。

同時期にやっていた奈良県桜井市の仕事もそうでした。桜井市にインバウンド訪問客を呼びたいという依頼がありました。とはいえ、世界に向けて桜井市単体だけでやっては意味がありません。広域エリアで手を組むべきだと提案しました。桜井市、天理市、宇陀市、曽爾村、御杖村、

ポスター？はよ作ってや。死ぬで。
お漬かれさまでした。
大嶋漬物店
二〇十三年七月二十三日閉店

磯城郡をYAMATOというエリアにして、それを母体に情報発信するようにしました。そして、YAMATOとしてパンフレットとウェブサイトと動画を作りました。パンフレットもサイトも残る。でもいちばん残したかったことは「市町村を越えて動く」という繋がりで、YAMATOというエリアでした。

「ソフトなハード」これが今の時代にあっているように思います。ハードを残すのは「ハコモノ行政」といわれて批判され、時代にもそぐいません。しかし、しばらく残るソフトを残しておくのは大事です。歌、ポスター、仕組み、繋がり。商店街のポスターは商店街がある限りはずっと残りそうです。「大野へかえろう」の歌も毎年歌い継がれています。できれば数十年と数百年と残ってほしい。もちろん、この本も。

照れと遠慮を捨てる→アホになる

大阪では「お前アホやなあ」は最高の褒め言葉です。それは、「君はなんて規格外でおもしろいことをするんだ」といった意味に近いでしょうか。織田信長の「うつけもの」もそれに近かったのかもしれません。鹿児島にも「ぼっけもん」という言葉があります。ぼくはいつもアホになろうと心がけています。特に地方活性化の仕事であればより一層。「地域を元気にするのは、若者、バカ者、よそ者」とよく地方創生では語られます。大野でも新世界市場でもぼくは「若者で（そんなに若くないけど）、アホで、よそ者」だから、よい結果を残せた。アホになることが地域を元気にすることであると真面目に思っています。そして、地方を巡り、様々な事例を見た結果、それは真実だと確信しました。

奥信濃で『鶴と亀』という老人の写真ばかりを収録したフリーペーパーを発刊して、人気を集めている小林くんは、本当にアホです。どうして、田舎の老人の写真だけのフリーペーパーが成立すると思ったのか、本当にアホじゃないとやろうともしないでしょう。

海外でもアホが町おこしをしていました。台湾の台南市にある正興街というストリートでは、若者がアホな活動をし、5年前はほとんど人通りが少なかった街を今や、台南一のホットスポットにしていました。彼らは商店街ポスター展の「アホでやけくそ」のスピリットも大いに参考にして、彼らなりの町おこしを続けています。彼らにはとても通じるものがありました。

小林くんの『鶴と亀　禄』の文末に以下のような文章があります。

奥信濃のじいちゃんばあちゃんの魅力はなんですか？
と聞かれたら、生活力がすごいとか、生きる力が強いとか答えていた。
確かにそれもあるんだけど、それが一番じゃないなと思った。
なんというか、奥信濃という決して生きやすくない場所で、
「しょうがねえ」って生きているみたいなところに
グッときているんだと思う。
自分も今、生まれ育った奥信濃で
そんな感じで生きていこうと思っているのもある。
じいちゃんばあちゃんたちは、
どこで暮らすかなんていう選択の機会はあまりなく、
まあここで生きていくしかねえよって
生きてきた人たちがほとんどだと思う。
逆にぼくは、小さい頃から何をしたっていいし、
どこで暮らしたっていいって言われて生きてきた。
便利で自由な時代のおかげで、色んなところにいったり、
色んな情報をネットで見たりする。

でも、どんなに暮らしやすいところだって大変なことはあるっぽいし、もう「素敵な暮らし」をするために選択しなくちゃいけないことが多すぎて、若干面倒くさくなってたりする。

だったらもう、この生まれ育った奥信濃で「しょうがねえ」生きていくか、みたいな。しょうがねえ、しょうがねえって言ってるけど、そんな悲観的でもない。

〜中略〜

これからもなんとか死なない程度に奥信濃で
「しょうがねえ」って生きていこうと思う。

「じいちゃんばあちゃんみたいに」


「都会に行きたいけど、しょうがねえ、ここでやるか」と覚悟し「だったら、今生きてるこの場所おもしろくしてやる」と開き直ることが、地域を元気にするとぼくは思うに至りました。これは組織にもあてはまります。今いる部署はおもしろくない、他の部署に行けばおもしろいことができるのではないか。今の会社は自分に向いていない。他の会社ならきっと本来の自分のやりたいことができる。確かにそうかもしれません。でも、今、そこでやってみる。それが大事なのではないかとぼくは思うんです。

　じゃあ、今、どうやってやるんだ？　それは「照れと遠慮」を捨てて愚かになって、アホになって、行動してみる。それしかないと思うんです。さすれば、道は開かれます。

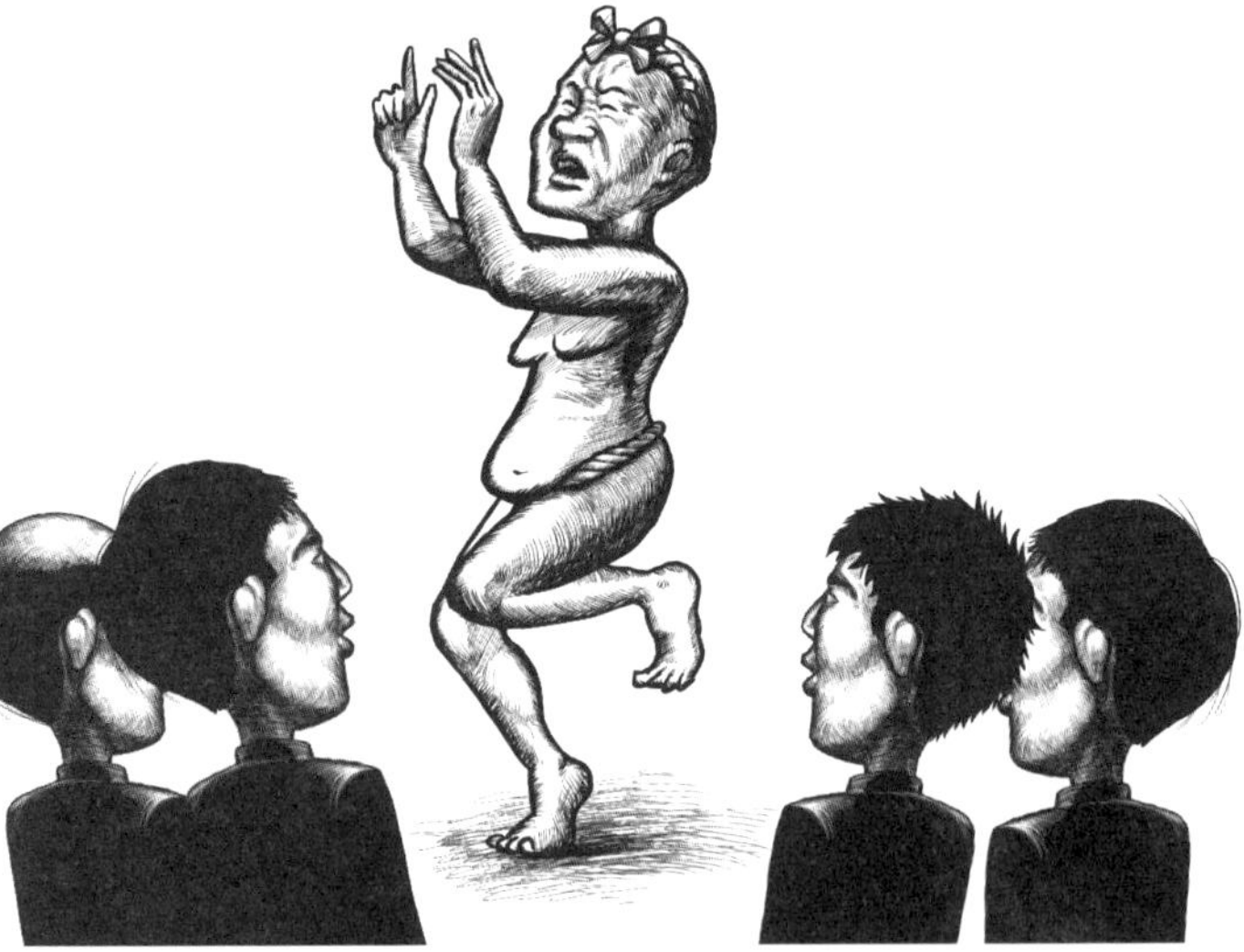

大阪、東京、名古屋、仙台、福岡、大分、大野、飯山……それぞれのアホが楽しいことをやって、カルチャー群雄割拠の時代が来たら最高だと思います。「お主やりますな」「お主もやりますな」とお互いリスペクトし合うと、より日本は豊かに、ぼくたちの住む地域は楽しくなると思うんです。ぼくはこれからも大阪という街でなんだかんだとあがいていこうと思います。長くなりましたがまあこの辺で。

ポスター展
作品集

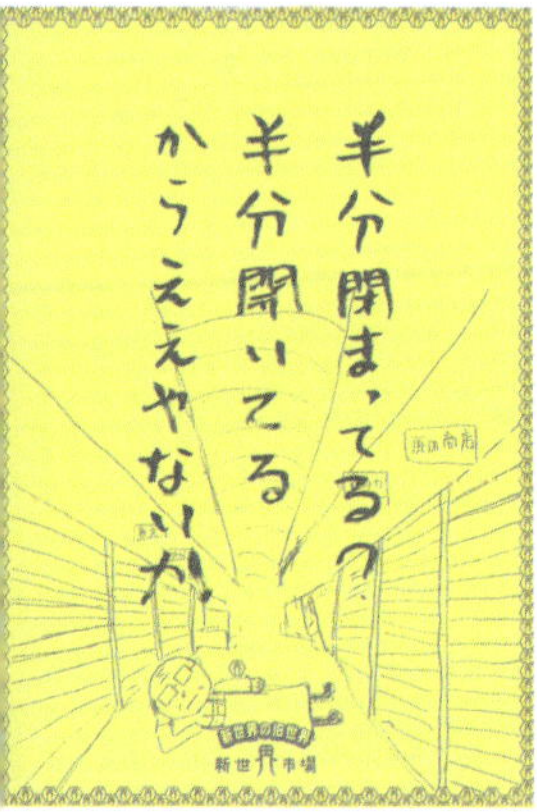

2

1

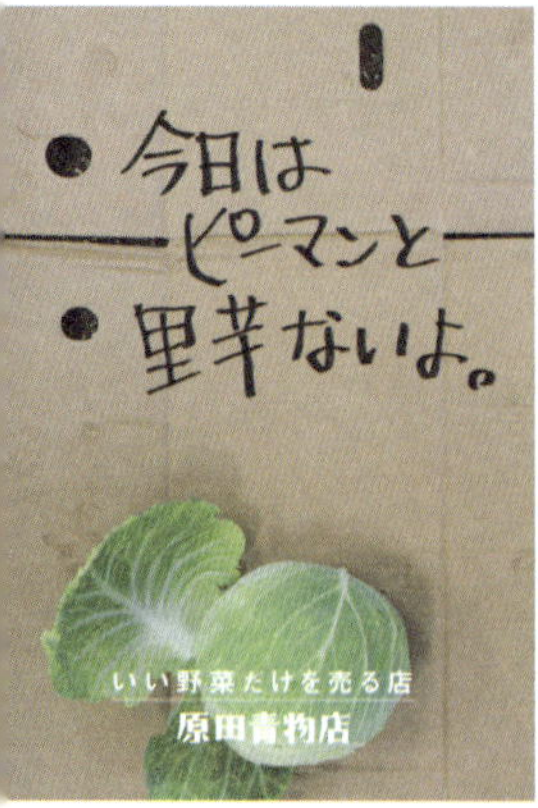

3

6

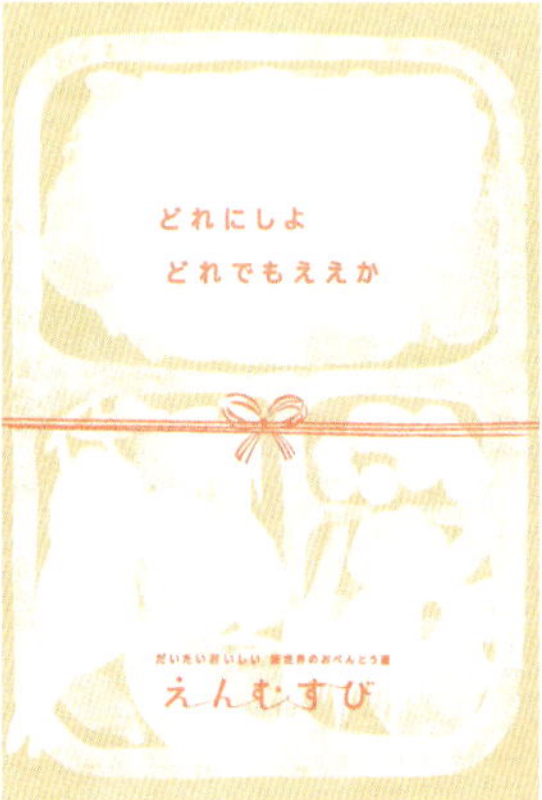

5

4

新世界市場

歌詞のない、
恋の歌だってある。
ようこそJAZZへ
hand-made JAZZ
澤野工房

どこへも行かずに、
どこかへ行きたい。
ようこそJAZZへ
hand-made JAZZ
澤野工房

8

売り上げより年金の方が多いわ
生田綿店

入レ歯ヲハメテ、ハメハズセ。
潤
カラオケ喫茶

10

11

12

13

14

15

16

17

18

新世界市場

パンツは
相手で
はきかえろ。

21

兄弟げんかの原因でもあり、
仲直りのきっかけでもある。
下町のおいしいパン屋さん
Yamazaki SunRoyal

20

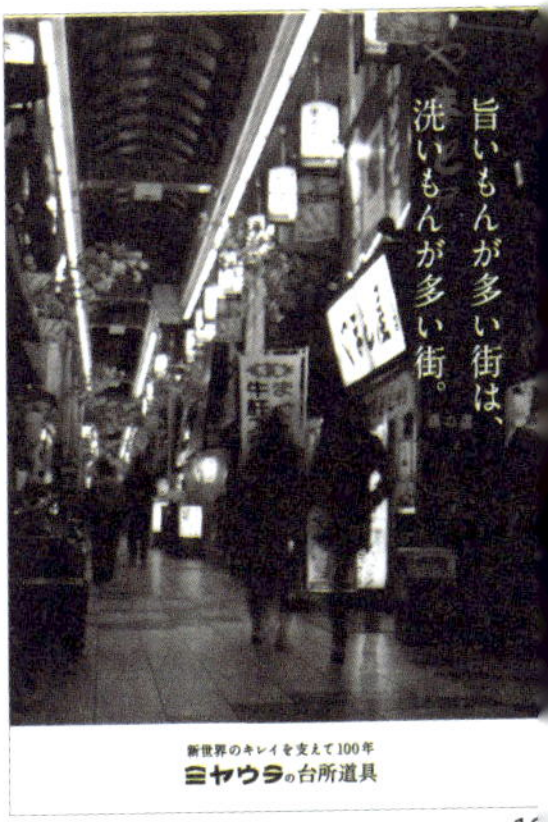
旨いもんが多い街は、
洗いもんが多い街。
新世界のキレイを支えて100年
ミヤウラの台所道具

19

愛してるで。
黙って作りなさい。
中山菓舗

24

1個ぐらい食べても
バレへんよね。
中山菓舗

23

これぐらいの
おはぎ
作りたい。
中山菓舗

22

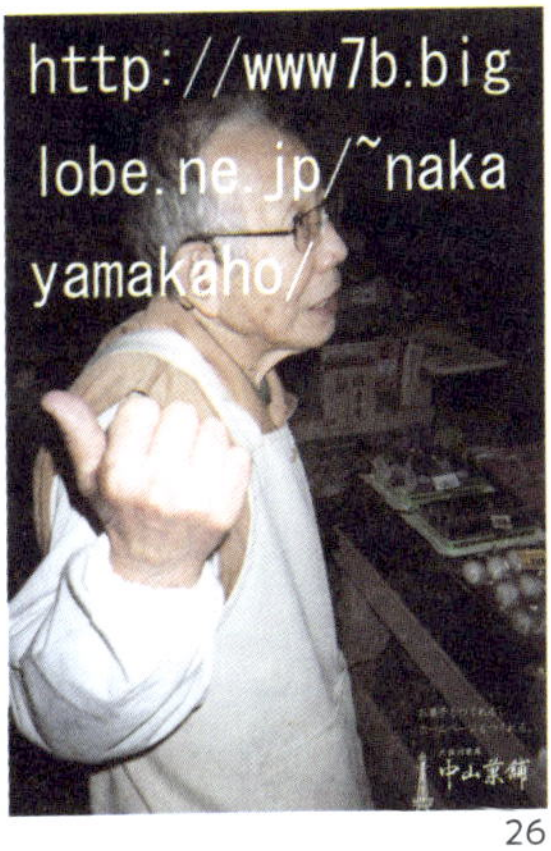
http://www7b.big
lobe.ne.jp/~naka
yamakaho/
中山菓舗

26

週休2日にせえへん?
中山菓舗

2

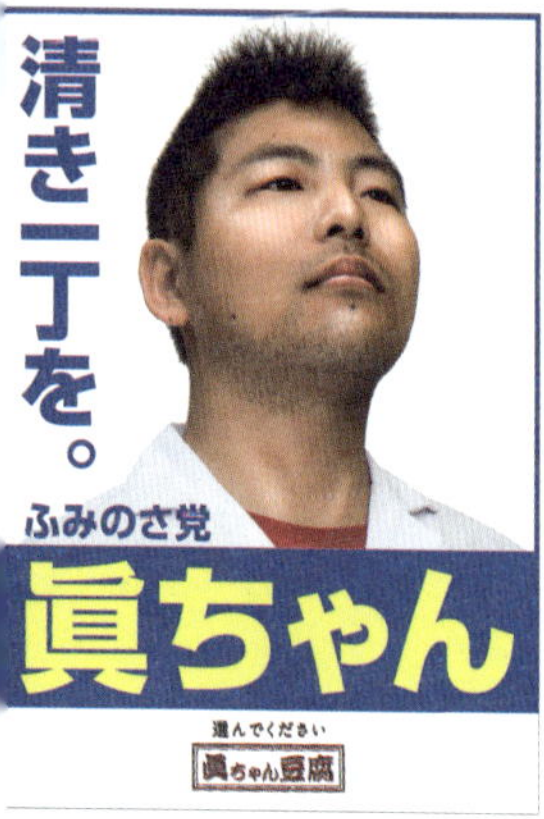

2

1

3

6

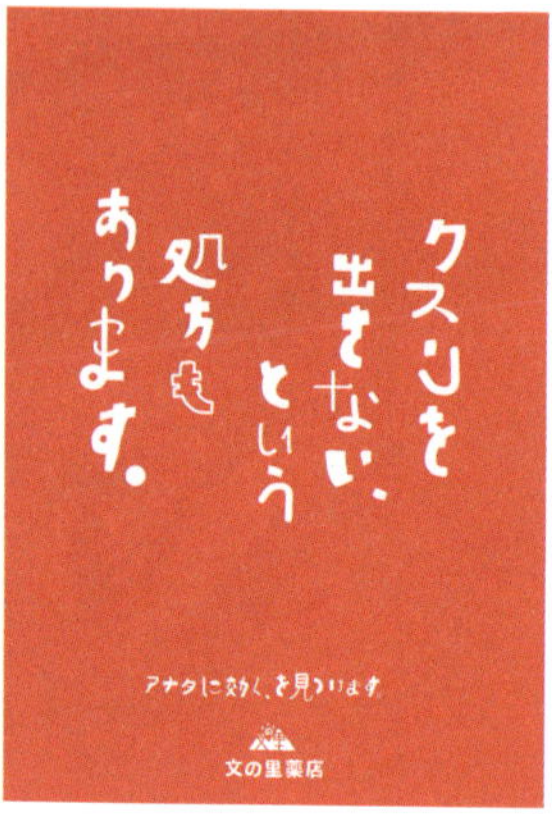

5

4

文の里商店街

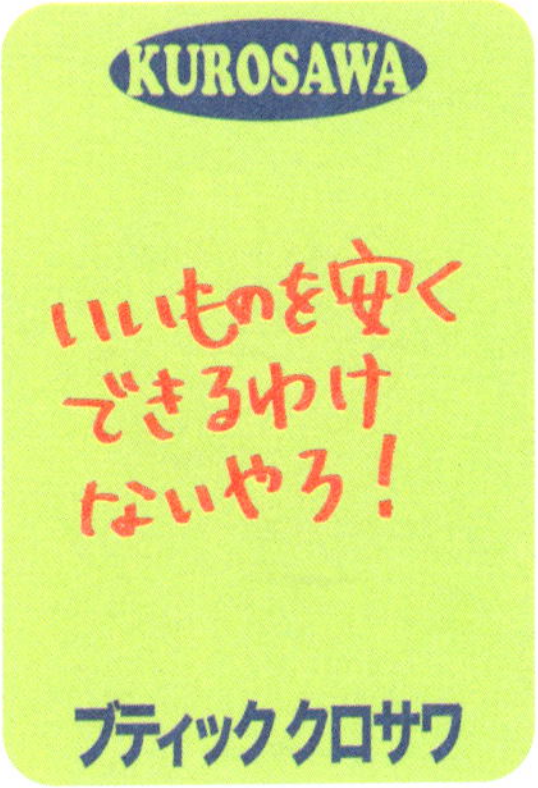

8

9

10

11

12

13

14

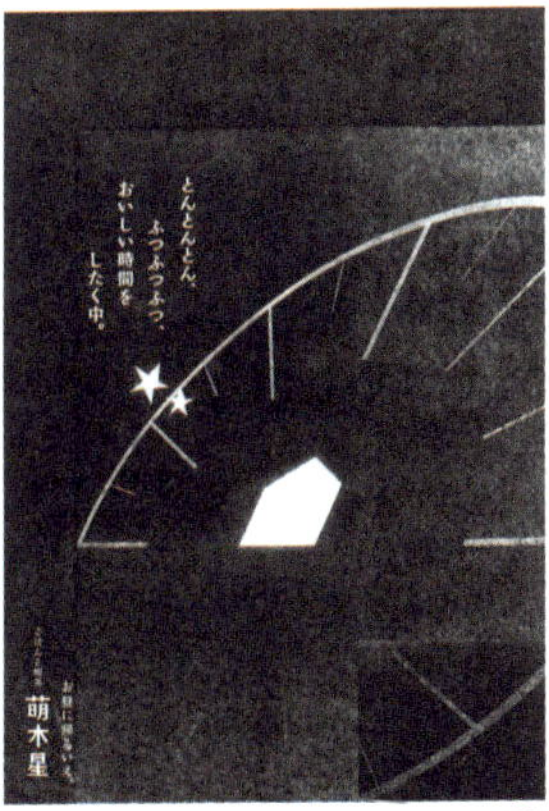

15

16

17

18

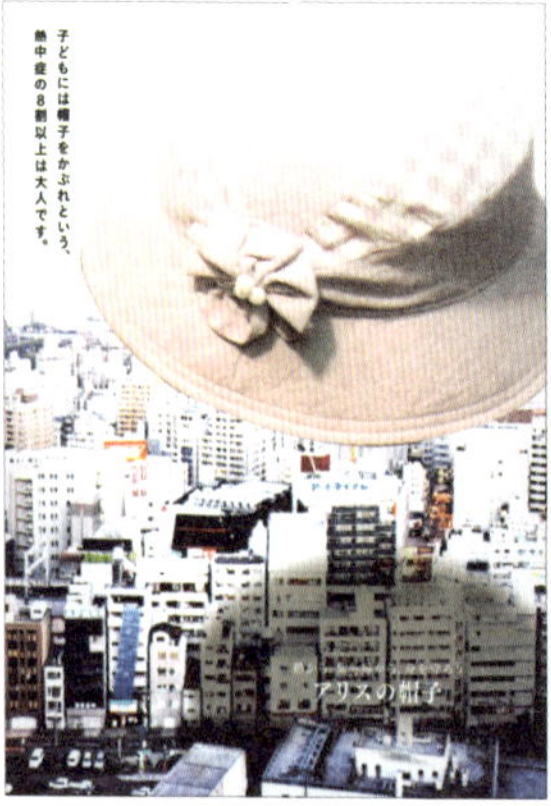

19

20

21

22

23

24

文の里商店街

洋服は、
流行ってる時点で
もう時代遅れやで。
あなただけの一着を作ります。
adorn

26

どうして当時の私がこれを仕入れたのか、
誰か知りませんか？
伊万里焼の大壺　4,500,000円
ガラクタか、宝物かは、あなた次第
ギフトと雑貨 マエダ企画

2

人と同じなんて、柄でもない。
若葉服飾

28

酔ったふりするから、
家まで送るふりをして。
お酒は、使える道具です。
かとう
CELLARS
株式会社 加藤酒食料品店

2

29

30

31

32

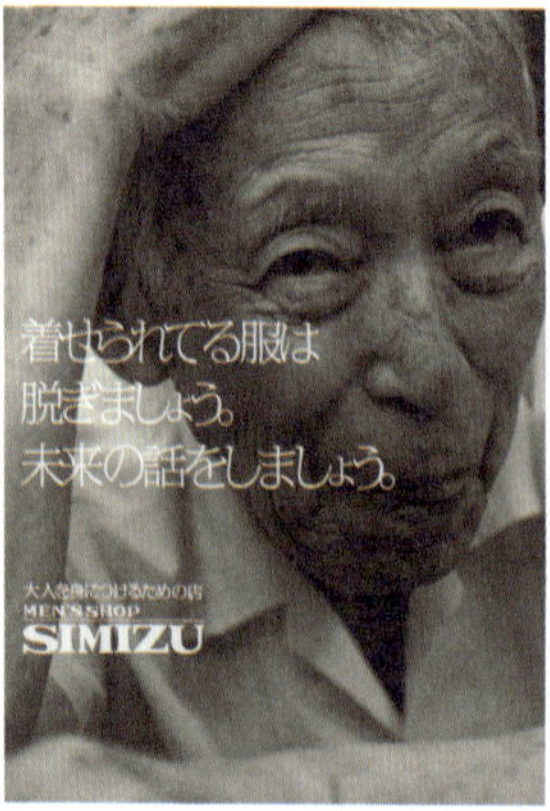

33

34

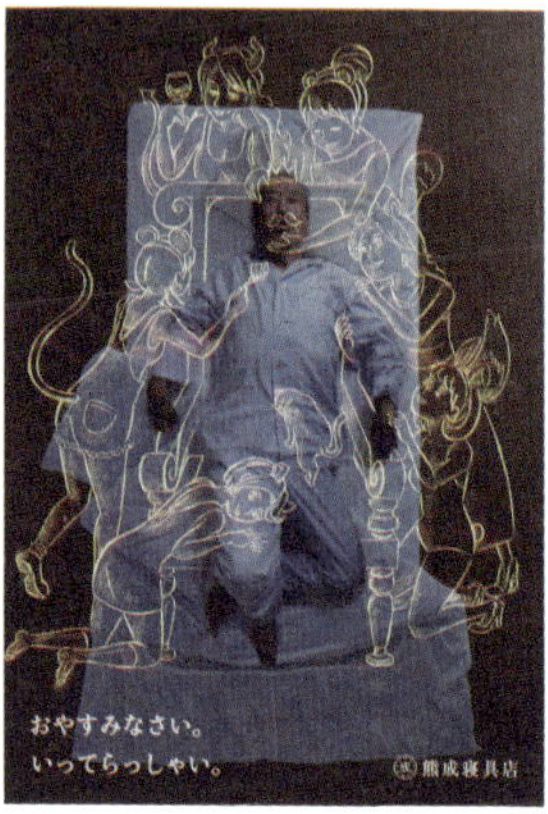

35

36

37

文の里商店街

お客様の着物のことで、しばしば姉妹喧嘩をいたします。
姉妹でやってる着物のお店
姉妹屋

40

お母さんがいない人のお母さんは、誰がするんだろう。
オヤジがつくるオフクロの味
デリカショップ コバヤシ

39

AMIY
LADIES FASHION
Madame Fuminosato
Love Fashion Love Life
服を楽しむことは、人生を楽しむこと。婦人服アミー。

3

赤飯が売れた。
今日も、誰かが誰かを祝っている。
和菓子の
人の和をつくる 富士屋

43

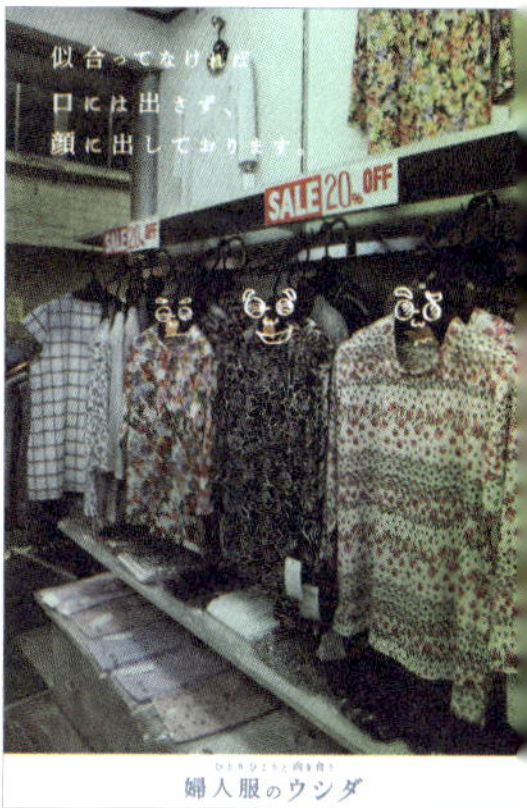
似合ってなければ、
口には出さず、
顔に出しております。
SALE 20% OFF
婦人服のウシダ

4

巻いといたから
あとは焼くだけ。
えっ？焼いてほしい？
ちょっと待ってて。
鳥榮ツ

4

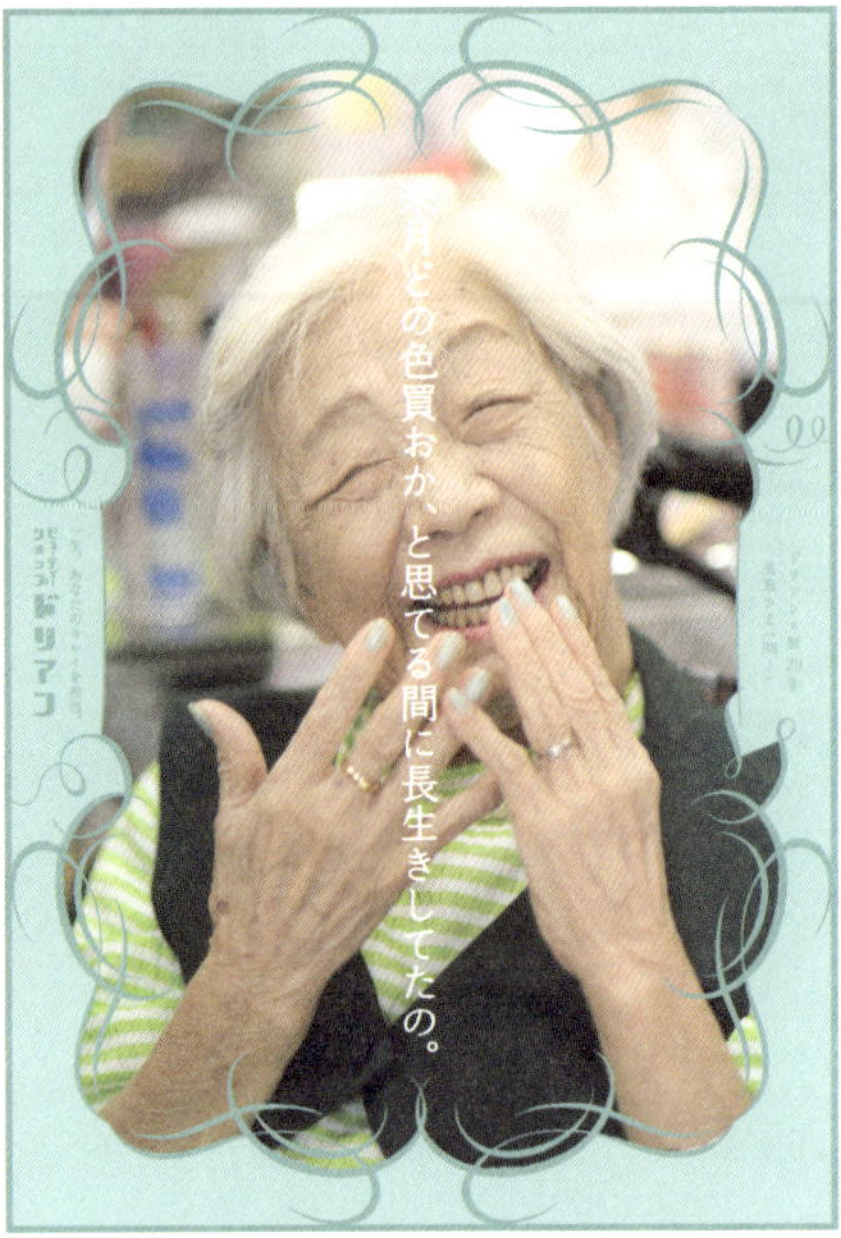
れどの色買おか、と思てる間に長生きしてたの。
ドリアン

44

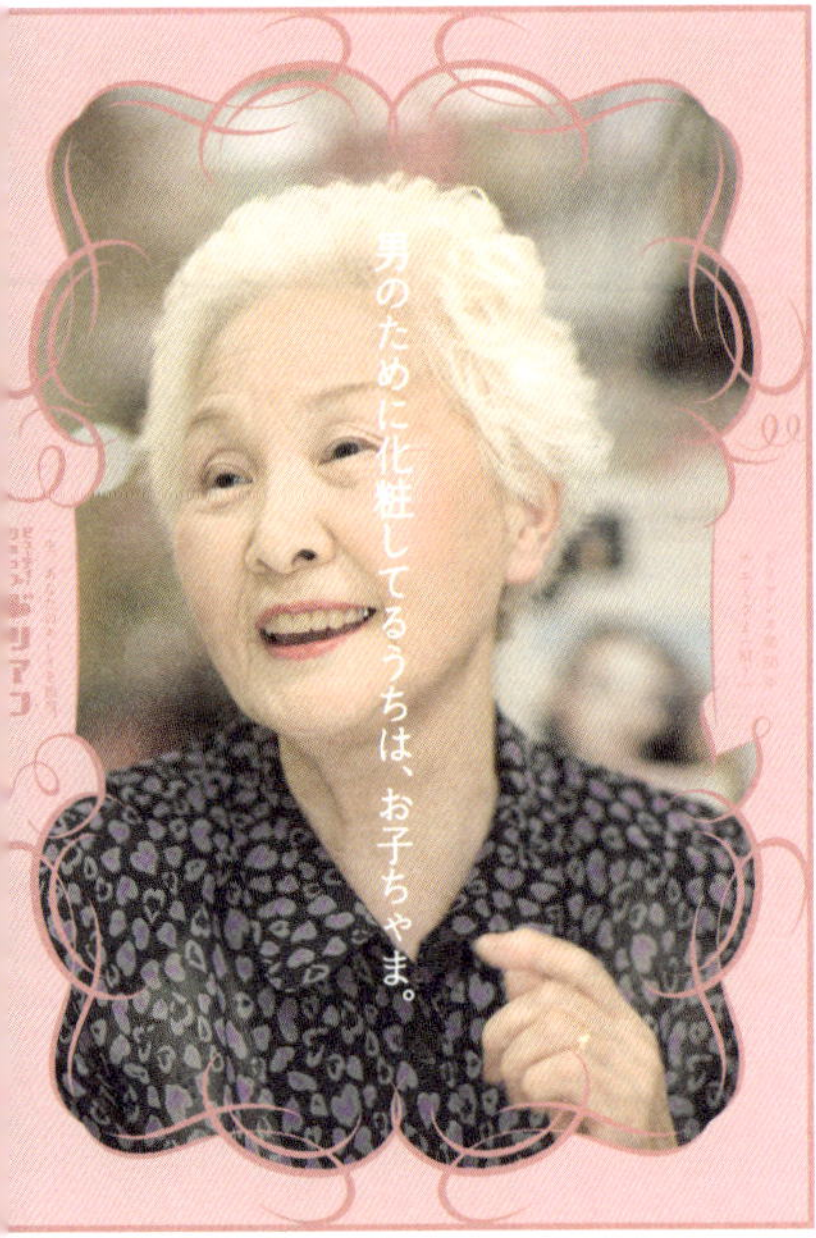
男のために化粧してるうちは、お子ちゃま。
ドリアン

45

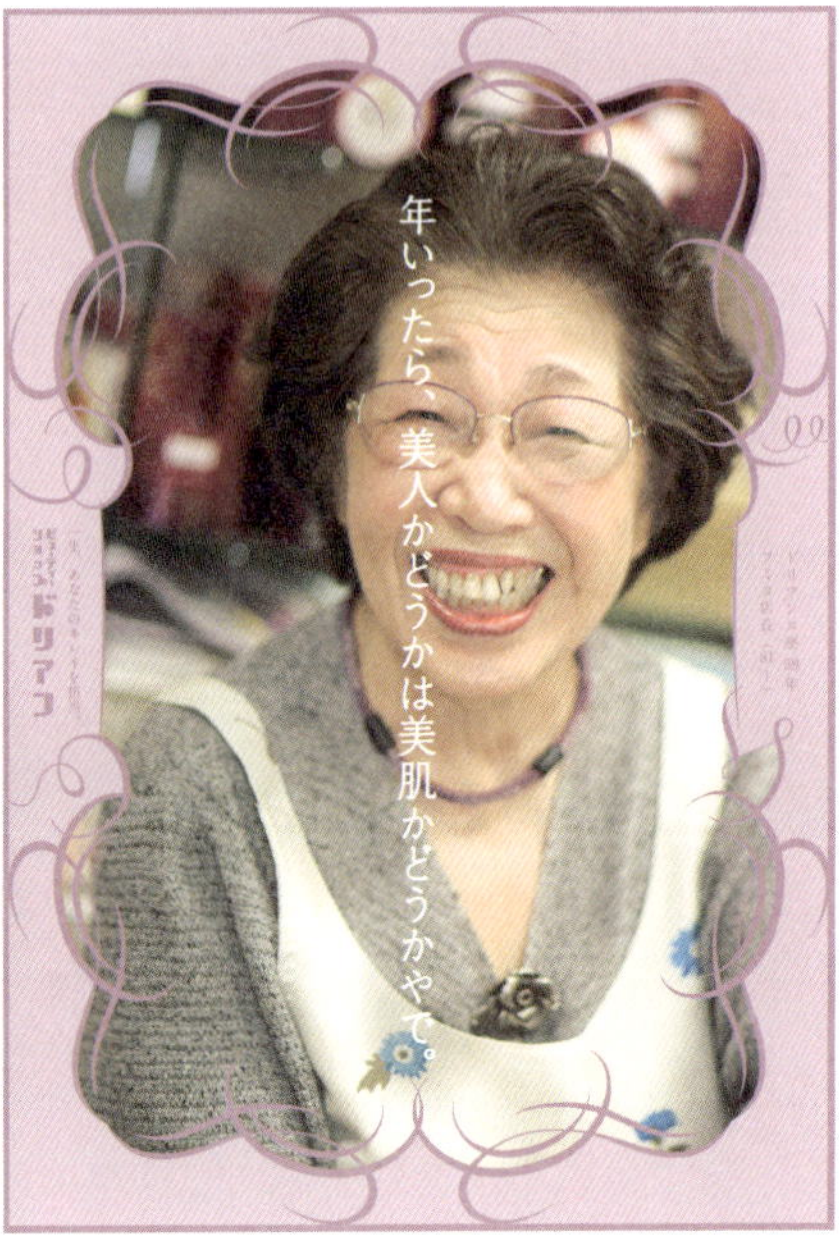
年いったら、美人かどうかは美肌かどうかやで。
ドリアン

46

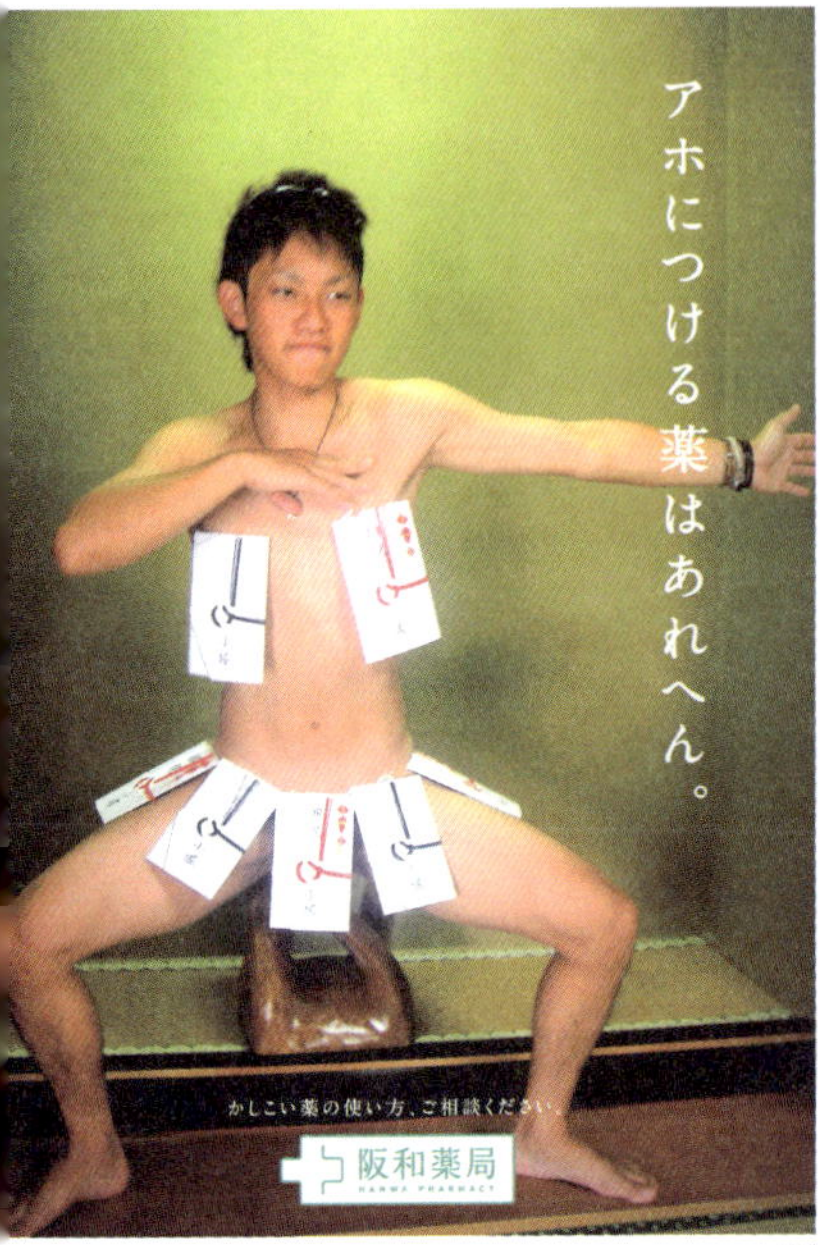
アホにつける薬はあれへん。
かしこい薬の使い方、ご相談ください。
阪和薬局
HANWA PHARMACY

47

文の里商店街

やっと気付いた。
この仕事、しんどい。
お漬かれさまでした。
㊅大嶋漬物店
二〇十三年 七月二十三日 閉店

大嶋漬物店
ポスター？
はよ作ってや。死ぬで。
お漬かれさまでした。
㊅大嶋漬物店
二〇十三年 七月二十三日 閉店

遊ぶで、これから。
お漬かれさまでした。
㊅大嶋漬物店
二〇十三年 七月二十三日 閉店

シャワーが
止まらないんです。
アフターサービスの限界に挑戦。
下村電気

島買てえなぁ、島
大きいこと言おう。
白雪

2

買わんでええから見にきてや
開華亭
カーテンギャラリー アルファ
伊丹西台ポスター展
～地域再生のために若手クリエイターたちが制作した150枚ぐらいのポスター展～
2014.11.01—2015.03.01

1

そのイライラにほっとするお茶を。
みどり園

3

次から次に
新しいメニューが
増えてく、
覚えられん！
アイデアがひらめいてしまって
シェフの居食屋
CHU 厨

6

カッコつける日も、
たまにはあったほうがええよ。
はなかご

5

鹿しか。
鹿料理が自慢の アントン イタリアンレストラン

4

伊丹西台

カレー、
できた
わよ～！
インドのお母さんの味
タンドリー　ディライト
tandoori delight
カレーの気分
やってん！
ナイス！！

キスも、
上手いんですよ。
今日平の店主
40歳、独身。彼女募集中。
浩平
8

キスも、
美味いですよ。
居酒屋
旬の鮮魚がずらり。
今日平
9

しりとりしよか。
いくで。
パン
このあと
カレーパンって
言い直してました。
パンのことで頭がパンパン
ブーランジェリー「グリム」

いえ、中華ではありません
わりとオシャレなイタリアン
――と、本人は証言しています。
高尾《たかお》 正登《まさと》 (47) 男
身長170cm位、小太り
飲食店経営（イルパッパトーレ店主）
兵庫県伊丹市西台5丁目
好物・中華料理
早速、ウラ取りだ！
IL PAPPATORE
イタリアの台所 イルパッパトーレ
11

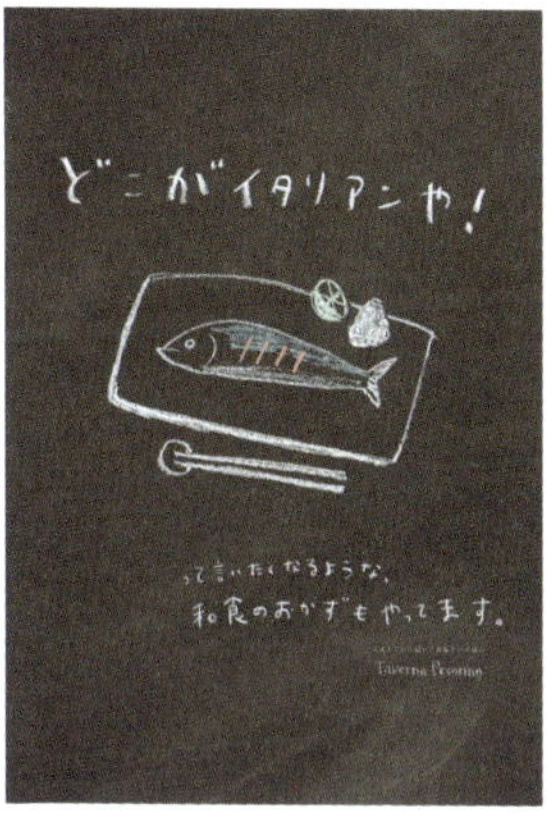
どこがイタリアンや！
って言いたくなるような、
和食のおかずもやってます。
Taverna Pesorino
12

今日のわたしは、
ちょっと強気です。
Avec Parfum

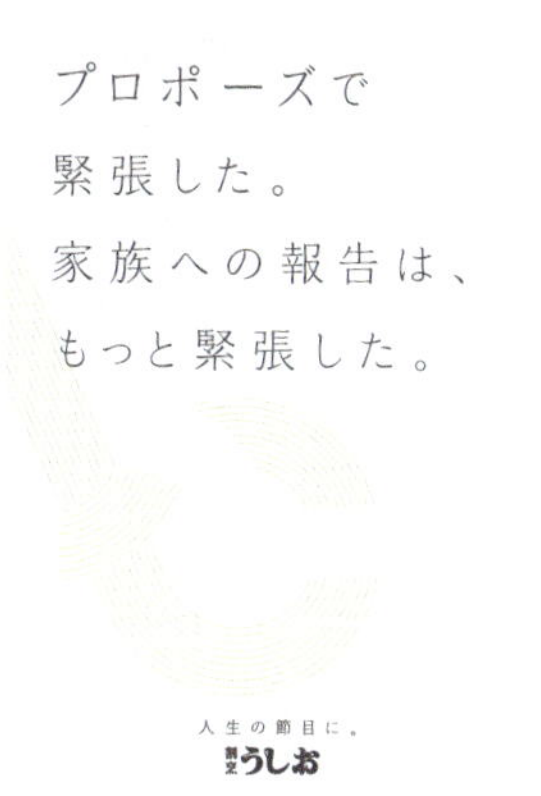
プロポーズで
緊張した。
家族への報告は、
もっと緊張した。
人生の節目に。
うしお
14

誰よりも
ケーキのことを
知っているから、
POPは全部
自分たちで書いています。
伊丹の街のケーキ屋さん
F
フランダース
15

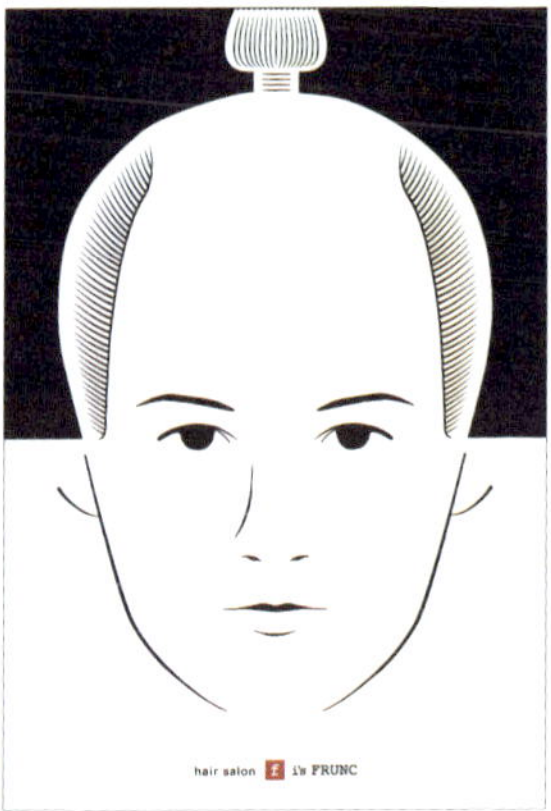

16

17

18

19

20

21

22

23

24

伊丹西台

では、ねぎまになってきます。
秋田の大自然から来ました。
比内地鶏専門
とりしげ

あ、
けさ産んだ卵も
持ってこれば良かった
秋田の大自然から来ました。
比内地鶏専門
とりしげ

こんなところで
食べられるわけにはいかない。
秋田の大自然から来ました。
比内地鶏専門
とりしげ

比内地鶏専門
とりしげ
どうもー、食材です。
秋田の大自然から来ました。
比内地鶏専門
とりしげ

とりあえず、ひまわり持とか。
子どもには、ひまわり。
StarLove

31

あんたはDや!!
見たわかる
マツヤ

30

ぐっすり眠れる部屋にしたいんです。
数百年くらい。
カーテンで
あなたの世界
開きます
ALFA

29

ワインの
深みに
ハマる夜。
まつだ屋

34

バイトから
社長を
受け継いだ。
割烹
うしお
三代目襲名

33

商談成立ハ、マダ。

32

どれほど時間がたったでしょう
ふくろうの声とともに
空にはいちめん
宝石のような星が輝いています
どこからか音楽が
きこえてきました
ふたりは不思議な木といっしょに
ノリノリで朝までおどりました
よがあけ　ふたりは
チューリップ畑のある
かわいいおうちをみつけました
すてきなおばあさんが呼んでいます
ふたりは　ここで暮らすことにしました
ゆーかりという名前の　このまちで
手工芸の店ゆーかり

35

38

37

36

40

39

とっても天気がよかったから
ふたりは箱を抜け出し
さんぽに出かけました
花のみちを　のんびりと

てくてく歩いていくと
いろんな花が咲いている
森がありました
鳥のさえずるこえも
きこえます

森の中には川がながれ
２人はたのしく
おさかなとあそびました

いいがらいいがら　見さございん

1

2

3

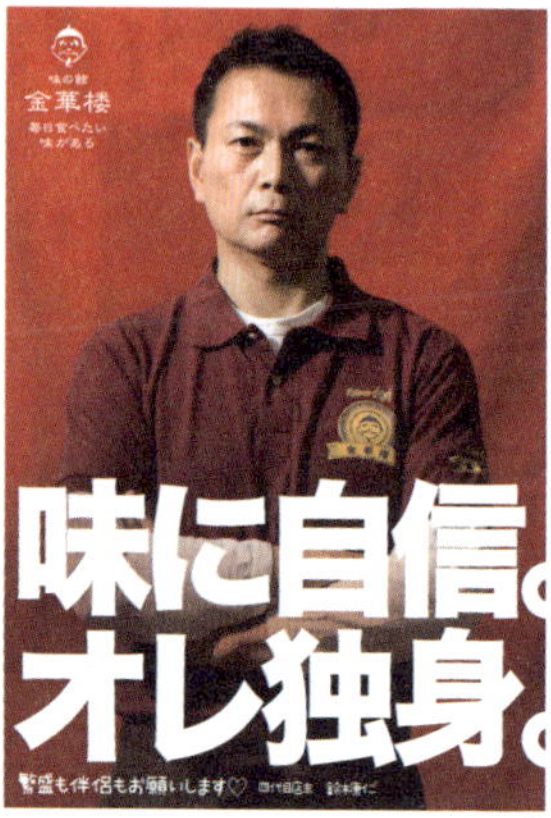

4

5

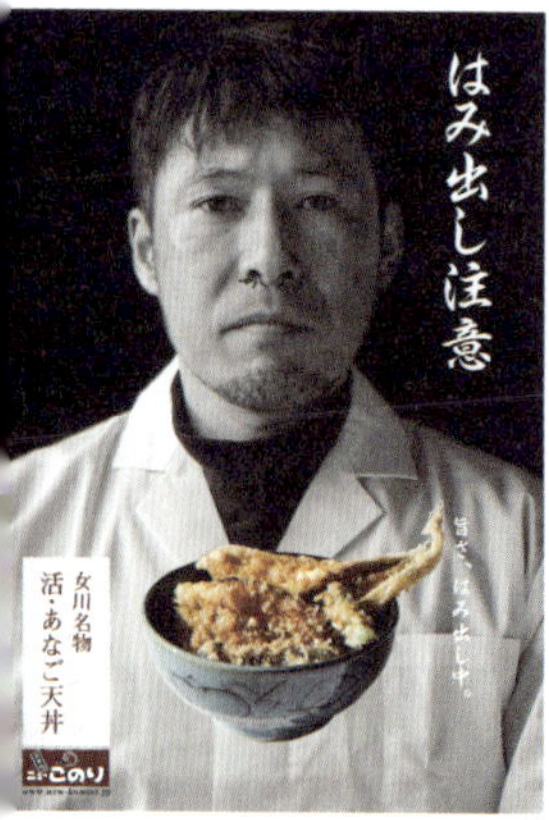

6

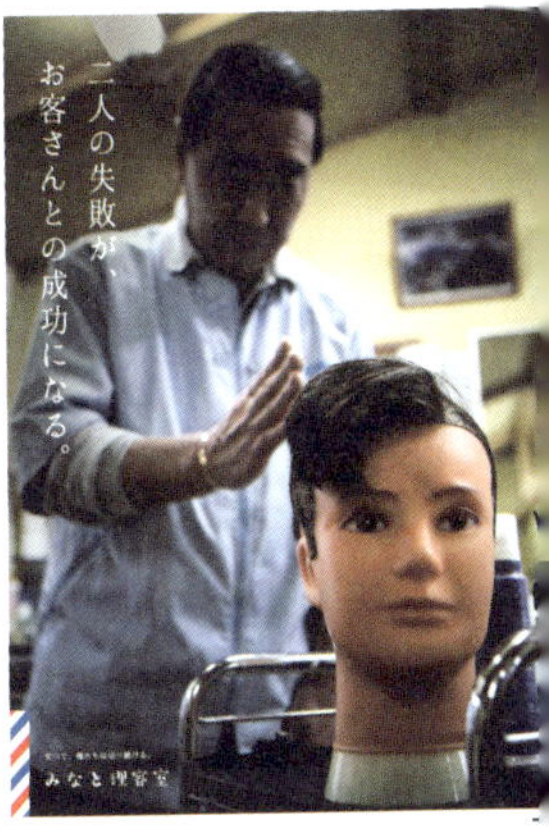

7

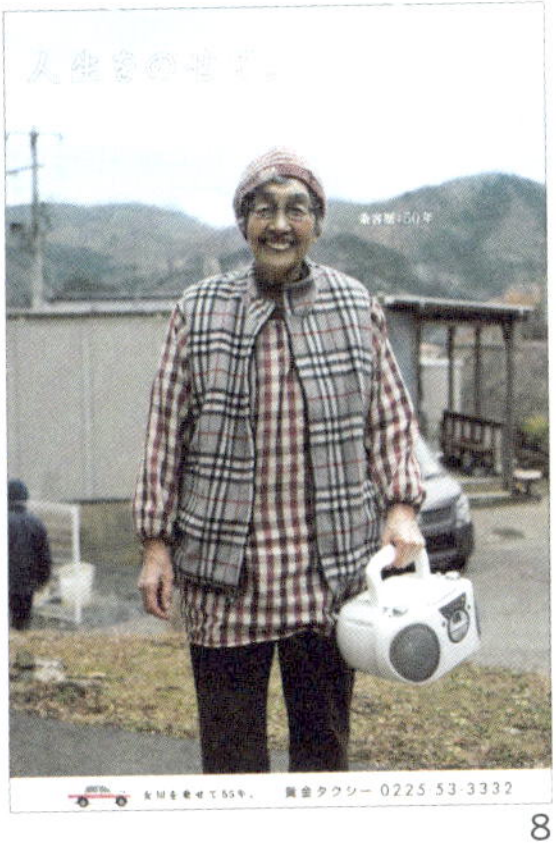

8

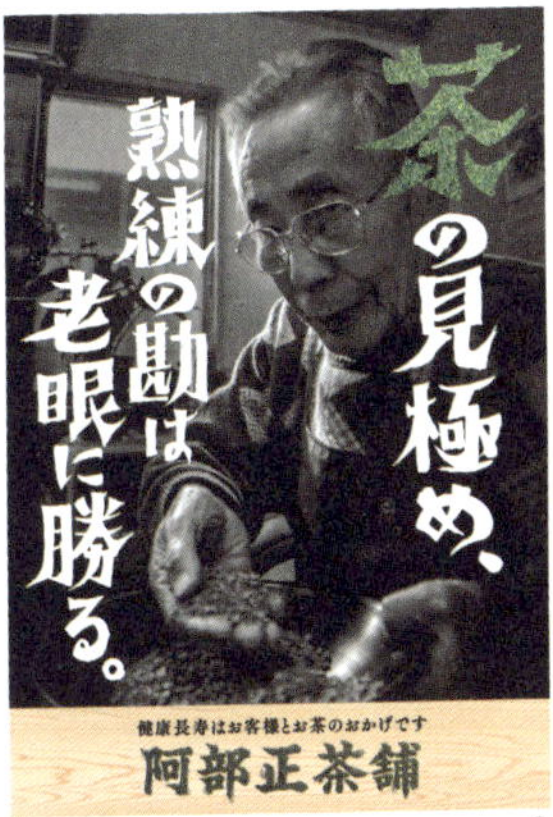

9

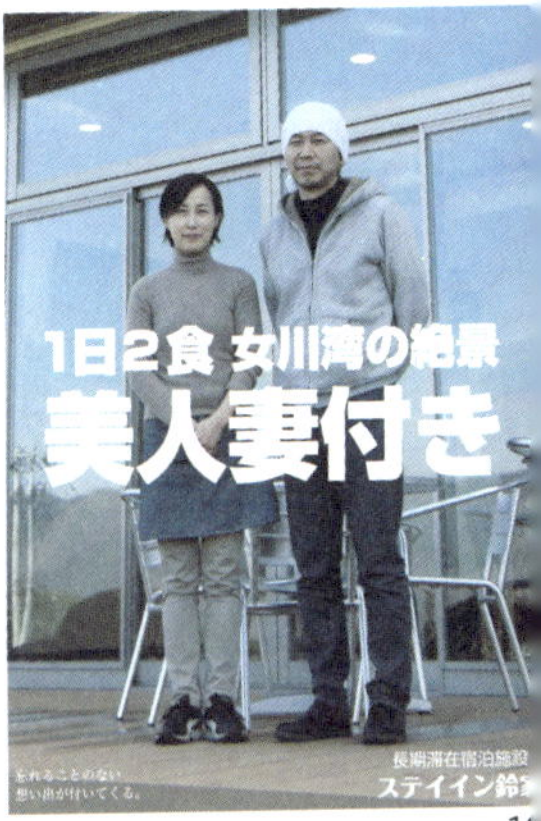

10

11

12

13

14

15

17

16

18

21

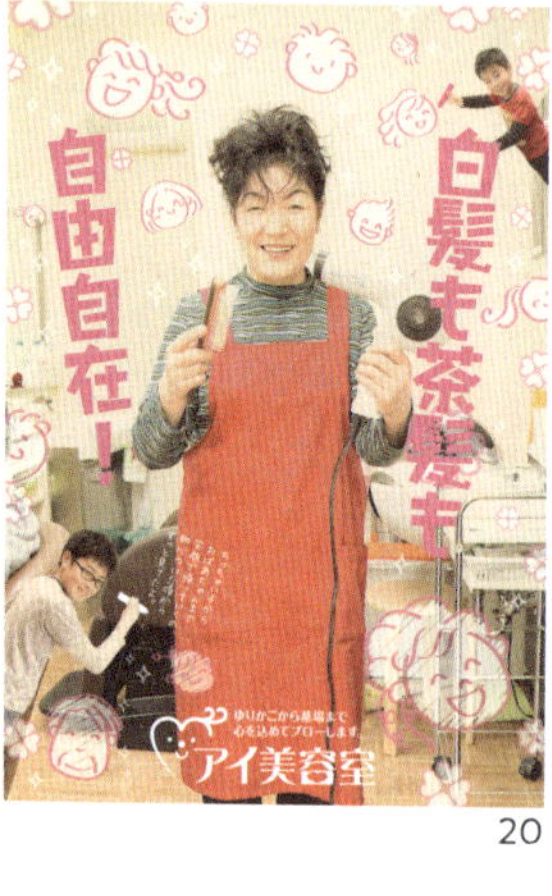

20

19

女川

2

23

24

2

26

27

28

29

30

31

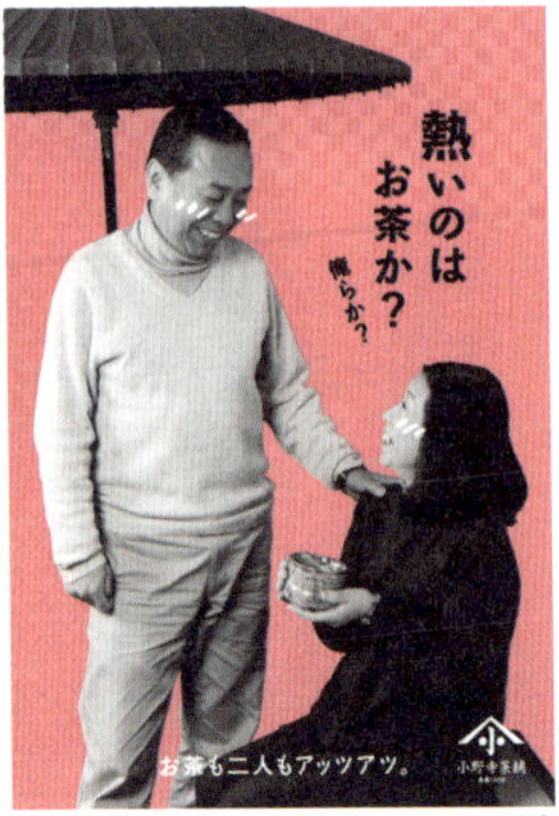

32

33

34

35

36

39

38

3

41

4

44

43

4

買わんでええで　見てってのぉ
大野ポスター展
大野の高校生たちが作った大野のお店のポスター22点
2016.9.17-11.23
dentsu
結の故郷
1

まろやかな
バカの味
長年熟成された
醤油のことならバカマジメ
ノムラ醤油
2

カウンターはVIP席トーク付きやさあ
お好み焼 ひろの
3

育てるだけでは、
終われませんでした。
青大豆の栽培から加工・販売まで
農家のとうふ屋さん
4

パン
パカ
パーン！
食パンからバースデーパンまで
城下町のパン工房
5

キツイよ
効くよ
健康な身体は一生の財産
TAKEI-POWER GYM
6

大野

買わんでええで、見てってのぉ
大野ポスター展
〜大野の高校生たちが作った大野のお店のポスター20点〜
2017.9.24-11.24
dentsu
結の故郷

目に見えんから
手は抜かん
水道・トイレなどの設備の事なら
九頭龍設備 株式会社

中山暉代子(72)
特技は、ゆ・う・わ・く♥
たこ焼き、スイーツで誘います。
ポルタ

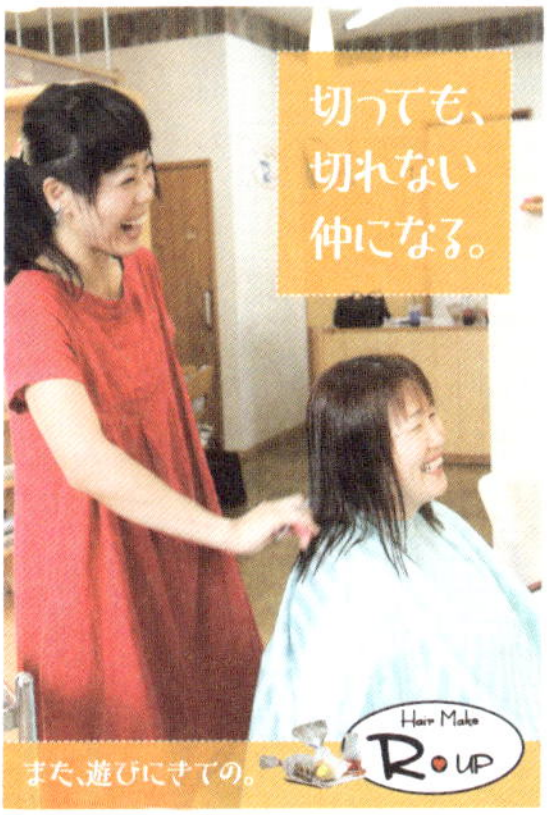
切っても、
切れない
仲になる。
また、遊びにきての。
Hair Make
Ro UP

大野の事故なら
ドンとこい！
HASHIMOTO
MS&AD 三井住友海上

今から家、
動かしまーす
建物のことならなんでもドンとこい！ 西川工務店

13

14

15

16

17

18

19

20

21

二人とも客です。
（注）座ってる人も客です。
青
-sola-
空

2

駅ビルだけ行って帰るっち?
そんなん許さんけん
大漁旗
OPAM
2015年
4月24日
OPEN

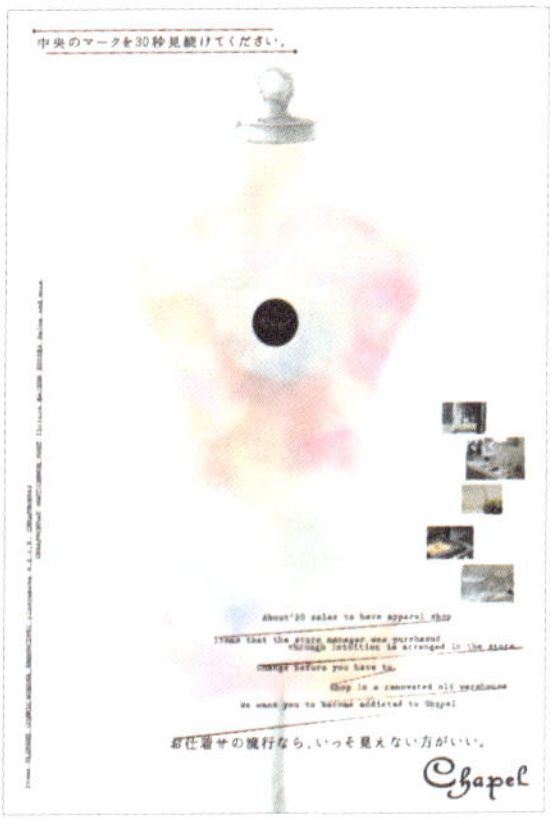
中央のマークを30秒見続けてください。
Change before you have to.
お仕着せの流行なら、いっそ見えない方がいい。
Chapel

3

ボレロ
ボレロ食堂
borelo

6

オカン「領収書の宛名は?」
お客様「空欄でお願いします」
オカン「空欄様でええんですか?」
ボケもお好み焼きも超一流
大納言

5

Long Life Design
変わっていくこの街で
変わらないものだけを
見ていたい。
Life Style Design
SALVE

大分

7

8

9

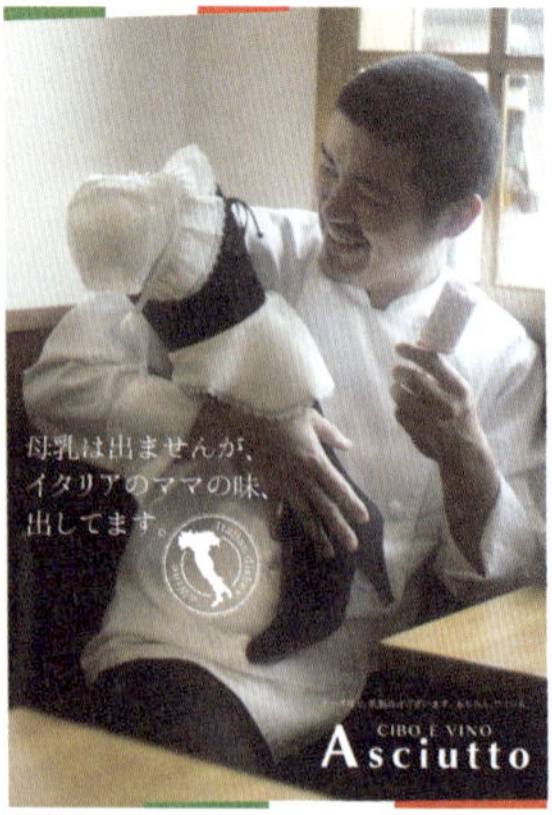

10

11

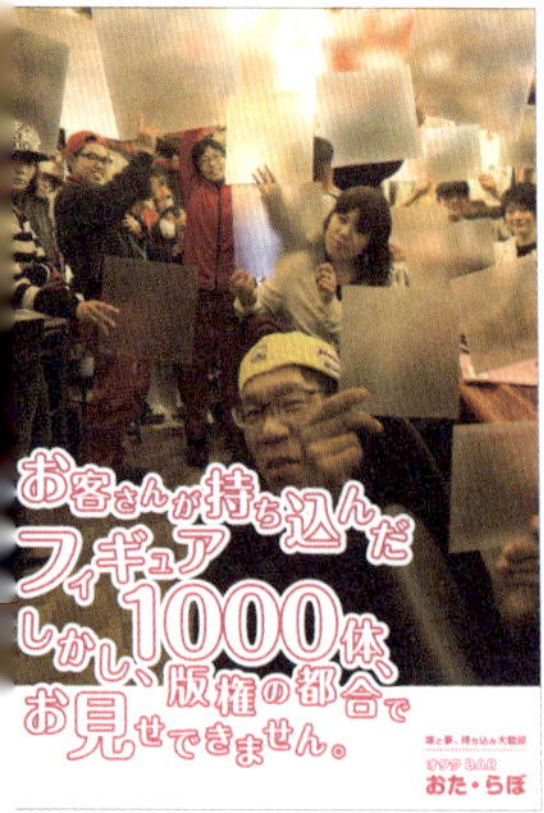

12

13

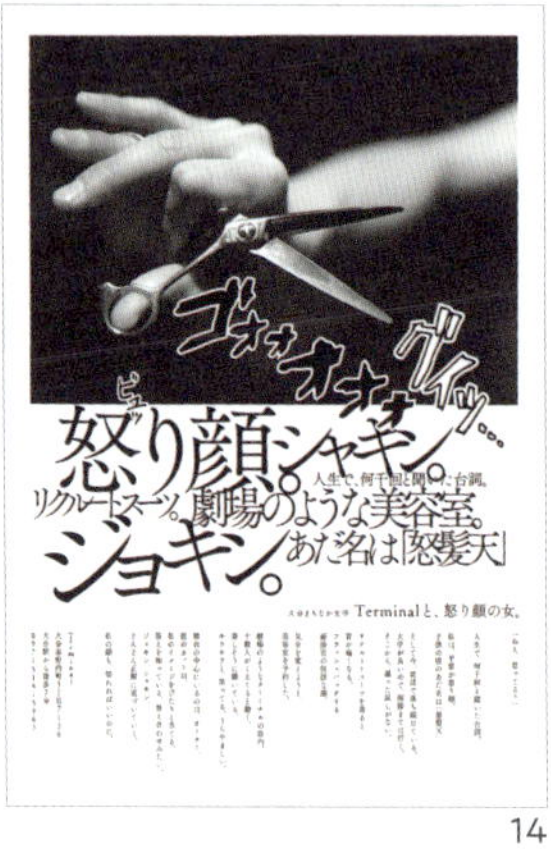

14

15

18

17

1

21

20

1

24

23

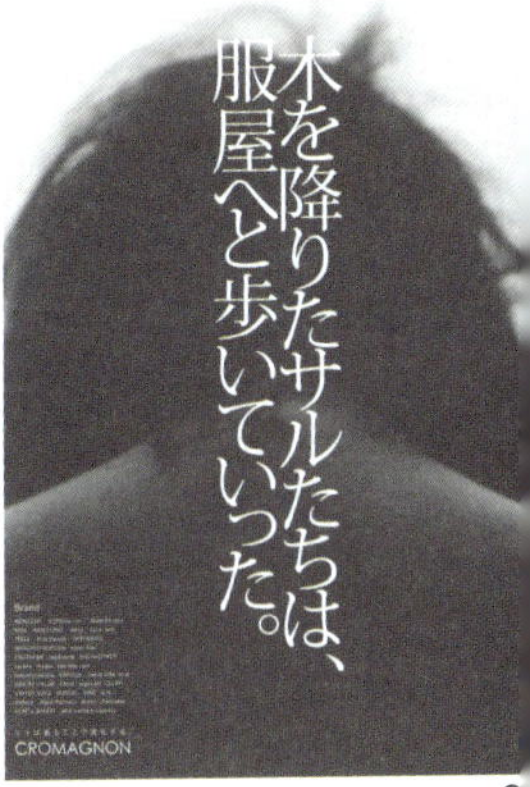

2

2

1

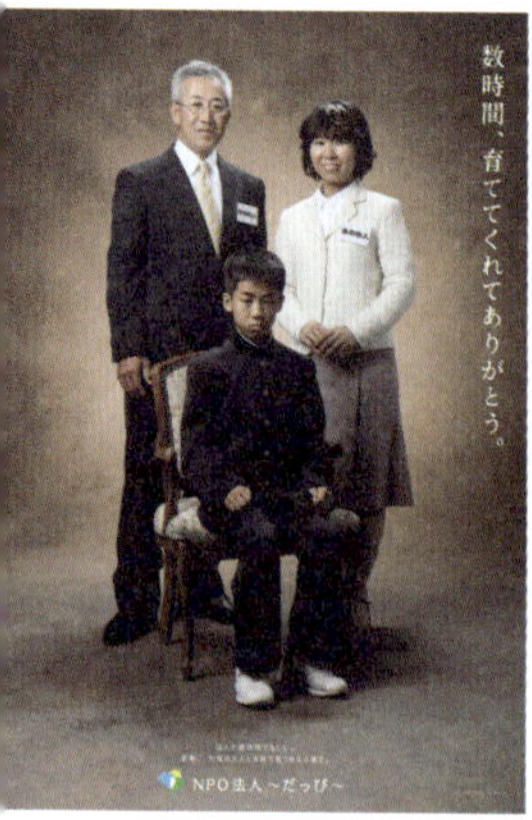

3

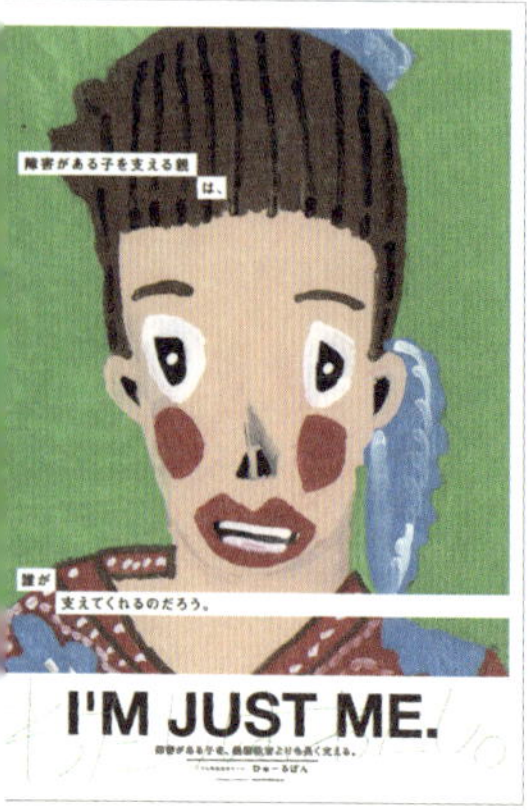

6

5

4

ソーシャルポスター展

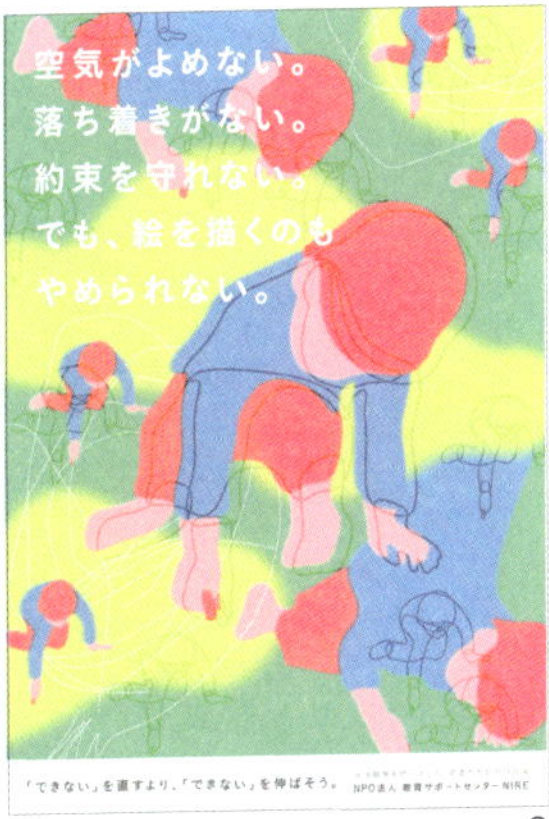
空気がよめない。
落ち着きがない。
約束を守れない。
でも、絵を描くのも
やめられない。
「できない」を直すより、「できない」を伸ばそう。
NPO法人 教育サポートセンターNIRE

9

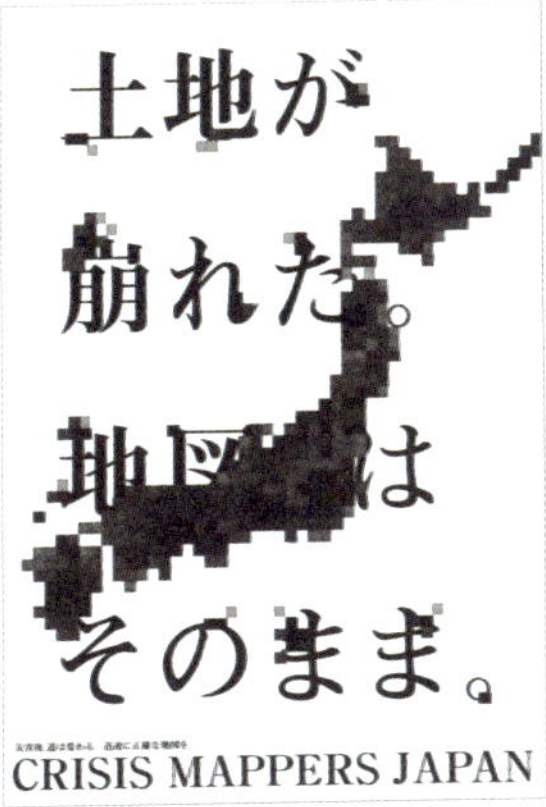
土地が
崩れた。
地図は
そのまま。
CRISIS MAPPERS JAPAN

8

病気のきょうだいがいる、きみへ

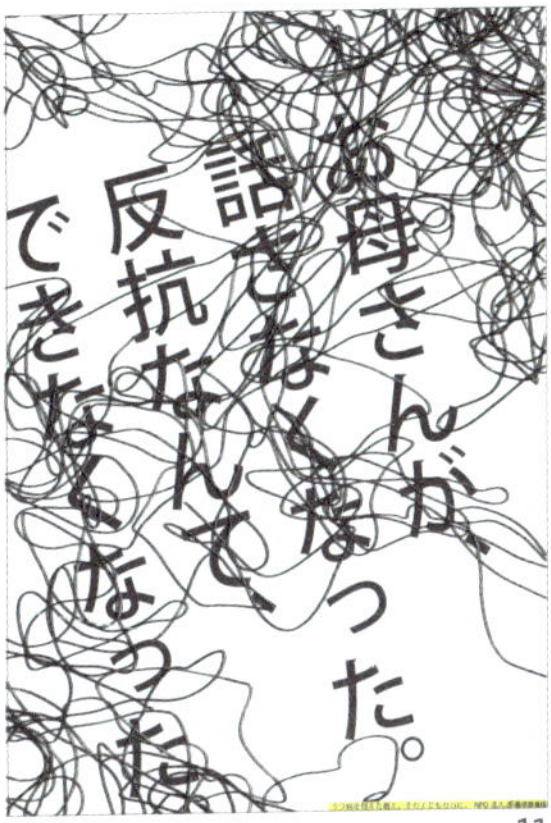
お母さんが、
話せなくなった。
反抗なんて、
できなくなった。

11

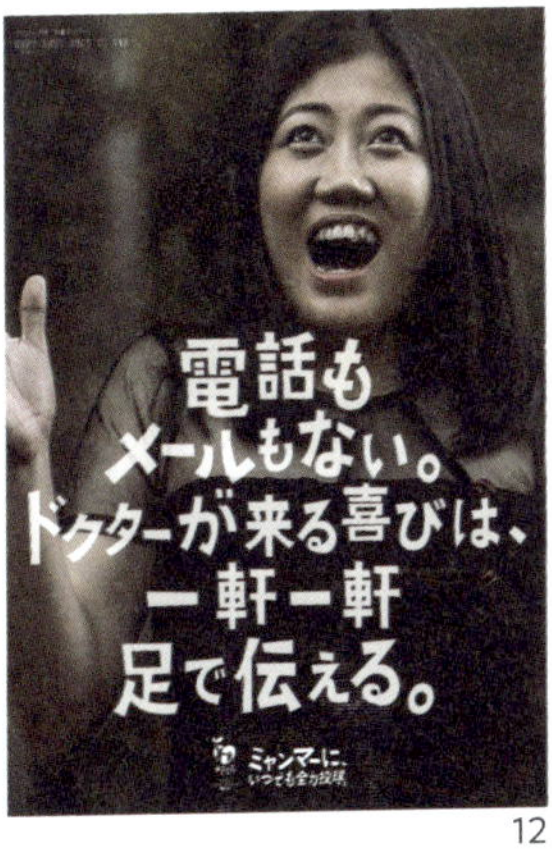
電話も
メールもない。
ドクターが来る喜びは、
一軒一軒
足で伝える。
ミャンマーに、
いつでも全力投球

12

夕方5時の太陽が差し込む、私の部屋。
Think the Earth

1

俺のメガネを
盗んだ犯人は、
この中にいる。
一刻も早く
認知症検診を
受けましょう。
高齢者の未来を照らす。
NPO法人
陽向ぼっこ

13

まいにち、ともだちにカバンをもたされる。
どうする？
▷もちつづける
▷「いやだ」という
おとなだけじゃ守りきれないから、CAPがある。

Child Assault Prevention 子どもが自分を自分で守るための暴力防止プログラムです。

認定NPO法人エンパワメントかながわ

14

大人になってから
性格を変える。
一番の方法は、
移住です。
自由は、人の少ない場所にある。
学生人材バンク

15

音楽の楽しさで、
被災地のこどもに生きる力を。
FRIENDS OF
EL SISTEMA
JAPAN
全てが流れたこの町に、音楽が流れた。
夢が生まれた。
ce contabile

16

んもぅ、まだまだ現役《げんえき》じゃない！
当《あ》たり前《まえ》だろ。
誰《だれ》よ、その人っ！
誰かのいらない陶器がもらえる「もったいない陶器市」開催。
陶器の活用を進めている団体 One Dish Aid

夫ではなく、
加害者です。
家庭で、暴力を受ける。それは、あなたが悪いのではなく、加害者に問題があります。
DV被害にあった女性と子どもが、安全に暮らしていくための活動をしています。saya-saya.net

大丈夫か、森ぃ！
今すぐ、ぶった切って
助けるからな！
森を守るために、できることを。

岡崎
森ガール
&
森ボーイ
図鑑
NO,1
森が教えてくれた。
それでも、この森と生きていく。
岡崎森林組合
Okazaki Forest Association
岡崎まち育てセンター・りた

1

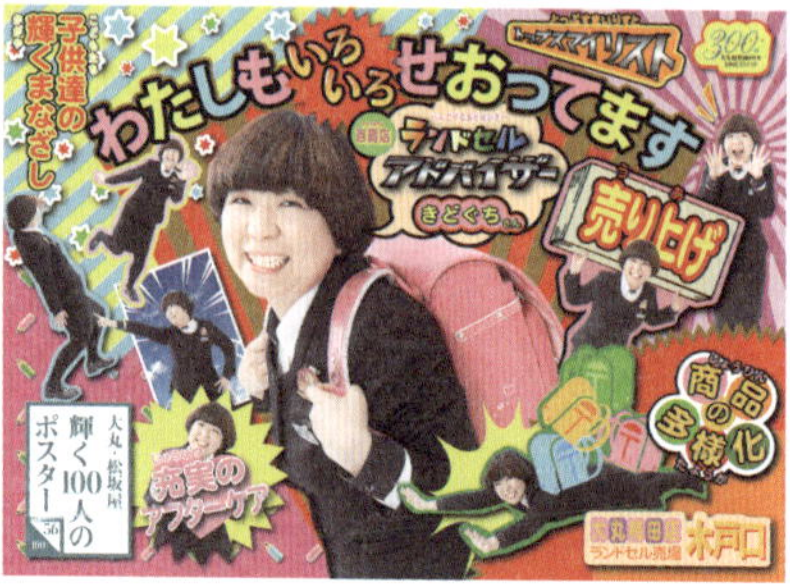

2

3

4

5

6

7

8

大丸・松坂屋

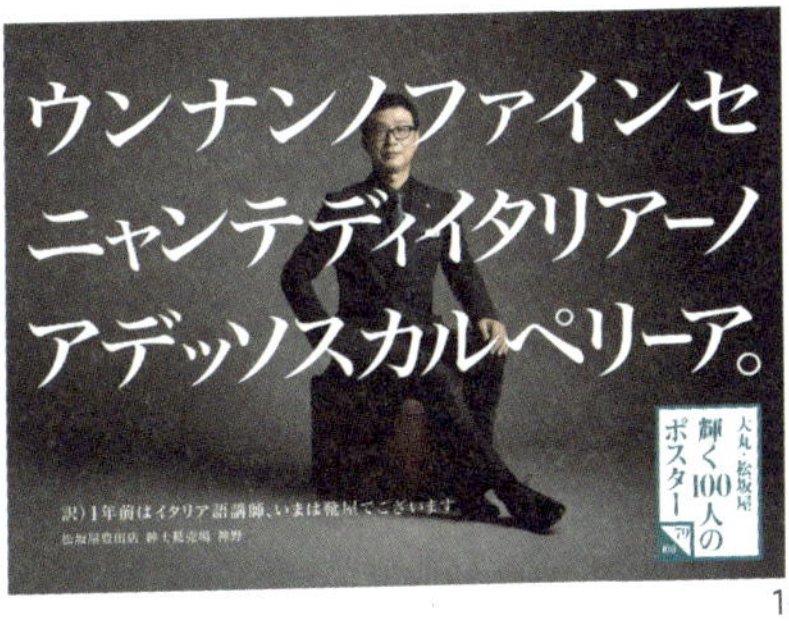

10

9

12

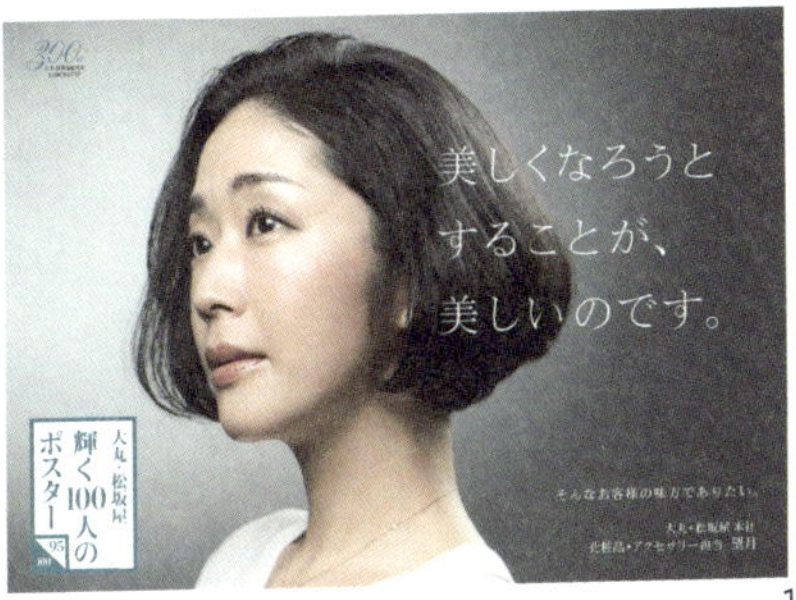

11

14

13

16

1

本当の友だちは
まだ行ったこともない国に、
いるかもしれない。
世界へ、ハミ出せ！
一年生から全員留学。真のグローバル人材を育てる。
近畿大学 国際学部
〒577-8502 大阪府東大阪市小若江3-4-1 www.kindai.ac.jp/
2016年4月開設
近畿大学

2

"Tuna"
【tjú:nə】
マグロだけじゃない。
国際学部 2016年4月開設
近畿大学
〒577-8502 大阪府東大阪市小若江3-4-1 www.kindai.ac.jp/
国際学部 動画公開中

1

住吉大社の五所御前の玉砂利には3種の文字が書かれており、拾ってお守りにすると、ご利益があるとされている。その文字とは？
❶衣·食·住
❷住·吉·様
❸五·大·力
❹陸·空·海
大阪を知れば大阪がもっとおもしろくなる。大阪検定

1

近大生、
勉強中。
友だちをつくることも、見たことのない料理を食べてみることも、
ホームシックになることも、先生のジョークに笑えないことも。
忍者のマネをしてみせることも、留学での体験はすべて国際勉強。
一年生全員留学 国際学部 2016年4月 開設
近畿大学

3

近畿大学

4

3

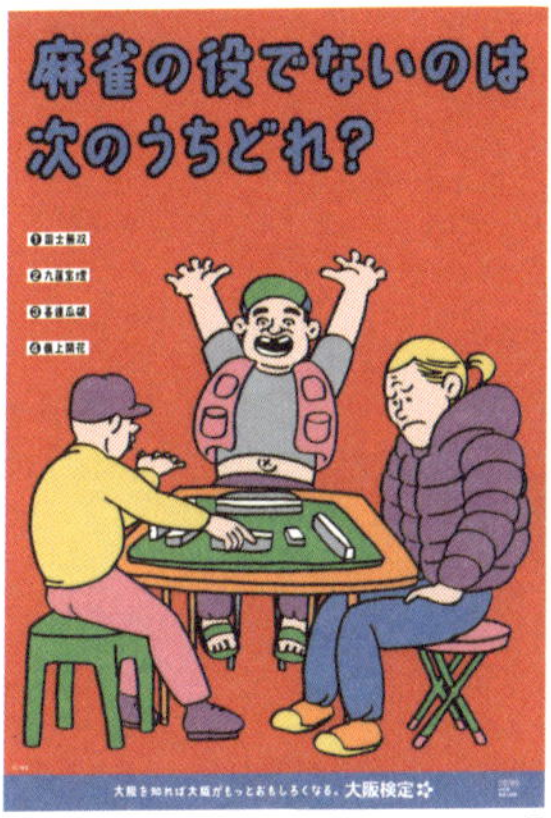

7

6

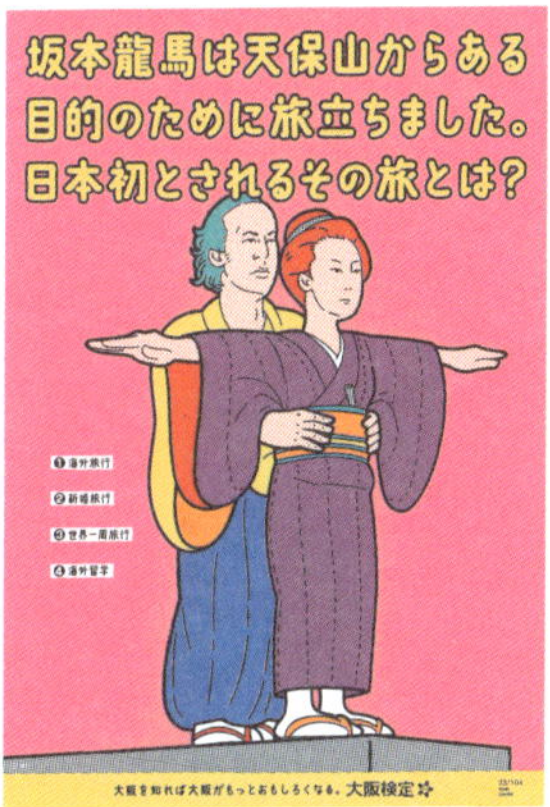

10

9

大阪検定

スタッフクレジット一覧

C＝コピーライター　D＝デザイナー　P＝フォトグラファー　I＝イラストレーター　AD＝アートディレクター　CD＝クリエーティブディレクター　SCD＝シニアクリエーティブディレクター　Pr＝プロデューサー　Dir＝ディレクター　E＝エディター　W＝ライター　M＝モデル　PL＝プランナー　CO＝コーディネーター　PA＝フォトアシスタント　AR＝AR映像制作　PM＝プロダクションマネージャー　PP＝フォトプロデューサー　R＝レタッチャー　HM＝ヘアメイク　ST＝スタイリスト　AT＝美術

本文ポスタースタッフクレジット

P66　角川文庫　C・日下慶太　D・青柳寛之　P・青木武三

P68　au by KDDI　C&P・日下慶太　D・渡邊亮治

P158右上　生田綿店　C・永井史子　D・河野愛　P・日下慶太　協力・古川純也

P158左上　澤野工房（JAZZ）　C・山口有紀　D&P&I・中尾香那

P158右下　生田商店　C・細田佳宏　谷村槙子　D&P・水谷佳苗

P158左下　お茶の大北軒　C・松下康祐　D&P瀧上陽一

P163　新世界市場ポスター展メインポスター　C・日下慶太　永井史子　D・石松愛　P・日下慶太

P165　なにわ小町　C・宮浦恵奈　D&P・山田祐基　ふんどし制作・高橋輝明

P169　かつお節の須崎屋　C・石本藍子　D・野村恭平　P・片山俊樹　彫刻・高嶋英男

P170　魚心　C・小堀友樹　D・茗荷恭平　字・嶋坂めぇみ

P173　大嶋漬物店　C・前田将多　D・瀧上陽一　P・日下慶太

P178右　理容ハマダ　C・三島靖之　D&I・井上信也

P178左　阪神スポーツ　C・佐藤朝子　D・佐山太一　ガット張り・末高正幸　フレーム製作・田中健嗣

P179　開華亭　C・松下康祐　D・小路翼　P・茗荷恭平

P180　マツヤ　C・今西良太　D&P・吉川光弘

P186　木村電気商会　C・松若理成　D・木村亮太　P・佐藤巧弥

P188　串焼き太郎　C・鎌田高広　D&P・山本イサム

P192　イワシ料理いなせ　C・米村拓也　D&P・千々岩寛　E・北村良太　辻香織里　W・河野智洋　塩月菜央　冨松智陽　西條晶子　柚野真也　P・安藤隆　衛藤克樹　久保貴史　佐藤俊彦　脇屋伸光　D・敷島仁美　秋安淳一（PISTON）　松元博孝（PISTON）　浦口智徳

P194上　平和温泉センター　C&D・白澤克実

P194下　N's Kitchen**&labo　制作・松本芽衣　福田俊介　重信美緒　雁林環

P195　大阪検定　CD・日下慶太　I・小路翼　AD・井上信也　D・鳥野亮一　川上沙織　松村悠里　新井公子　長谷川友香

P196　ソーシャルポスター展メインポスター　C・日下慶太　D・中村征士　西尾博光　松岡拓　P・槻ノ木比呂志

P198右上　一般社団法人ISHINOMAKI2.0　C・古山健志　D・俵裕一郎

P198左上　特定非営利活動法人マドレボニータ　C・河合佐美　D&I・千葉菜々子

P198右下　特定非営利活動法人Homedoor　C・柴田芳子　D・大原漢太郎　P・ホームレスのおっちゃんたち

P198左下　特定非営利活動法人こえとことばとこころの部屋（ココルーム）　C・松下康祐　D・瀧上陽一　P・日下慶太

P200右　近畿大学国際学部　C・見市沖　AD・松長大輔　D・北山義治　P・圓尾享宏　Pr・西原遼（2015年2月15日朝日新聞掲載）

P200左　近畿大学国際学部　C・倉光真以　D・瀬野尾佳美　P・増田広大（2015年2月15日産経新聞掲載）

P204　大丸・松坂屋「輝く100人のポスター」　C・村井佑次　AD・大原漢太郎　プロデューサー・渡辺康太　D・小村純太　P・森山智彦

P205上　大丸・松坂屋「輝く100人のポスター」　C・上村禎延　AD・瀬島裕太　D・宇佐美敦史　小澤真由子　P・山口有一

P205下　大丸・松坂屋「輝く100人のポスター」　C・橋本隼人　D・鳥井口拓真　P・ムクメテツヤ

P208　三戸なつめ「前髪切りすぎた」　CD・日下慶太　AD・市野護　Pr・衣川剛史　PM・安藤朋子　泉谷智規　P・槻ノ木比呂志

P209　三戸なつめ「前髪切りすぎた」CDパッケージ　CD・日下慶太　AD・市野護　P・槻ノ木比呂志　ST・相澤美樹　HM・中安優佳　レタッチャー・山田和史

P211　三戸なつめ「前髪切りすぎた」MV　学園篇　Dir・伊勢田勝行

P212 三戸なつめ「前髪切りすぎた」MV
おでこちゃん篇 Dir・MOOgAbOOgA
たわし篇 Dir・坂本渉太 白菜篇 Dir・神田旭莉
幻聴篇 Dir・ぬりんぬ フレンドリー時代編 Dir・宮本杜朗
落書き篇 Dir・藤井亮 カニさま篇 Dir・beN
容疑者篇 Dir・大熊一弘 群れ篇 Dir・小路翼
ダルマ篇 Dir・コタケマン

P220 大野ポスター展メインポスター C・日下慶太 雨山直人
AD&D・河野愛 P・高宮正伍

P223右上 BARU 制作・松原甘夜 メンター・日下慶太

P223左上 高宮写真館 制作・田中愛梨 メンター・日下慶太

P223右下 喜久優 制作・木村友香 メンター・江上直樹

P223左下 南部酒造 制作・津田礼奈 メンター・藤原乙女

P234 写真集「大野へかえろう」C・源内啓志朗 桑原圭 雨山直人
廣作力 鈴木翔太 岸本峰波 藤原乙女 日下慶太 D・河野愛
烏野亮一 新井公子 Pr・日下慶太 小林繁昭
大野市 結の故郷推進室 制作監修・江上直樹 大藤清佳
P・長谷川和俊 高見瑛美 日下慶太 レシピ&料理協力・石川祐子

巻末ポスタースタッフクレジット

■新世界市場ポスター展 P292〜295
CD・日下慶太 SCD・餅原聖

1 新世界市場ポスター展メインポスター C・日下慶太 永井史子
D・石松愛 P・日下慶太
2 新世界市場 C&I・日下慶太 D・石松愛
3 原田青物店 C・細田佳宏 谷村槙子 D&P・水谷佳苗
4 中山菓舗 C・小堀友樹 D・松永ひろの
5 えんむすび C・佐野章子 D・石松愛
6 豊年 C・村田晋平 D・牛丸謙一 片山優 P・西谷圭介
7 8 澤野工房（JAZZ） C・山口有紀 D&P&I・中尾香那
9 潤 C・秦久美子 D&P・河野愛 協力・古川純也
10 生田綿店 C・永井史子 D・河野愛 P・日下慶太 協力・古川純也
11 澤野工房（下駄） C・見市沖 AD・松長大輔 D・木富慎介
12 山田屋 C・石本藍子 D・浅木翔 P・片山俊樹
13 鳥長商店 C・三上和輝 D&I・川村志穂
14 お茶の大北軒 C・松下康祐 D&P・瀧上陽一
15 フラワーショップ新世界 C・槙島量 D&P・大野恵利
16 なにわ小町 C・上野由加里 D&P・井上信也
17 生田商店 C・細田佳宏 谷村槙子 D&I・水谷佳苗
18 肉のさかもと C&D&P・市野護
19 ミヤウラ C・三島靖之 D&P・清水達哉
20 ヤマザキサンロイヤル C・矢野貴寿 D・早川大輔 I・岡本真理子
21 なにわ小町 C・吹上洋祐 D&P・井上信也
22〜26 中山菓舗 C・小堀友樹 D&P・茗荷恭平

■文の里商店街ポスター展 P296〜303
CD・日下慶太 SCD・餅原聖 Pr・堤成光 中野麻子

1 文の里商店街ポスター展メインポスター C・日下慶太・永井史子
D・市野護 P・日下慶太
2 眞ちゃん豆腐 C・松下康祐 D&P・川上沙織
3 オカジマヤ酒店 C・秦久美子 D&P・更家有香
4 浜口鮮魚店 C&P・佐野章子 D・石松愛
5 文の里薬店 C・佐野章子 D・石松愛
6 結城順吉税理士事務所 C・川上毅 D&P・清水達哉
7 BAMBI C・谷村槙子 D・西山正樹 I・マルコフ
8 プティッククロサワ C・見市沖 D・山田祐基
9 チキンショップマルチク C・前田将多 D・瀧上陽一 P・四方田俊典
10 エステート・マガジン C・山口有紀 D&P・中尾香那
11 パティスリーアルケミスト C・永井史子 D・松永ひろの
12 焼く肉なかの C&P中澤周平 D・小路翼
13 ふくとみ接骨院 C・谷村槙子 D&P・西山正樹 M・舟井栄子
14 山太園山岡美術 C・中澤良太 D&P・鳥井口拓真
15 萌木星 C・小川百合 D・河野愛
16 宮本塩干店 C・藤原乙女 D&P・鳥野亮一

17 大塚花店 C・橋本隼人 D&I・水谷佳苗
18 魚ひろ C・橋本隼人 D&P・水谷佳苗
19 洋傘アリス C・川上毅 D&P・清水達哉
20 アクセサリーショップ999 C・村田晋平 D・松長大輔 P・出口貴裕
21 麺処あたごや C・岡野鉄平 D&切り抜き・中村征士
22 衣料工ヒメヤ C・小暮めいりん D・渡邊亮治
P・エヒメヤのご主人 渡邊亮治
23 YOU・マルタカ C・中澤良太 D・鳥井口拓真 P・ムクメテツヤ
24 リビングショップたかだ C・田中健太 D&P・佐山太一
25 マエダ企画 C・倉光真以 D&P・松村悠里
26 アトリエアドーン C・村田晋平 D・松長大輔 P・出口貴裕
27 セラーズかとう C・山口有紀 D・中尾香那 P・西谷圭介
28 若葉服飾 C・宮浦恵奈 D・市野護
29 川庄 C・吹上洋佑 D・井上信也
30 七福や C・鈴木契 D&P・勝村秀樹
31 GOAGOA C・中澤周平 D&I・小路翼
32 大阪屋 C・田中健太 D&P&人形制作・佐山太一
33 SIMIZU C・三島靖之 D・河野愛 P・ヨシダダイスケ
34 みなとや呉服店 C・秦久美子 D&P・更家有香
P・みなとやの女将さん
35 熊成寝具店 C・吹上洋佑 D・井上信也 P・山田案希良
36 マルタカ家具 C・岡野鉄平 D&切り抜き・中村征士
37 みどりや C・三島靖之 D・竹崎水音子 I・文の里の子どもたち
38 アミー C・小川百合 D&I・竹崎水音子
39 デリカショップコバヤシ C・石本藍子 D・野村恭平 P・日下慶太
40 姉妹屋 C・荻野直幸 D・竹山香奈 P・栗原康 M・栗原家 中野恭子
41 ウシダ C・三上和輝 D&P・川村志穂
42 鳥栄ツ C・鈴木契 D&P・勝村秀樹
43 富士屋 C・上野由加里 D&P・西尾咲奈
44〜46 ビューティーショップ ドリアン C・宮浦恵奈 D&P・市野護
47 阪和薬局 C・松下康祐 D&P・川上沙織
P・鳥野亮一 日下慶太 小堀友樹
48 49 51 大嶋漬物店 C・前田将多 D・瀧上陽一 P・日下慶太
50 下村電気 C・小堀友樹 D・瀧上陽一 P・四方田俊典

■伊丹西台ポスター展 P304〜309

CD・日下慶太 SCD・餅原聖 Pr・塙ともえ AE・大下誠司

1 伊丹西台ポスター展メインポスター C・日下慶太・永井史子
D・大原漢太郎 P・松村勲
2 白雪 C・見市沖 D・大原漢太郎 M・田中義一 濱崎イク子 堀田悠助
川崎清臣 松本里恵
3 みどり園 C・石本藍子 D・野村恭平 P・片山俊樹
4 アントン C・松下康祐 D・小路翼 P・茗荷恭平
5 はなかご C・福居亜耶 D&P・勝村秀樹
6 厨 C・塙ともえ D・川村志穂
7 タンドリーディライト C・鈴木契 D&P・山田祐基
8 9 今日平 C・大槻祐里 D・松長大輔 P・出口貴裕
10 グリム C・橋本隼人 D&P・河野愛
11 イルパッパトーレ C・前田将多 D&P・瀧上陽一
12 タベルナペコリーノ C・佐野章子 D・石松愛
13 アベックパルファン C・三上和輝 D・長谷川恵理
14 33 うしお C・中澤良太 D・鳥井口拓真
15 フランダース C・土公奈緒 D・勝村秀樹
16 i's FRUNC C・岡野鉄平 D・大江純平
17 メガネのタマキ C・小堀友樹 D・茗荷恭平
18 タミーフジヤ C・石本藍子 D・野村恭平 P・高橋誠 M・野村珠恵
19 MODE SALON BELLE C・眞竹広嗣 D&P・早藤大輔
20 風丹 C・藤原乙女 D&P・鳥野亮一
21 老松 C・野村剛 D・藤井佳奈子 P・ムクメテツヤ
22 Cafe Champroo C・倉光真以 D・松村悠里 I・前中詩織
23 ことば蔵 C・田中健太 D・中尾香那
24 らくだや C・野村剛 D・藤井佳奈子
25〜28 とりしげ C・倉光真以 D・瀬野尾佳美
29 カーテンギャラリー アルファ C・眞竹広嗣 D&P・早藤大輔
30 マツヤ C・今西良太 D&P・吉川光弘
31 フォトスタジオ スターラプ C・小堀友樹 D・茗荷恭平 P・松村成朗
32 理容ハマダ C・三島靖之 D&I・井上信也
34 まつだや C・三上和輝 D・長谷川恵理
35 ゆーかり C・藤原乙女 D&P・鳥野亮一

36 丹尚堂　C・小川百合 D&I・竹山香奈
37 CHEERZ　C・秦久美子 D・牛丸謙一
38 RED LEAVES CAFE　C・塙ともえ D・川村志穂
39 cafe Mon　C・前田将多 D・瀧上陽一 P・四方田俊典
M・R・I・K・A
40 マルヤス　C・谷村槙子 D・西山正樹 P・ムクメテツヤ

■女川ポスター展　P310〜315

CD・日下慶太 Pr・石井弘司 八重嶋拓也 伊藤光弘 鈴木淳

1 女川ポスター展メインポスター　C・日下慶太 鎌田高広 D・加藤琢也
P・日下慶太
2 マルキチ阿部商店　C・八重嶋拓也 D・小野寺健一 P・中田麻衣
3 女川スーパーおんまえや　C&D&P・田村晋 I・大峯由美子
4 金華楼　C・鎌田高広 D・菊池竜 P・礒崎亮
5 マリンパル女川おさかな市場　C・鎌田高広 D&P・山本イサム
6 活魚ニューこのり　C・三浦昌二 D・小野寺健一
7 みなと理容室　C・勝浦雅彦 D・森裕樹 P・大山博
8 黄金タクシー　C&PL・松村洋 D&PL・遠藤なつみ
9 阿部正茶舗　C・森由紀 D・小野寺充
10 スティイン鈴家　C&D&P 田村晋
11 花友　C・小島美鈴 D・千葉あずさ
12 本のさかい　C・沼田佐和子 D・佐藤信光
13 カワムラ釣具店　C・桝形徹 D・森裕樹 P・大山博
14 女川桜守りの会　C・岩松正巳 C&D・木村良 D・安部由美子
I・ほんだあい
15 熊谷酒店　C&PL・竹野博思 D&CO・松浦隆治 P・梅原祐一
16 コバルトーレ女川　C・野口健太郎 D・木村麻理 P・望月研
PA・古里裕美
17 海鮮問屋青木や　D・久保桂之
18 高政　万石の里　C・佐々木裕 D・阿部拓也 P・尾苗清
19 EL FARO　C・佐久間楓 D&I・木村麻理 P・古里裕美
CS・野口健太郎
20 アイ美容室　C・沼田佐和子 D・大竹伸枝
21 本のさかい　C&D・玉手麻衣 CD・鎌田高広
22 岡八百屋　C・野口健太郎 D・高橋雄一郎 P・礒崎亮 高橋雄一郎
23 女川電化センター　C・岩松正巳 D・鈴木さおり AR・大田公平
24 兼宮商店　C・泉英和 D・鈴木リョウイチ P・大関智明
25 お魚いちばおかせい　C・鎌田雄 D・藤村兼次
26 お食事処三秀　C・松若理成 AD・蝦名大輔 P・佐藤巧弥
27 三重商会　C・松本勇輝 D・福田愛子 P・吉岡幸宏 CD・日下慶太
28 マルサン　C・石橋彰史 D・鈴木雅岳 P・新井直哉
29 みなとまちセラミカ工房　C・鎌田高広 D・柴田雄輝 P・礒崎亮
30 女川カレープロジェクト　C&PL・松村洋 PL・青木陽平
D・阿部清史 P・長内正雄
31 ガル屋　C・佐々木裕 D・五十嵐冬樹 P・佐藤紘一郎
32 小野寺茶舗　D・堀井哲平 佐藤高則 高木清香 中鉢奈央 P・鈴木伸也
33 おしゃれファッションマツヤ　C&DR・小川倫憲 D・木村恵美
P・二本木薪一
34 コミュニティーハウスおちゃっこクラブ　C・日下慶太 D・柴田麻衣子
35 佐々木釣具店　C・竹野博思 D・成谷利幸 P・礒崎亮
36 ダイシン&かふぇさくら　C・小杉一高 D・加藤琢也 P・高萩恵子
37 キャロット　C&D・木村良 D・安部由美子 P・原淵将嘉
38 CAFEごはんCebolla　D・堀井哲平 佐藤高則 高木清香 中鉢奈央
P・鈴木伸也
39 岡八百屋　C・野口健太郎 D・高橋雄一郎 P・礒崎亮 高橋雄一郎
40 ワイケイ水産　C&CD・佐々木洋 D&AD・神永恵美 P・佐々木慎一
41 IZAKAYAようこ　C&CL・勝浦雅彦 AD・俵裕一郎
42 ゆめハウス　C・桝形徹 D・柴田麻衣子
43 ONAGAWA ART GUILD　C・工藤拓也 D・青野哲也
44 木村電機商会　C・松若理成 D・木村亮太 P・佐藤巧弥

■大野ポスター展　P316〜318

CD・日下慶太 Pr・雨山直人 城地勇樹 宮下智之 大藤清佳
デザイン協力・鳥野亮一 川上沙織 新井公子

1 2016年大野ポスター展メインポスター　C・日下慶太 雨山直人
AD&D・河野愛 P・高宮正伍

2 野村醤油 制作・宮澤佑衣 メンター・日下慶太
3 お好み焼きひろの 制作・宮腰亜佑 メンター・日下慶太
4 農家のとうふ屋さん 制作・筒井彩琳 メンター・河野愛
5 パナデリア 制作・多田愛実 メンター・藤原乙女
6 タケイパワージム 制作・加藤ひなの メンター・日下慶太
7 九頭竜設備 制作・宮本幸輔 メンター・日下慶太
8 ポルタ 制作・宮万琴 メンター・藤原乙女
9 2017年大野ポスター展メインポスター C・藤原乙女 雨山直人
D・桑原圭 P・高宮正伍
10 西川工務店 制作・岩本あかり メンター・植村倫明
11 橋本代理店 制作・青木優弥 メンター・藤原乙女
12 hair make R・up 制作・米村明莉 メンター・藤原乙女
13 お清水 制作・松田実佳 メンター・日下慶太
14 うおまさカフェ 制作・山村莉奈 メンター・江上直樹
15 マルダイ自工 制作・松田風音 メンター・日下慶太
16 南部敦美畳商店 制作・中村英樹 メンター・植村倫明
17 Pâtisserie mirabelle 制作・廣瀬祐衣 メンター・吉川純也
18 手作り工房もっこ 制作・松田風音 メンター・河野愛
19 高田酒店 制作・澤江享吾 メンター・植村倫明
20 松田陽明堂 制作・結城龍柊 メンター・桑原圭
21 内田製麺 制作・田中翔 メンター・中村征士

■ひらけ☆まちなかポスター P319〜321

CD・日下慶太 Pr・三浦僚 協力・牧昭市 吉田可愛

1 ひらけ☆まちなかメインポスター C&P・日下慶太 D・千々岩寛
2 青空 -sola- C・米村拓也 AD・千々岩寛 P・日下慶太
3 Chapel C・和久田昌裕 AD&P・立石甲介 I・吉田三沙子
4 SALVE C・中村直史 AD・白石文香 P・田畑伸悟
5 大納言 C・米村拓也 AD&P・千々岩寛
6 ボレロ食堂 C・中村直史 AD・白石文香
7 太田旗店 C・中村直史 AD・白石文香 P・田畑伸悟
8 RANZU CAFE C・和久田昌裕 AD・立石甲介 I・松尾桂一郎
9 プチ・ミロ C・米村拓也 AD&P・千々岩寛
10 Asciutto C・和久田昌裕 AD&P・立石甲介
11 えび福 C・米村拓也 AD&P・千々岩寛
12 オタクBAR おた・らぼ C・和久田昌裕 AD&P・立石甲介
13 澄箪笥+stance角 C・渡邊千佳 AD&P・今永政雄
14 Terminal. C・渡邊千佳 AD&P・今永政雄
15 珈琲を愉しむ店 ばんぢろ C・渡邊千佳 AD&P・今永政雄
16 月の木 C・山田綾子 AD・PISTON P・秋安淳一
17 府内フォーク村 十三夜 C・中村直史 AD・白石文香 P・田畑伸悟
18 和風グリル たかをや、 C・和久田昌裕 AD&P・立石甲介
19 インナーコレクションmarie.marie C・山田綾子 AD・PISTON
P・秋安淳一
20 カフェフランセ YUKI C・中村直史 AD・白石文香 P・田畑伸悟
21 カフェド・BGM C・山田綾子 AD・PISTON P・秋安淳一
22 CROMAGNON C・中村直史 AD・白石文香
23 古民家ダイニングhako C・山田綾子 AD・PISTON P・秋安淳一
24 BAR agura 坐 C・米村拓也 AD&P・千々岩寛

■ソーシャルポスター展 P322〜325

Pr・日下慶太 並河進 岡本達也 田中直樹 坂口和隆

1 ソーシャルポスター展メインポスター C・日下慶太 AD・中村征士
D・西尾博光 松岡拓 P・槻ノ木比呂志
2 特定非営利活動法人 日本クリニクラウン協会 C・福居亜耶
D&P・勝村秀樹 M・きーちゃん がっくん ななみちゃん ゆうなちゃん
日本クリニクラウン協会のみなさま
3 特定非営利活動法人だっぴ C・小林幹 D・石原嘉通 P・金友弘文
P・難波由華 M・高木大地 高木克治 高木恭子
4 特定非営利活動法人 Learning for All C・飯田依里子 D&P・岡村尚美
M・石神駿一 協力・木村太郎
5 特定非営利活動法人 G-net C・福田晴久 D・西田光 P・尾崎芳弘
6 特定非営利活動法人 ひゅーるぽん C・吉田一馬 D・木下芳夫
製版・黒田典孝 岡田弘和
7 NPO法人 しぶたね C・正樂地咲 D&I・松長大輔
8 特定非営利活動法人 クライシス・マッパーズ・ジャパン C・武田裕輝

9 D・西山恭
特定非営利活動法人 教育サポートセンターNIRE C・銭谷侑
D・松永ひろの
10 一般社団法人 シンク・ジ・アース D・大久保里美 C・壇上真里奈
P・白幡敦弘 PP・吉崎千佐子 市川悠
11 NPO法人 ぷるすあるは C・小郷拓良 D・加藤千洋
12 特定非営利活動法人 ミャンマー・ファミリー・クリニックと菜園の会
D・浅岡敬太 C・林正人
13 特定非営利活動法人 陽向ぼっこ D・佐藤郁 C・中川裕之 P・佐藤匠
M・坂理 城島イケル
14 特定非営利活動法人 エンパワメントかながわ D&I・黒岩武史
C・濱田彩
15 特定非営利活動法人 学生人材バンク C・萩原陽平 D&P・石川平
16 一般社団法人 エル・システマジャパン D・熊谷由紀 C・山口真理子
17 NPO法人 女性ネットsaya-saya D・本多集 C・石田一郎
P・土井文雄
18 特定非営利活動法人 関西ワンディッシュエイド協会 C・小堀友樹
茗荷恭平 D&I・茗荷恭平
19 特定非営利活動法人 岡崎まち育てセンター・りた C・伊藤みゆき
D・竹田朝子 P・尾崎芳弘
20 認定特定非営利活動法人 JUON NETWORK(樹恩ネットワーク)
C・青野隆仁 D&P・三條貴正

■大丸・松坂屋「輝く100人のポスター」 P326〜327
CD・日下慶太 野原靖忠 若原喜至臣 碓井雅博 菅真亜佐
AD・市野護 AE・北川祐造 Pr・大藤清佳 高橋尚美

1 C・日下慶太 AD・市野護 D・烏野亮一 鳥井口拓真 P・山田案希良
2 C・國富友希愛 AD&D・松村怜実 Pr・烏野亮一 P・東谷忠
HM・鉄谷亜樹 PA・増田鉄生
3 C・眞竹広嗣 AD&D・早藤大輔 P・増田広大 HM・川岸ゆかり
ST・片倉康行 AT・片倉康行
4 C・眞竹広嗣 AD&D・早藤大輔 P・増田広大 HM・川岸ゆかり
ST・片倉康行 AT・片倉康行

5 C・中川裕之 AD&D・佐藤郁 P・佐藤匠
6 C・山口有紀 C&AD・中尾香那 P・圓尾享宏
7 C・飛田智史 AD&D・大野恵利 Pr・高橋知子 伊藤圭太 P・松木康平
ST・長嶋優季 R・江口昌一郎
8 C・上野由加里 AD&D・松村悠里 P・古藤宏樹 PA・延藤喜一
9 C・松下康祐 AD&D・瀧上陽一 P・日下慶太 AT・萩原英伸 西川珠央
10 C・田中ことは AD・石松愛 D・曽根葉介 藤田典子 P・大津千寛
R・万歳宏
11 C・栗林嶺 AD&D・太田久美子 P・富取正明 R・平野宗
12 C・橋本隼人 AD&D・鳥井口拓真 P・ムクメテツヤ
13 C・岡野鉄平 AD&D・小路翼
14 C・佐藤大輔 AD・山中博之 D・藤浩嗣 P・松本龍二 HM・金子めぐみ
R・藤浩嗣
15 C・栗林嶺 AD&D・太田久美子 P・宇津木健司
16 C・佐藤日登美 AD&D・三角瞳 Pr・久木田玲子 P・船本涼

■近畿大学国際学部 P328
CD・日下慶太 Pr・久安淳 星原卓史 AE・水本順也

1 C・松下康祐 D・瀧上陽一 P・日下慶太 AT・萩原英伸
(2015年2月15日 読売新聞掲載)
2 C・石本藍子 D・野村恭平 P・日下慶太
(2015年2月15日 毎日新聞掲載)
3 C・大槻祐里 AD・井上信也 D・木村亮 林元気 P・大瀧卓也
(2015年2月15日 日経新聞掲載)

■大阪検定ポスター P328〜329
CD・日下慶太 I・小路翼 AD・井上信也 D・烏野亮一 川上沙織
松村悠里 新井公子 長谷川友香

迷子《まいご》のコピーライター

2018年6月25日　初版第1刷発行

著　者　　日下慶太《くさかけいた》

装　丁　　市野　護
イラスト　小路　翼
本文DTP　佐藤遥子
編集　　　高部哲男
発行人　　永田和泉
発行所　　株式会社イースト・プレス
〒101-0051　東京都千代田区神田神保町2-4-7
久月神田ビル
Tel 03- 5213-4700 ／ Fax 03-5213-4701
http://www.eastpress.co.jp
印刷所　　中央精版印刷株式会社

ISBN 978-4-7816-1680-3